JEAN AMÉRY

Der integrale Humanismus

Zwischen Philosophie und Literatur
Aufsätze und Kritiken eines Lesers 1966–1978

Herausgegeben
und mit einem Nachwort versehen
von Helmut Heißenbüttel

KLETT-COTTA

Verlagsgemeinschaft Ernst Klett Verlag –
J. G. Cotta'sche Buchhandlung

Printed in Germany
Design: Heinz Edelmann
Satz: Alwin Maisch, Gerlingen
Druck: Verlagsdruck Gerlingen

CIP-Kurztitelaufnahme der Deutschen Bibliothek

Améry, Jean:
Der integrale Humanismus: zwischen Philosophie u. Literatur;
Aufsätze u. Kritiken e. Lesers 1966–1978 /
Jean Améry. Hrsg. u. mit e. Nachw. vers. von
Helmut Heißenbüttel. –
Stuttgart: Klett-Cotta, 1985.
ISBN 3-608-95386-8

INHALT

RÜCKBESINNUNGEN?
Notizen zur Dialektik der »Avantgarde«

Was mich frappierte, neulich, bei meinem letzten Besuch im Pariser Centre Pompidou oder, wie es allgemein genannt wird, »Beaubourg«, der vielgeschmähten aber auch vielbejubelten industriell-architektonischen Phantasie, die Wirklichkeit wurde, wie einstmals der Eiffelturm: die völlige Gleichgültigkeit der Besucherschaft angesichts ausgestellter Kunstwerke, die gestern noch als avantgardistische bei den einen Begeisterung, bei den anderen Empörung hervorriefen. Jene, denen man maßvoll-bürgerliche Lebenseinstellung gleichsam vom Gesicht und ihrer vestimentären Ausstattung ansehen konnte, betrachteten einen in Zement eingegossenen Konzertflügel mit Elefantenfüßen, ein paar ausgespannte, grobe Jute-Gewebe, ein fett-grelles Scheusal von Niki de Saint Phalle mit vollkommener Gemütsruhe. Andere, die sichtlich Studenten waren oder Künstler, eilten vorbei an diesen Werken mit den etwas ungeduldigen Mienen von Leuten, die sagen: Ja, gut, man kennt das; déjà vu. Augenblicksweise erinnerte ich mich der ersten großen Pop-Art-Ausstellung, die ich zu Anfang der Sechzigerjahre gesehen hatte, der Entrüstung des konservativen Publikums, des wilden Enthusiasmus einiger penetrant nach »Intellektualität« riechender Kunstbeflissener. In Paris führte ich auch Gespräche mit einigen offensichtlich deprimierten Leuten aus dem Kunst-Geschäft. Schlimme Zeiten, sagten sie.

Man wisse nicht mehr, woran sich halten. Unerhörtes habe sich ereignet: Werke abstrakter Schilderei, auch solche, hinter denen hochberühmte Namen stehen, wie Soulages oder Rothko, seien auf dem Markt bis zu fünfzig Prozent gefallen; und wie man denn unter solch anarchischen Umständen sich kommerziell noch orientieren könne.
Alsogleich kam die Assoziations-Mechanik in Bewegung. Ist, so fragte ich mich, nicht das, was in der Bildenden Kunst auf der Hand liegt, die Ermüdung an dem, was sich gestern noch die »Avant-Garde« genannt hat, vielleicht auch spürbar in anderen Bezirken des geistigen und künstlerischen Lebens? Ich mag keine bündige Antwort, noch weniger eine Voraussage. Nur ein paar Impressionen kann ich nachzeichnen, die nun freilich alle darauf hindeuten, daß es sich in der Tat so verhält. Auffällig: das sang- und klanglose Verschwinden einer Prosa-Technik, die vor rund zwanzig Jahren als der »Nouveau Roman« Aufsehen erregt hat. Alain Robbe-Grillet ist nicht mehr vorhanden im allgemeinen Bewußtsein. Michel Butor ist zu einem historischen Kuriosum geworden. Claude Simon schweigt, da seine letzten, bereits kaum noch lesbaren, experimentellen Bücher keine Resonanz mehr fanden. Nur eben Nathalie Sarraute hat überstanden, aber gerade sie hat ja dem Nouveau Roman nur am Rande angehört. Ihre in fast unhörbares Wispern und dialogisches Rascheln sich auflösenden Texte, wie ihr jüngster, ins Deutsche noch nicht übertragener Roman »Disent les imbéciles«, waren in letzter Analyse niemals etwas anderes als die bis zur äußersten Konsequenz vorgetriebene Technik Prousts. Kenner älterer Literatur werden sie ohne Mühe und Zwang sogar an gewisse Novellen des zu Unrecht vergessenen Herman Bang anknüpfen. Was heute literarisch Erfolg hat, modischen gewiß – aber sind Moden

dein stets nur »Gedachtes«, Verordnetes wie in der Haute Couture? – es ist mehr oder weniger »traditionell«, wäre jedenfalls vor fünfzehn Jahren mit diesem Adjektiv ins Antragstübchen verwiesen worden. Man liest Handke, dessen Lausbubenstreich »Publikumsbeschimpfung« längst vergessen ist und der, jenseits seiner unleugbaren und ungeleugneten individuellen Originalität, ans Hergekommene sich hält. Man verschlingt den Traditionalisten Michel Tournier in Frankreich – und stößt sich nicht einmal an dessen, politisch gesehen, reaktionärer Einstellung.

»Konkrete« Poeten von gestern, die den ebenso imponierenden wie aussichtslosen Versuch machten, die Wörter abzulösen von den Dingen – also: die einzige »Realität«, deren wir habhaft werden können, nämlich: die des Alltags, auszusperren – suchen nach neuen Wegen und finden sich auf gangbaren, weil einigermaßen ausgetretenen Pfaden: man kann nicht aus der Welt fallen wie Büchners *Lenz*, sofern man nicht gesonnen ist, persönliche Konsequenzen zu ziehen –: und wer möchte wohl allen Ernstes versuchen, auf dem Kopf zu gehen? Rückbesinnungen: sie sind so wenig verachtenswert wie die verzweifelten Bemühungen eines auf Holzwege geratenen Wanderers, sich an ihm bekannten Gipfeln zu orientieren. Das heißt weder »Tendenzwende« noch »Reaktion«, ist vielmehr das Trachten nach einer Selbstfindung, die unmöglich ist ohne Weltfindung.

Irre ich nicht, dann verhält es sich kaum anders in der Philosophie, nur daß in dieser, unverrückbaren Aussagegehaltes wegen, die Gefahr besteht, daß Blicke rückwärts in den Nebel gehen! – Wenn etwa Frankreichs »nouveaux philosophes«, mit denen ich mich an anderen Stellen so ausführlich auseinandersetzte, daß ich hier dem Hörer nur Selbstwiederholung bieten könnte, sich besinnen auf gewisse Grundwerte und zur nicht eben besonders originellen Erkenntnis kommen, daß Gulag Gulag ist, gerät eine *gefährliche* Dialektik in Bewegung. Trivialität, die als solche sich nicht einzugestehen wagt, steigert gereizt sich auf. Man entdeckt Uraltes – daß der Mensch den Menschen nicht um einer Menschheitsidee zerstören kann! – verwirft aus diesem Grunde Marx und Hegel, mit ihnen aber auch die Vernunft, und gerät in den irrationalen Raum dessen, was einst Thomas Mann das »Revolutionär-Rückschlägige« genannt hat. Dabei sickert das Revolutionäre – da doch nun eben wirklich Gulag Gulag ist – in den Boden ein und das Rückschlägige erblüht. Aber man soll derlei Gefahren so wenig unter- wie überschätzen. Besinnungen anderer Art erscheinen mir als bemerkens- und zugleich begrüßenswert. So vernehme ich, daß eine kürzlich herausgebrachte wohlfeile Ausgabe des Gesamtwerks Arthur Schopenhauers so erfolgreich war, daß der Verlag bereits eine Neuauflage vorbereitet. Der Alte, dessen Werke einst Brockhaus einstampfen mußte, weil kein Leser sich fand, wäre erfreut, nicht aber erstaunt gewesen, hätte er es vorausgeahnt; es fehlte ihm nicht an wohlbegründetem Selbstbewußtsein. – Geistesgeschichtlich aber geht hier, sofern es tatsächlich zu einer großen Schopenhauer-Wiedergeburt kommen sollte, was trotz eines Verleger-Erfolges noch offen steht, etwas ganz Außerordentliches vor sich. Der Bann Hegels und Marxens wird gebrochen, dergestalt, daß nun die Rückbesinnung dialektisch den Blick vorwärts, hinaus in die Zukunft schweifen läßt. Was wird in Frage gestellt? Gepanzerte Begrifflichkeit, hinter der immer der Mensch verschwindet mit seinen Nöten und Ängsten, über die gerade Schopenhauer geschrieben hat, nicht wie ein Systematiker, der uns in ein Gefüge sperrt oder uns eine bestimmte Gangart des Denkens vorschreibt, sondern wie ein ruhig und vernunftvoll dem Leser zusprechender Freund. Den Einspruch, es sei die Besinnung auf Schopenhauer ein, wie der Jargon es will, »objektiv-reaktionäres« Phänomen, da doch das Prinzip Hoffnung von ihm in Frage gestellt werde und er den Ausblick aufs schon herankommende Millenium uns verwehre, mag ich nicht gelten lassen. Die *Parerga und Paralipomena* enthalten sehr viel radikale Sozialkritik (»von dem, was einer hat« ist ja unter so viel anderem die empörte Rede!). Und noch tiefer an die Wurzeln modernen Daseins geht sein Atheismus. Er hat den lieben Herrgott, den freie Geister nicht bang-bebend anrufen wollen, weder eingeführt durch eine versteckte Hintertür, wie Kant in der *Kritik der praktischen Vernunft,* noch hat er ihn ersetzt durch den Fetisch Geschichte wie Hegel und Marx. – Aber genug von ihm: er hat nur ein Beispiel sein sollen. Es gilt nun, knapp, wie die mir zugemessene Zeit es gebietet, das Phänomen des Rückbesinnens zu untersuchen.

Sich besinnen, etwas wieder-er-innern, das meint: Vergangenes, Individuelles oder geschichtlich Tradiertes sich neu aneignen. Dies kann prinzipiell unter zwei sehr verschiedenen psychologischen Voraussetzungen geschehen. Die erste ist eine Erinnerungs-Gestimmtheit, in der wir uns auf das zu Erinnernde zurückziehen, uns gleichsam selber aufs Altenteil des Abgelebten setzen. Es ist dies ein trotziges Anklammern an alles Gestrige, dem das Gefühl zugrunde liegt, es sei dieses und nur dieses wertvoll und alles auf uns Zukommende nichts als Unfug. Lassen wir uns ein auf eine solche psychische Befindlichkeit, dann stehen wir schon im Begriffe zu *regredieren.* Die Gefahr der Regression hängt allerwegen als Drohung über uns, und es muß nicht einmal immer *Alters*-Regression sein: historische Erfahrung lehrt, daß es stets auch junge Generationen gibt, die an Väterliches, Großväterliches sich halten und der Realität ihrer Epoche mit einem zugleich puerilen und senilen Trotz entgegenstehen. Verhält man sich so, wird man unversehens zum *Reaktionär,* politisch und kulturell. Es ist, wenn man so will, eine undialektische, emotionelle und unreflektierte Art der Vergangenheits-Eroberung. Wir sahen sie, historisch, in der deutschen Wandervogel-Bewegung zu Anfang des Jahrhunderts, die eine verhängnisvolle Einkehr in die Erbhöfe der Romantik war, und erkennen sie heute unter jenen ideologischen Ökologisten und Regionalisten, die am liebsten die industrielle Revolution und die kosmopolitische Aufklärung zurücknehmen möchten.

Die andere psychische Prämisse ist die Wiederentdeckung der Vergangenheit im Hinblick auf die Zukunft: ihr folgend, bewegt man sich zugleich rückwärts, sich rückbesinnend, und vorwärts: das Ausschreiten ist dann ein dialektisches und vermeidet blindes Vorausstürmen ebenso wie reaktionäre Regression. Um ein zeitgemäßes Exempel zu geben: Jene Ökologisten, welche die Wissenschaft, bzw. die wissenschaftliche Weltauffassung überhaupt bekämpfen und aus Betriebsunfällen, wie der katastrophalen Öl-Verseuchung der Bretagne den Hufschlag der apokalyptischen Reiter heraushören, sind Reaktionäre, auch wenn sie sich als solche nicht begreifen. Ihnen antwortete Frankreichs Ex-Staatssekretär für wissenschaftliche Forschung, Jacques Sourdille, mit den Worten: *Die Ökologie wird wissenschaftlich sein oder wird nicht sein.* Er sah, rechtens, wie es mir von allen Seiten naturwissenschaftlich gebildeter Milieus bestätigt wird, daß die Wissenschaft und *nur* sie die Möglichkeit zu ihrer Entgiftung enthält. Eine solche Sicht ist dialektisch: sie er-innert das Gestern – die stille, unverseuchte Landschaft – im Hinblick auf ein Morgen, das solche Landschaften wiederherstellen wird, allerdings nicht mit den definitiv von der Geschichte abgeurteilten und verworfenen Mitteln der Vergangenheit. Doch soll das Beispiel rückübertragen werden in den im engeren Verstande kulturellen Raum. Der Zufall fügte es, daß ich soeben sehr viel in den kritischen Schriften Lessings wiederlas und dabei hingerissen war von der zugleich kernigen und präzisen *Sprache.* Würde ich aufgrund solcher Entdeckung nun versuchen, zu schreiben wie Lessing, oder mich an den baren Gehalt seiner Sachaussagen halten, wäre dies, versteht sich, ein kulturreaktionäres Unternehmen, denn weder kann man heutzutage »itzt« sagen statt »jetzt«, noch sind die religionskritischen Argumente der Lessingschen Streitschrift *Anti-Goeze* aktuell. Hinwiederum können wir durch Neu-Aneignung Lessings lernen, wie öde der zeitgenössische kulturkritische Jargon ist und in welch hohem Maße die schlichte Direktheit Lessings, seine biegsame und dennoch harte Sprache, ihr Rhythmus und ihre vernunftvolle Klarheit in modernen Polemiken wirksam wäre. Wir besinnen uns also rückwärts, um besser voranzukommen.

Sehe ich richtig, dann ist es diese Art der Rückbesinnung, die gar nichts zu schaffen hat mit dem verbrauchten Begriff und seinem noch verschlisseneren Inhalt »Nostalgie«, die auf der Tagesordnung steht. Kein moderner Romancier wird erzählen wollen wie Gottfried Keller oder Fontane: aber viele – so namentlich gewisse DDR-Autoren wie Volker Braun, auch Peter Härtling in der Bundesrepublik – haben erkannt, was sich lernen läßt aus der Rückbesinnung auf Autoren der Vergangenheit, was da zeitgemäß abgewandelt und damit *ver*wandelt werden kann. Rückbesinnung ist nicht gleich Rückschritt, so wenig wie Kulturkonservatismus gleichzusetzen ist mit Kulturreaktion.

Ich habe das subjektiv untrügliche Gefühl, daß die Zeit solcher – dialektischer – Rückbesinnungen angebrochen ist. Die Vorstellung, man könne zu jeder Stunde aufbrechen von Null aus, verblaßt. Man gewinnt Geschichtlichkeit wieder, und mit ihr Identität. Mir scheint, man fange wieder an zu verstehen, daß Bewahren nicht gleich ist mit verstocktem Beharren. – So könnte ein neues Geschichtsbewußtsein entstehen, in dem sich die Gegensätze von Progressivität und Rückschrittlichkeit aufhöben.

HEGEL – BEFREIER ODER OPPRESSOR?
Überlegungen zum 200. Geburtstag (27. 8. 1970)

Gedenktage sind weniger überflüssig, als man das in diesen Tagen zu glauben geneigt ist. Sie helfen die Zeit zu gliedern, und dies in zweifacher Weise: Sie werden zu Wegzeichen unserer eigenen, persönlichen Zeit; und sie sind durch ihre Artikulation der geschichtlichen Zeit, die wir überschauen, Organisationsfaktoren des geschichtlichen Bewußtseins. So zerstören sie die reine gelebte Dauer und erhellen Zeit als strukturiertes Werden.

Hegel, so mag man sich sagen, ist vor zweihundert Jahren geboren, wie seltsam und erklärungsbedürftig ist doch das Faktum, daß er noch da ist in vielerlei Gestalt! Sei denn also sein 200. Geburtstag – nein: nicht gefeiert, das wäre gar nicht im Sinne seiner Geschichtsphilosophie – aber begangen jenseits pietätvoller Zeremonie, durch Überlegung, Ausdeutung der von ihm gesetzten Signale, kritische Abschätzung seiner geistigen Existenz, allenfalls sogar durch Distanznahme und Verwerfung.

»Hegel leugnete die Zukunft, keine Zukunft wird Hegel verleugnen« – dies sagte 1951 Ernst Bloch. Die Frage: ob der Bloch'sche Ausspruch gilt, besser: ob er gelten soll, oder mit noch anderen Worten: ob die Gegenwart im Hinblick auf die Emanzipation des Menschen recht tut, an Georg Wilhelm Friedrich Hegel sich zu orientieren – sie ist es, die uns hier beschäftigen soll.

Die Präsenz dieses hocheigentümlichen, dunklen, verstiegenen, ja in einem bestimmten Sinne dämonischen Denkers ist eine Tatsache und muß als solche zu Kenntnis genommen werden. Während Hegels wohl bitterster zeitgenössischer Gegner, Arthur Schopenhauer, der in kristallener Klarheit dachte und bis ungefähr zum Beginn des Ersten Weltkriegs auf die Philosophie, aber auch auf die Dichtung und sogar die Musik einen so erheblichen Einfluß ausgeübt hat, heute nur noch Sache der Philosophie-Historiker ist, sehen wir die Wirkungen Hegels allüberall, wo philosophiert wird — sei es auch *gegen* ihn. In der Tat hat er seit seinen hohen Tagen, als er von seinem Katheder in Berlin aus Deutschlands philosophierende Welt regierte, nicht aufgehört, durch seine Hinterlassenschaft einzugreifen in Reflexion und geschichtliches Ereignis. In dem soeben erschienenen, sehr lesens- und bedenkenswerten Sammelband *Hegel und die Folgen* (Rombach Verlag, 1970) schreibt der Herausgeber Gerd-Klaus Kaltenbrunner in seiner Einführung:

> »Doppelgesichtig und zweideutig wie Hegel selbst ist auch die Geschichte seines Einflusses. Er hat die gegensätzlichsten Schulen, Parteien und Bewegungen inspiriert, zu den widersprüchlichsten Stellungnahmen herausgefordert und wird es, wir wissen nicht wie lange noch, auch weiterhin tun. Hegelianer befanden sich im alten preußischen Generalstab, aber auch in den Zellen der russischen Oktoberrevolution, unter den faschistischen Kulturverwaltern sowie unter den edelsten Repräsentanten der Résistance. Die Berufung auf Hegel, auf die Dialektik und den Gang des Weltgeistes diente als ideologisches Herrschaftsmittel, aber auch als Waffe im Kampf gegen Herrschaft. Geistesgeschichtliche Her-

meneutik wie revolutionäre geschichtliche Praxis haben Hegel als Ältervater. Je nach Bevorzugung eines Moments der Hegel'schen Philosophie lassen sich die wichtigsten politisch-ideologischen Richtungen unseres Jahrhunderts charakterisieren: so übersetzte der marxistische Sozialismus den Gedanken von der Arbeit des Weltgeistes ins Soziologisch-Ökonomische zurück, akzentuierte der Liberalismus die Vision von der Harmonie sich wechselseitig anerkennender freier Citoyens, konnte der Faschismus an Hegels Staatsvergottung und Volksgeistlehre anknüpfen. Darüber hinaus gibt es noch jenen unausgesprochenen, schwebenden Hegelianismus, eine eigentümliche Hegelatmosphäre, in der sich viele bewegen, ohne sich dessen immer bewußt zu sein.«

Nun, es ist klar: Es hätte ohne Hegel keinen Marx gegeben und kein neomarxistisches Reflektieren, also: keinen Ernst Bloch, keinen Horkheimer, keinen Adorno samt dessen zeitweilig die geistesgeschichtliche Szenerie Deutschlands beherrschender Schule. Ohne Hegel wäre Jean-Paul Sartre ebenso unvorstellbar wie Maurice Merleau-Ponty. Schon lange vor unserer Zeit sind Hegels Spuren im Denken so bedeutender Philosophen wie Dilthey, Windelband, Rickert, Max Weber jeweils an entscheidenden Stellen nachweisbar. Ja, sogar in der angelsächsischen Philosophie, die doch in ihrer ruhmvollsten Tradition sich stets an Hume orientierte und an dessen radikalem Empirismus, hat Hegel sich geltend gemacht. »Zu Ende des 19. Jahrhunderts«, sagt Bertrand Russell in seiner *Philosophie des Abendlandes,* »waren die führenden akademischen Philosophen in Amerika und Großbritannien größtenteils Hegelianer.« Dasselbe kann man für die Mitte des 20. Jahrhunderts von Frankreich sagen, wo zuvor, bis zum Aufbruch des Existentialismus, die cartesianische

Denkallüre so generell und beherrschend war, daß Hegel – sehr im Gegensatz zu Kant, an den man mit cartesianischen Methoden analytisch herankommen konnte – niemals eine wichtige Position einnahm.
Doch nicht um das geistesgeschichtliche Gesellschaftsspiel »Suchet den Hegel« soll es uns hier gehen, sondern um die gesellschaftlich triftigere Frage der *Wirkung Hegels im politischen Raume* – einer Wirkung, die in den Transmissionen, über die sie lief, nur teilweise feststellbar ist. Leisten wir uns also getrost das Experiment resoluter Vereinfachung und fragen wir: War der Mann, dessen zum 200. Geburtstag in diesen Wochen gedacht wird, soweit eine Abschätzung möglich ist, Befreier oder Oppressor des Menschen?

Momentaufnahme des Menschen

Es kann nicht schaden, sich hier in Parenthese und für einen Augenblick bei dem Individuum Georg Wilhelm Friedrich Hegel aufzuhalten, vorübergehend den Standpunkt des verpönten »Psychologismus« einzunehmen – um ihn freilich schnellstens wieder zu verlassen. Wer war der Mensch, der Student in Tübingen und Freund Hölderlins, der Privatdozent in Jena und Gefährte Schellings, der Gymnasialrektor in Nürnberg, schließlich der Universitätslehrer in Heidelberg und Berlin? Um es gleich auszusprechen: Er war nach den Kriterien freiheitlich-aufrechten Denkens und Verhaltens ein sehr wenig sympathischer Charakter. Der altkluge, noch in seiner gelegentlichen Schwärmerei gehemmte Studiosus, der zwar sich für die Französische Revolution begeisterte, aber darüber niemals seine Musterschülerpflichten versäumte, kommt uns nicht näher durch die schlichte Tatsache, daß er sich vergebens abmühte, Primus zu sein und nach seinem Abgangszeugnis als Vierter seiner Promotion traurig dastand. Und wie ernüchternd wirkt die Devotion, die er in seinem Bemühen um eine Karriere als Jüngling, als reifer und noch als alternder Mann allerwegen den Höhergestellten gegenüber bezeugte! In allen seinen Zuschriften und Ersuchen an die ihm vorgesetzten Behörden wimmelt es von Bezeugungen der Untertänigkeit. So etwa schrieb er im Februar 1804 an die Adresse Goethes im Weimarer Ministerium:

»Indem ich höre, daß einige meiner Kollegen der gnädigsten Ernennung zum Professor der Philosophie entgegensehen und hierdurch daran erinnert werde, daß ich der älteste der hiesigen (der Jenaer) Privatdozenten der Philosophie bin, so wage ich, der Beurteilung Euer Exzellenz es vorzulegen, ob ich nicht durch eine solche, von den höchsten Autoritäten erteilte Ausgleichung in der Möglichkeit, nach meinen Kräften auf der Universität zu wirken, beschränkt zu werden befürchten muß ... Ich weiß zu sehr, daß diese Umstände der Ergänzung durch die gnädigen Gesinnungen Eurer Exzellenz bedürfen ... zugleich aber auch, wie sehr dadurch, daß die Durchlauchtigsten Erhalter wenigstens diese gnädige Rücksicht auf mich nähmen, mich nicht anderen nachzusetzen, meine Bestrebungen angefeuert würden.«

Man wird zugeben, auch wenn man diese Sprache aus ihrem sozialgeschichtlichen Kontext versteht, daß dies weder stilistisch, noch auch politisch und menschlich ein gutes Deutsch ist. Es sei denn, man drehe den Spieß um und sage: Es war ganz außerordentlich gutes Deutsch, Sprache eines Deutschen von echtem Schrot und Korn, der seiner Obrigkeit den schuldigen Respekt ebenso erweist, wie er den Unterstellten mit der ihnen gebührenden Strenge entgegenkommt. Als Nürnberger Gymnasialdirektor sagt er in einer Rede:

»Die Richtung auf eigenes Reflektieren und Räsonieren der Jugend (ist) ... einseitig und vielmehr sorgfältig von ihr abzuhalten ... dann ist der Hauptzweck der Erziehung, daß eigene Einfälle, Gedanken, Reflexionen, welche die Jugend haben und machen kann ... ausgereutet werden; wie der Wille, so muß auch der Gedanke beim Gehorsam anfangen ...«

Kein Zweifel: Vor uns steht eine Persönlichkeit, die, wäre sie nicht zugleich ein philosophisches Genie gewesen – und hier öffnet sich bereits der Horizont vom Privaten ins Gedankliche – an jenen Heine'schen deutschen Professor erinnert, von dem der Dichter sagt, er stopfe mit den Flicken seines Schlafrockes und seiner Nachtmütze die Lücken des Weltenalls. Der *Mensch* Hegel, wenn wir uns ihn ansehen, sofern die Literatur uns einen solchen Blick gestattet, war ein sowohl devoter als auch selbstherrlicher Mann, der eine übermenschlich hohe Meinung von sich selbst verband mit einer frappierenden Gehemmtheit und Dürftigkeit im Alltagsleben. Und was für uns hier das Wesentliche ist: wir haben es zu tun mit einem zugleich autoritären und autoritätsgläubigen, mit einem recht eigentlich reaktionären Menschen, der so weit ging, einen ihm mißliebigen Kritiker seiner Gedanken schlecht und unrecht bei den Behörden zu denunzieren.

Was sagt dies aus über Hegel, den Philosophen? Sehr wenig, wenn wir bedenken, daß eine Kongruenz von Werk und Mensch, von Gedanke und Tat, von Urheber und Wirkung in der Geistesgeschichte, und namentlich in der deutschen, sehr selten anzutreffen ist. Schopenhauer, der Philosoph des Mitleidens und der Preisgabe des weltgebundenen Willens, war persönlich ein unerträglicher Geizkragen, dem es auch nicht an Brutalität gebrach. Nietzsche, der sich verglich mit dem wolkenjagenden, die Küste von der Krankenbrut befreienden Mistral, war ein ewig kränkelnder Neurotiker. Und Marx, der Rebell und Zertrümmerer der etablierten Herrschaftsodnung, war ein selbstgerechter geistiger Tyrann, dem es nicht nur an Toleranz fehlte, sondern auch an der Fähigkeit, sich selbst und sein Denken als geschichtlich determiniert und damit auch durch die Geschichte revidierbar zu begreifen. Die Beispiele ließen sich in schwer begrenzbarer Anzahl fortsetzen.

Logik und Pseudo-Logik des Dialektikers

Man darf darum, Hegel beredend, sein Fest begehend und ihn dabei kritisierend, keineswegs sich begnügen mit einer summarischen und stets approximativen Psychologie, wenn es um die Frage geht, ob er Befreier war oder Oppressor. Was wirklich zählt, ist sein bis heute lebendig gebliebenes Denken; und wenn wir dieses auch nur in flüchtigem Rundblick zu überschauen versuchen, eine dezidierte Antwort werden wir schwerlich zu erteilen vermögen. Denn Hegel war *Dialektiker:* darauf kommt es an. Seine Philosophie läßt keine eindeutigen Feststellungen zu. Er war nicht der Denker des Entweder-Oder, sondern des Sowohl-als-auch. Gibt aber sein Denkinstrument, eben die Dialektik, uns keinen Schlüssel zur Hand, sein Dasein und Sosein zu erkennen, so gestattet sie doch ein, wenn auch nur vages Begreifen sowohl seiner philosophischen Grundhaltung als auch seiner historischen Position.

Ganz unerlaubte und lächerliche Anmaßung wäre es, den Anschein zu erwecken, als hätte ich zu diesem Thema, über das umfangreiche Bibliotheken vollgeschrieben sind, irgend Neues beizubringen. Doch darf ich das Problem dialektischen Denkens nicht aussparen aus meiner unorthodoxen Geburtstags-Überlegung, wenn diese überhaupt gerechtfertigt werden soll. Halten wir uns also zunächst an einen kleinen, fast schon rührend-naiven Originaltext, in welchem der große Denker selber das Wesen eines dialektischen Prozesses zu exemplifizieren versucht hat. In seiner *Phänomenologie des Geistes* erklärt er ihn einmal mit diesen Worten:

»Die Knospe verschwindet in dem Hervorbrechen der Blüte und man könnte sagen, daß jene von dieser widerlegt wird; ebenso wird durch die Frucht die Blüte für ein falsches Dasein der Pflanze erklärt und als ihre Wahrheit tritt jene an die Stelle von dieser. Diese Formen unterscheiden sich nicht nur, sondern verdrängen sich als unverträglich miteinander. Aber ihre flüssige Natur macht sie zu Momenten organischer Einheit, worin sie sich nicht nur nicht widerstreiten, sondern eines so notwendig als das andere ist, und diese gleiche Notwendigkeit macht erst das Leben des Ganzen aus.«

Unschwer läßt sich mit den Mitteln formaler Logik erkennen, daß der Satz, wo er eine Sachaussage trifft, trivial ist, dort aber, wo er der Trivialität entweicht, nichts aussagt. Robert Heiss, wohl der gründlichste und unvoreingenommenste Dialektforscher und Hegelkenner unserer Zeit, wendet sich in seinem Buche *Die großen Dialektiker des 19. Jahrhunderts* denn auch gegen den vorliegenden Ausspruch, indem er schreibt:

»Bei genauer Betrachtung freilich erheben sich manche Einwände. Der schöne Dreischritt, der von der Knospe zur Blüte und zur Frucht führt, ist in Wirklichkeit ein Prozeß, der sich in mehr als drei Teile aufteilen läßt. Zudem ist ein Abschnitt aus einem Wachstumsprozeß herausgegriffen. Der ganze Prozeß hebt nicht erst bei der Knospe, sondern schon viel früher, zum Beispiel beim Samen an.«

Es lassen sich aber noch triftigere Argumente gegen Hegels naives Dialektik-Exempel und damit in der Tat gegen jegliches dialektische Denken vorbringen. Etwa dieses: Inwieweit »kann man sagen«, wie Hegel das ohnedies mit etwelcher Unsicherheit formuliert, daß die Knospe die Blüte »widerlegt«? Logisch gesehen ist die Widerlegung der Blüte oder der Widerspruch ihrer die »Nicht-Blüte«, also alles, was nicht Blüte ist, und keineswegs nur die Knospe. Und darf man so ohne weiteres hinsetzen, daß die Formen sich »widerstreiten« und als »unverträglich miteinander« verdrängen? Hier wird die Natur, sei es anthropomorphisiert (durch das Wort »unverträglich«), sei es deifiziert oder auch, wenn diese Wortprägung mir gestattet ist: logokratisiert. Auch mit der »Notwendigkeit«, mit welcher laut Hegel der Prozeß abläuft, wird sich der Logiker nicht zufrieden geben, wird vielmehr einwenden, es sei derlei Notwendigkeit nichts als ein Induktionsschluß und der Glaube an einen solchen blind. Am Ende bleibt von der ganzen Herrlichkeit der Hegelschen Dialektik-Metapher nichts anderes übrig als die schlichte Konstatierung, daß nach den bisherigen Beobachtungen aus Knospen Blüten und aus diesen Früchte werden — wenn alles gut geht und nicht etwa die Knospe erfriert.

Doch ist gerade dieses vielzitierte Beispiel zu einfach, um nicht zu sagen: zu einfältig, uns Einblick ins dialektische Denken zu gewähren. Man muß abstraktere Verkündungen Hegels — und »Verkündungen« ist in seinem Falle besser gewählt als etwa das Wort »Aussagen« — hernehmen, um eine Ahnung von dialektischer Denkbewegung zu vermitteln. In seiner »Logik«, die natürlich keine Logik im herkömmlichen Verstande hat sein wollen, vielmehr eine dialektische Anti-Logik, geht Hegel an ein Fundamentalproblem heran: an die *Wahrheit,* zu der dialektisches Denken niemals ein klares Verhältnis hat herstellen können. Mit Unmut vermerkt hier der sehr zu Unrecht als veraltet hingestellte größte Logiker des 20. Jahrhunderts, Bertrand Russell, es würden in Hegels Dialektik »die Gedanken zu etwas Fließendem, Ineinander-Übergehendem, Wahrheit und Irrtum sind nicht mehr scharf abgegrenzte Gegensätze ...« Und Robert Heiss, der im Unterschied zu Russell ein Dialektiker ist, bekennt selber in seinem Buch *Wesen und Formen der Dialektik:*

> »Das dialektische Denken hat seine klaren methodischen Prinzipien und seine bestimmten Vorstellungen von der Wahrheit, die freilich weder dem üblichen Begriff der Methode, noch der üblichen Vorstellung der Wahrheit entspricht ...«

Wenn aber die »üblichen Begriffe und Vorstellungen hier keine Geltung mehr haben, wenn man sich von der philosophischen Umgangssprache solcherart entfernt und den Wörtern ganz neue Sinngehalte unterlegt, muß sich freilich die Frage erheben, inwieweit der *Gebrauch* dieser Wörter dann noch legitimiert ist. Weisen wir diese Frage für einen Augenblick zurück und bringen wir dem Leser die in der »Logik« formulierten Wahrheitsvorstellungen Hegels kurz in Erinnerung. Bei der logischen oder – wie ich, persönliche Auffassung einschiebend, meinen möchte – pseudologischen Abhandlung der Begriffe Sein und Nichts geht es folgendermaßen zu: Der Philosoph sagt: »Das Sein ist das unbestimmte Unmittelbare ...« Nehmen wir uns die Freiheit, gleich hier Hegel zu unterbrechen mit dem Einwand, daß dies eine zumindest fragwürdige Art philosophischen Definierens ist, doch hören wir ihn weiter: »Es ist *nichts* in ihm (dem Sein) anzuschauen ... ebensowenig etwas in ihm zu denken ... das Sein, das unbestimmte Unmittelbare, ist in der Tat das Nichts und nicht mehr noch weniger als Nichts.« Vom Nichts wiederum weiß Hegel zu berichten: Es ist die »vollkommene Leerheit, Bestimmungs- und Inhaltslosigkeit, Ununterschiedenheit in ihm selbst ... das reine Sein und das Nichts ist also dasselbe.«

Kaum bedarf es besonderen logistischen Trainings, um hier augenblicklich Einspruch erheben zu wollen: Zwei nicht definierte Begriffe, die infolge ihrer Nichtdefiniertheit und leeren Anschauungslosigkeit *nichts* sind, sind ganz gewiß »dasselbe« – und zwar in ihrer vollkommenen Nichtigkeit. Damit hebt sich zugleich auch das Urteil, daß sie »dasselbe seien«, selbst auf, da doch jeder Vergleich zweier Begriffe, die nichts und nicht sind, seinerseits *nicht* ist. Hegels coincidentia oppositorum erweist sich vor der Logik als leer und im Sinne positivistischen Denkens als sinnlos. – Jedoch geht Hegel einen Schritt vorwärts, und dieser, wenn wir ihm folgen, führt uns in ein zwar auch weiterhin logisch und theoretisch höchst problematisches, praktisch aber überaus fruchtbares Denken, das sich sowohl an der Geschichte als auch, was mir wichtiger erscheint, an der *Existenz* täglich erhärtet. Er setzt nämlich, das Verfließen der Begriffe erläuternd, hinzu: »... diese Bewegung des unmittelbaren Verschwindens des Einen in dem Andern (ist): das *Werden*.«

Philosophie der Aktion und der Reaktion

Es ist mir nicht entgangen, daß auch dem Werden die formale Logik den Prozeß machen kann. Gleichwohl bleibt bestehen, daß Hegel als Denker der Bewegung, der Dynamik, der Eruption, wenn man will, eine einzigartige philosophische Tat vollbrachte, die dem existentiellen

Grundgefühl des in eine ständig werdende Wirklichkeit verstrickten Menschen im phänomenologischen Sinne besser entspricht als jede logische Analyse. Gerade die existentielle Komponente in seinem Denken, die verhältnismäßig wenig beachtet wurde und in der geschichtsphilosophischen Hegel-Debatte unterging, erscheint mir als überaus belangreich. Was Hegel die »Selbstbewegung der Begriffe« nennt, ist ganz gewiß, logisch gesehen, unsinnig. Sie ist überhaupt, in philosophische Begriffssprache gefaßt, nicht nur schwer genießbar, sondern auch gefährlich. Sie ist aber, diese »Selbstbewegung«, sobald wir in ihr das unmittelbar Gelebte – *le vécu* – erkennen, eine Wirklichkeit unserer Existenz. Hegels Dialektik hat zwar keinen Erkenntniswert im wissenschaftlichen Verstande, was immer Neo-Hegelianer und Marxisten aller Spielarten dagegen vorzubringen allemal geneigt sind. Aber sie ist eine *motorische Kraft*. Dialektik, um es knapp zu sagen, erscheint mir, wiewohl Hegel selbst sie als Erkenntnisinstrument auffaßte, wiewohl er persönlich jeglicher Aktion abhold war und die Zukunft niemals vor seinen Denkhorizont setzte, nicht als Philosophie der Einsicht, sondern als ein Denken der *Tat*. Sie ist dazu eine spezifische *Gangart des Denkens*, die dem außerhalb Stehenden als ein Torkeln erscheinen muß, demjenigen aber, der sie akzeptiert und erlernt hat, als ein machtvolles Ausschreiten dünkt. Wenn ich von Torkeln rede, wiederhole ich in anderer Form nur, was der Meister selbst in der *Phänomenologie* gesagt hat:

> »Das Wahre ist so der bacchantische Taumel, an dem kein Glied nicht trunken ist, und weil jedes, indem es sich absondert, so unmittelbar sich auflöst – ist er ebenso die durchsichtige und einfache Ruhe ...«

Vom »Wahren« wollen wir in diesem Zusammenhang lieber nicht sprechen. Sehr wohl aber vom Vorwärtstaumeln, das wir als unser Geschick nicht abtun können. Mit Hegel befinden wir uns stets auf ungewisser Wanderschaft. Sich einlassen auf ihn, heißt nichts anderes, als ein existentielles Faktum, dem wir ohnehin nicht ausweichen können, annehmen und für uns anfordern. Da nun aber Hegel, im Gegensatz zu unserer approximativen Interpretation, zwar die Wahrheit als »bacchantischen Taumel« sah, jedoch die Unsicherheit solchen Taumelns nicht gelten lassen wollte, vielmehr in seinem Bemühen um Synthese und Erkenntnis meinte, es führe die dialektische Reflexion zu Einsichten – und zwar solchen, die hoch über den von ihm abgewiesenen »untergeordneten« Erkenntnissen wissenschaftlichen Charakters stünden –, sind wir zur Frage berechtigt, was er aus diesen supponierten Einsichten gewonnen hat und wohin die Dialektik ihn und seine Nachfolger führte.

Und damit sind wir wieder angelangt bei der Frage, ob wir in ihm einen Befreier oder Oppressor zu sehen haben. Wir fühlen uns gehalten, die Frage nicht im leeren Begriffsraum zu stellen, sondern im Bereich der Praxis. Wo stand Hegel mit seiner Dialektik innerhalb des gesellschaftlichen und politischen Kräftespiels? Was hat seine dialektische Reflexion akzeptiert, was hat sie verworfen? Es ist dies ein äußerst schwieriges, um nicht zu sagen: unerquickliches Stück geistiger und politischer Geschichte. Hegel, so durfte ich feststellen, und ich glaube: ohne daß ich ihm Gewalt angetan hätte, war persönlich das, was wir unumwunden einen Reaktionär nennen können. Hat er auch als Philosoph und Dialektiker geistig reaktionär gedacht? Ich fürchte, daß wir mit einem Ja zu antworten haben. Noch einmal sei das Wort Bertrand Russell überlassen, der übrigens Hegels Bedeutung durchaus anerkannte, ihn keineswegs in logischem Hochmut beiseite schob. Er schreibt über Hegels politische Vorstellungen:

»(Hegels Freiheit) ist eine Freiheit von ganz exquisiter Art. Sie bedeutet nicht, daß man etwa nicht ins Konzentrationslager kommen könne. Sie begreift auch nicht die Demokratie, die Pressefreiheit oder sonst eine der üblichen liberalen Parolen, die Hegel verächtlich ablehnt ... Vom Standpunkt des Absoluten aber ist (für Hegel) die Unterscheidung zwischen Monarchen und Untertanen wie alle anderen Unterscheidungen eine Täuschung; selbst wenn der Monarch einen liberal gesinnten Untertanen ins Gefängnis steckt, ist das noch immer Selbstbestimmung des Geistes ... Man kommt zu dem Schluß, daß der Monarch den allgemeinen Willen, eine parlamentarische Mehrheit jedoch nur den Willen aller verkörpert. Eine recht bequeme Doktrin.«

Hier kann von Mißverständnis oder Übelwollen keine Rede sein. Hegel *war* der Philosoph des Preußens seiner Zeit und damit der Ideologie des Obrigkeitsstaates. Nur um den Preis weiterer dialektischer Verrenkungen kann man dieses grundeinfache Faktum verleugnen. Die Belegstellen fallen einem zu, man hat nur die Qual der Wahl. So etwa zeigt Hegel dem gemeinen Volke allerwegen seine Verachtung, und wenn er vom »Pöbel« spricht, so ist auch dieser Ausdruck nicht ausschließlich auf das sprachliche Normensystem seiner Zeit zurückzuführen. Über die Philosophie im Verhältnis zum Volke – und wer dächte da nicht mit Ironie an die neo-hegelianischen Doktrinen von der Durchdringung von Theorie und fortschrittlicher Praxis! – drückt er sich so aus: »Die Philosophie ist ihrer Natur nach etwas Esoterisches, weder für den Pöbel gemacht noch einer Zubereitung für den Pöbel fähig.« – Hinwiederum heißt es im Entwurf eines Briefes an Hardenberg, es sei Sache der Wissenschaft,

»den Einklang der Philosophie mit den Grundsätzen zu beweisen, welche die Natur des Staates überhaupt braucht, am unmittelbarsten aber den Einklang mit demjenigen was unter (des Königs) erleuchteter Regierung und der weisen Leitung Eurer Durchlaucht der Preußische Staat ... teils erhalten, teils noch zu erhalten das Glück hat.«

Mal auf der Rechten, mal auf der Linken

Man mag so wollen oder nicht: Hegels Grundgestimmtheit ist ein unumstößlicher Sachverhalt. Sie ist aber freilich nicht die *ganze* Wahrheit, und da für Hegel das Wahre eben das Ganze ist (eine Formulierung, deren logischen Gehalt man wieder bestreiten kann, die aber vorläufig in diesem Zusammenhang hingenommen sei), ist es nur billig, daß wir dieses Ganze als Hegel-Wahrheit gerade im Bezug auf Oppression und Emanzipation einzufassen versuchen. Der preußische Staatsphilosoph, der Alleruntertänigste, in Ehrfurcht Ersterbende – *er war mehr als nur das.* Er war auch, worauf sein Interpret Robert Heiss mit überzeugenden Worten verwiesen hat, der zu seiner Zeit radikalste Kritiker der bürgerlichen Ordnung. Heiss behauptet sogar, es habe Hegels kritische Angriffswucht gegen die bürgerliche Ordnung selbst Marx übertroffen. Das mag man mit Fug anfechten. Denn vergebens suchen wir in Hegel das intentionale, chiliastische, prophetische, ja eigentlich sittliche Pathos, mit dem Marx, weit hinausreichend über sich selbst und seine Vorstellung vom wissenschaftlich begründbaren Sozialismus, die bürgerliche Gesellschaft aus ihren Angeln zu heben sucht. Erfolglos fahnden wir bei Hegel nach dem Prinzip Hoffnung, das, niemals ausgesprochen, sich selbst nicht begreifend, Marxens geistiges und politisches Bewegungselement ist. Aber als düsteren prophetischen Kritiker des kapitalistischen Gefüges müssen wir ihn gelten lassen. Ja, es hat Hegel sogar die Konsumgesellschaft unserer Gegenwart inmitten einer armseligen, durch Mangel gekennzeichneten Wirtschaft visionär erschaut, wenn er sagt:

> »Es ist (in der bürgerlichen Gesellschaft) zuletzt nicht mehr der Bedarf, sondern die Meinung, die befriedigt werden muß ... Es wird ein Bedürfnis daher nicht sowohl von denen, welche es auf unmittelbare Weise haben, als vielmehr durch solche hervorgebracht, welche durch sein Entstehen einen Gewinn suchen ...«

Noch gab es den Begriff der Bedarfsweckung nicht, der heute von der Philosophie des Marketing zum Imperativ erhoben wird; noch nicht die »motivation research«, welche auch die Psychoanalyse in den Dienst eben dieser Bedarfsweckung stellt. Vor rund hundertfünfzig Jahren hat Hegel vorauserschaut, was die Realität der zweiten Hälfte des 20. Jahrhunderts wurde: hätte er nichts anderes geschrieben als den hier angeführten Satz, er wäre ein Genie gewesen. Doch hat er gerade im Hinblick auf die kapitalistische Ordnung Urteile von noch viel höherer Brisanz uns hinterlassen. Wir stoßen sowohl in der Rechtsphilosophie als auch in der *Phänomenologie* auf Ansprüche, die aus der Geschichte so wenig wegzudenken sind wie das Kommunistische Manifest:

> »(Die bürgerliche Gesellschaft) ist die ungeheure Macht, die den Menschen an sich reißt, von ihm fordert, daß er für sie arbeite und daß er Alles durch sie sei und vermittels ihrer tue. Es kommt (in der bürgerlichen Ordnung) zum Vorschein, daß bei dem Übermaße des Reichtums die bürgerliche Gesellschaft nicht reich genug ist, das heißt, an dem ihr eigentümlichen Vermögen nicht genug besitzt, dem Übermaße der Armut und der Erzeugung des Pöbels zu steuern ... In der Sucht

des Erwerbs, dadurch daß sie sich der Gefahr aussetzt, erhebt sich (die bürgerliche Gesellschaft) zugleich über ihn und versetzt das Festwerden an der Erdenscholle und den begrenzten Kreisen des bürgerlichen Lebens mit dem Element der Flüssigkeit, der Gefahr und des Untergangs.«

Durchaus erscheint hier Marx'sches Denken schon vorweggenommen. Auch wird in Umrissen erkennbar, was Adorno später »Negative Dialektik« genannt hat. Die bürgerliche Entfremdung ist das, was Hegel in anderen, metaphysischeren Zusammenhängen als den sich selbst entfremdeten Geist bezeichnete. Sie ist das Übel. Wo aber winkt Erlösung?

Mit einiger Verzagtheit muß man vom dezidiert sozialkritischen Hegel wieder zurückkehren zum oppressiven. Denn nun ist es nicht etwa so, daß Hegel seinen Blick in die *Zukunft* richtete, von der Umwälzung, Erneuerung, Durchbruch zu erwarten wäre. Er ist – und hier hat der allzu oft und zum Überdruß zitierte Satz Marxens seinen Platz – nicht einer, der die Welt verändern will. Er verharrt nicht nur in seiner trüben Gegenwart, sondern weiß der von ihm mit fast erschreckender Hellsichtigkeit durchschauten bürgerlichen Gesellschaft nichts anderes entgegenzusetzen als den noch viel entschiedener oppressiven *Staat:* die Staatsidee, die preußische seiner Zeit, mitsamt ihrer Zensur und ihrer hierarchisch-hieratischen Starre, ist für ihn der Hafen, in den er einfährt nach seiner Schifffahrt auf dem gefährlichen Meer bürgerlicher Ordnung-Unordnung. Hier sieht er Wirklichkeit und Theorie versöhnt: die große Synthese, die Mensch und Gesellschaft von ihrer Zerrissenheit und Selbstentfremdung heilt; jenes Wirkliche, das vernünftig, das Vernünftige, das wirklich ist. Hier kann von Anfechtung und negativ-dialektischem Denken die Rede nicht mehr sein: im Hafen Staat ist Hegel wiederum der alleruntertänigste aller Untertanen. Hier baut er auch an jenem soziomorphen Modell, auf das Ernst Topitsch verwiesen hat, wenn er über Hegel sagt:

> »Hegel bewegt sich durchaus im Kreis der hergebrachten intentionalen Vorstellungen, wenn er im Stil der Herrscherhuldigung den Logos Kosmokrator preist, die Weltvernunft, die ›als unendliche Macht nicht so unmächtig ist, um es nur bis zum Ideal, zum Sollen zu bringen‹...«

Hegels Modell, das er in seiner Kritik der bürgerlichen Gesellschaft nur gleichsam in Trance durchbricht, ist indes nicht nur, wie Topitsch meint, rückführbar auf uralte, in der Geschichte der Philosophie wieder und wieder durchvariierte wertbesetzte Mythologien. Es ist auch das Bild, das der Untertan von seinem Staat sich machen will: die Vernunft heißt Hegel, die Wirklichkeit ist der König, einer rechtfertigt den anderen. Entschieden verweigere ich mich dem Einwand, ich hätte hier »wohlfeilen Psychologismus« eingeführt. Denn ganz abgesehen davon, daß eine psychologisierende Interpretation intellektuell zumindest ebenso kostspielig ist wie eine weitausholend kulturphilosophische Spekulation, ist die Feststellung des Untertänigkeits-Charakters, der in Hegels Fall eine Klammer ist, die Mensch und Werk verbindet, keine bloß psychologische, sondern weit darüber hinaus eine sowohl existentielle als auch soziologische. Es konnte zu Hegels Zeiten in Preußen und in ganz Deutschland nicht – *noch* nicht – praktisch-revolutionär gedacht werden; erst einige Jahrzehnte später, als Marx sich an die Umstülpung von Hegels Dialektik machte, war es soweit, wenn freilich auch in Marx noch Spuren des unfreien, kosmokratisch eingefärbten Denkens der deutschen Tradition nachzuweisen sind.

Das Stichwort Marx ist gefallen. Wir kommen zur Frage nach der historischen Rezeption und der Wirkung Hegels. War sie – über alles, was Hegel selbst gedacht und geschaffen hat, hinaus – emanzipatorisch oder war sie oppressiv? Auch hier kann die Antwort nicht eindeutig ausfallen. Ganz gewiß haben wir in Marx den legitimen Nachfahren Hegels zu sehen, und ebenso gewiß war Marxens Wirkung auf Denken und Handeln eines Jahrhunderts – zumindest in der Intention – ein Phänomen der Befreiung des Menschen. Müßig, wenn auch als intellektuelles Spiel erregend genug, sich auszumalen, wie die Ereignisse sich abgespielt hätten, wäre der Sozialismus in allen seinen Spielarten nicht durch das Medium Marx zur Wirklichkeit geworden, sondern durch das der französischen utopistischen Sozialisten. Wir haben uns, wie Thomas Mann gesagt hat, an die »Ehre des Wirklichen« zu halten, vor der die Ehre des Möglichen verblaßt. Die Marx'sche, ohne Hegel nicht denkbare Dialektik und seine Anthropologie bestimmen immer noch die wirkungsmächtigen Lehrgebäude unserer Zeit, ob es sich um das von Sartre, Bloch oder Marcuse handle. Und in Gestalt des Marxismus hat der *linke* Hegelianismus, neben dem der rechte sich dürftig genug ausnimmt, die Welt verändert. Natürlich läßt sich vorbringen, ein rechts-intentionaler Hegelianismus sei denn doch nicht so ganz einflußlos geblieben, auch habe Hegels Deutsch-Gesinntheit in des Wortes fragwürdigstem Verstande genug Unheil angerichtet. Schließlich darf man nicht unterschlagen, daß Hegels dialektisches geschichtliches Bewegungsprinzip nach seiner Vorstellung in den deutschen Staaten und namentlich in Preußen »zur Ruhe kam«. Die kontradiktorischen Ideen erschienen ihm *in* und *durch* Deutschland versöhnt. Wörtlich sagt er:

»Der germanische Geist ist der Geist der neuen Welt,

deren Zweck die Realisierung der absoluten Wahrheit, als der unendlichen Selbstbestimmung der Freiheit ist, der Freiheit, die ihre absolute Form selbst zum Inhalt hat.«

Und die Wahrheit? Und die Freiheit?

Man kann, Hegels Fundamentalideen paraphrasierend, vermerken, daß, wenn das Ganze das Wahre ist, dieses Ganze ein Deutsches sein und daß denn am deutschen Wesen die Welt genesen müsse. Selbst dann aber, wenn wir uns an den durch Marx und dessen Schüler vermittelten Hegel halten, verliert man die schöne Sicherheit, so einfach zu statuieren: Hegel war ein Faktor der Befreiung. Es mag bilig, ja demagogisch erscheinen, an dieser Stelle die Entwicklung jener Staaten anzuführen, die das Banner des Marxismus – und also des linken Hegelianismus – aufgepflanzt haben. Von Freiheit kann da ebensowenig gesprochen werden wie von Wahrheit. Und mit Fug darf man die Hegel'sche Dialektik als einen Strang im Wurzelgeflecht der Ursachen hierfür verantwortlich machen.
Denn – und damit kehren wir zum Gesamtproblem der Dialektik zurück –: es hat diese Methode nicht nur keinen Wahrheitsbegriff entwickelt, sondern auch keinen konkreten Freiheitsbegriff. Die Hegel'sche Freiheit ist nicht bloß, wie Russell spöttisch gesagt hat, »eine Freiheit exquisiter Art« – sie ist auch ungreifbar. Der konkrete Mensch in seinem Dasein ist ausgesperrt aus einer Freiheit, die da vorgeblich als eine Freiheit des zu sich gelangenden Weltgeistes seine, des Menschen, eigenste Natur ausmacht. Und erst recht aus der Freiheit des in der staatlichen Wirklichkeit sich verkörpernden objektiven Geistes. Wenn Hegel vorbringt, es könne Freiheit nicht geben ohne Gesetz, so ist das richtig bis zur Trivialität. Wenn

er aber dazu neigt, den Satz umzukehren, um uns verstehen zu machen, wo immer Gesetz herrsche, da gebe es auch schon Freiheit – dann übt er gerade jene intellektuelle Oppression aus, die als konkrete und existentielle Unterdrückung recht unheimlich in der Welt sich dartut, die Marx für sich reklamiert. Ebensowenig wie der Dialektiker Hegel bietet der Dialektiker Marx einen haltbaren theoretischen Freiheitsbegriff. Der unerläßlichen, ja großartigen Demystifizierung des bürgerlichen Freiheitsbegriffs folgt auch bei ihm nicht die Erarbeitung eines stichfesten sozialistisch-dialektischen. Hier tut sich eine Lücke auf, die nicht zu schließen ist.

Diese Freiheit als Hohlform hat in der neo-hegelianischen und neo-marxistischen Diskussion zu geistesgeschichtlich wahrhaft dramatischen Ergebnissen geführt. Als Beispiel sei hier nur Sartres Philosophie angeführt, die im Maße, wie Sartre sich von seinem ursprünglichen Existentialismus entfernte, diesen nur noch als »parasitäres Gewächs« innerhalb des für ihn unüberholbaren Marxismus gelten lassen wollte, seine Freiheitsvorstellung einengte. Ferner ist als ein oppressives Erbe der Hegelschen Philosophie meiner Überzeugung nach auch die gesamte erdrückende, ja nachgerade terroristische Begriffs-Scholastik aufzuweisen, die namentlich in Deutschland durch den Einfluß Adornos während rund zweier Jahrzehnte das Denken verwaltete. Hier vor allem ist auch der sehr hegelianische Hochmut gegenüber den exakten Wissenschaften wie auch gegenüber dem um sachhaltige Aussagen bemühten Positivismus anzutreffen. Man erinnert darum unwillkürlich, lauscht man den Delirien dialektischer Glossurgie, das vernichtende Urteil Schopenhauers:

> »Will dich Verzagtheit anwandeln, so denke nur daran, daß wir in Deutschland sind, wo man gekonnt hat, was nirgend anderswo möglich gewesen wäre, nämlich

einem ... die Köpfe durch beispiellos hohlen Wortkram von Grund aus und auf immer desorganisierenden Philosophaster, ich meine unseren teueren Hegel, als einen großen Geist und tiefen Denker auszuschreien ...«

Das Urteil ist affektgeladen, ich weiß. Dennoch enthält es eine Teilwahrheit. Die andere Hälfte verpflichtet uns festzustellen, daß der Hegelianismus in seiner historischen Wirkung keineswegs nur Unheil angerichtet hat. Letzten Endes hat Hegels Denken auch dazu beigetragen, daß ein erheblicher Teil der studentischen Jugend unserer Tage *nicht* bereit ist, die Fünf einer unvernünftigen Wirklichkeit gerade sein zu lassen. Eine bar positive, die Realität bloß abspiegelnde Philosophie hätte jedenfalls diese Jugend nicht befähigt, bestehende Ordnungen anzufechten und damit der Politik, zumindest der deutschen, neue Impulse zu geben.

So gibt es auf die Frage: »Hegel – Befreier oder Oppressor?« keine klare Antwort. Auch die geschichtliche Wirkung des Dialektikers ist eine dialektische, hat Elemente der Unterdrückung wie der Befreiung hinterlassen. These und Antithese stehen einander gegenüber. Wird die Geschichte sie jemals in einer Synthese versöhnen? Man wagt keine Voraussage, zumal – und wiederum durchaus im Sinne der Dialektik – offensichtlich schon ein Prozeß im Gange ist, der zunächst auf eine Ablehnung dieses idolatrisierten Philosophen mit den Mitteln kritisch-positivistischen Denkens hinausläuft. Insofern verhilft Hegels 200. Geburtstag nicht nur zu einer Gliederung unseres Geschichtsbewußtseins, er führt uns die Krisensituation modernen Philosophierens überhaupt vor Augen. Die Frage *Pourquoi des philosophes?*, die vor zehn Jahren in einem vehementen Pamphlet der französische Philosoph Jean-François Revel stellte und damit beantwortete, daß

er auf die Nichtsnutzigkeit dessen verwies, was einst in Deutschland Friedrich Albert Lange die »Begriffsdichtung« genannt hat – diese Frage wird an der Gestalt Hegels mit seinen rechten und linken Nachfolgern am deutlichsten. Ob man sich der Alternative »Nutzlos philosophieren oder nützlich Wissenschaft betreiben?« entzieht, wofür ich persönlich eine starke Neigung habe; oder ob man die Widersprüchlichkeit der hart im Raume sich stoßenden Sachen und der bei Hegel allzu leicht beieinander wohnenden Gedanken auf sich nimmt und aushält – so oder so ist es nötig, Hegel als den Befreier und als den Oppressor zu sehen. Man soll durch ihn hindurchgehen, doch muß man sich hüten, ihm zu verfallen. Nach wie vor gilt die Feststellung Benedetto Croces:
»Das moderne Denken kann Hegel weder ganz anerkennen noch ganz verwerfen.«

SCHOPENHAUER: GEFÄHRTE, NICHT GANZ OHNE GEFAHR

Zu einer Neuausgabe der Werke im Diogenes Verlag

»(Er hatte sich) erinnert, daß er (das Buch) einst vor Jahr und Tag bei einem Buchhändler zu einem Gelegenheitspreis achtlos erstanden hatte: ein ziemlich umfangreiches (...) Werk, der zweite Teil nur eines berühmten metaphysischen Systems (...). Er empfand die unvergleichliche Genugtuung zu sehen, wie ein gewaltig überlegenes Gehirn sich des Lebens, dieses so starken, so grausamen und höhnischen Lebens, bemächtigt, um es zu bezwingen und zu verurteilen ... die Genugtuung des Leidenden, der von der Kälte und Härte des Lebens sein Leiden beständig schamvoll (...) versteckt hielt und plötzlich aus der Hand eines Großen und Weisen die grundsätzliche und feierliche Berechtigung erhält, an der Welt zu leiden – dieser besten aller denkbaren Welten, von der mit spielendem Hohne bewiesen ward, daß es die schlechteste aller denkbaren sei. – Er begriff nicht alles. Prinzipien und Voraussetzungen blieben ihm unklar ... Aber gerade der Wechsel (...) von dumpfer Verständnislosigkeit, vagem Ahnen und plötzlicher Hellsicht hielt ihn in Atem (...). In diesem Zustande eines schweren, dunkelen, trunkenen und gedankenlosen Überwältigtseins verblieb er den ganzen Tag (...). In tiefer Stille und sacht lastender Schwüle lag er auf dem Rücken und blickte ins Dunkel empor. – Und siehe da: plötzlich war es, wie wenn die Finsternis vor seinen Augen zerrisse (...) und eine unermeßliche tiefe, eine ewige Fernsicht von Licht enthüllte. *›Ich werde leben!‹*, sagte (er) beinahe laut und fühlte, wie seine Brust dabei vor innerlichem Schluchzen erzitterte. ›Dies ist es, daß ich leben werde! Es wird leben ... Und daß dieses Es nicht ich bin, das ist nur eine Täuschung, das war nur ein Irrtum, den der Tod berichtigen wird‹ (...). Was war der Tod? Die Antwort darauf erschien ihm nicht in armen wichtigtuerischen Worten: er fühlte sie, er besaß sie zuinnerst. Der Tod war ein Glück, so tief, daß es nur in begnadeten Augenblicken, wie dieser, ganz zu ermessen war. Er war die Rückkunft von einem unsäglich peinlichen Irrgang, die Korrektur eines schweren Fehlers, die Befreiung (...) von Banden und Schranken – einen beklagenswerten Unglücksfall machte er wieder gut. – Ende und Auflösung? Dreimal erbarmungswürdig jeder, der diese nichtigen Begriffe als Schrecknisse empfand! Was würde enden und was sich auflösen? Dieser sein Leib ... Diese seine Persönlichkeit und Individualität, dieses schwerfällige, störrische, fehlerhafte und hassenswerte *Hindernis, etwas anderes und Besseres zu sein!* (...) Wo werde ich sein, wenn ich tot bin? Aber es ist so leuchtend klar, so überwältigend einfach! In allen denen werde ich sein, die je und je Ich gesagt haben, sagen und sagen werden: *besonders aber in denen, die es voller, kräftiger, fröhlicher sagen* ...«

Was ist das? Aber unsere Hörer haben es längst erraten: ich bin sicher. Es wurden hier auszugsweise jene Partien aus Thomas Manns *Buddenbrooks* zitiert, die davon handeln, wie der Senator Thomas Buddenbrook, ein feiner, sensibler, wenn auch an philosophische Lektüre nicht eben gewöhnter Mann, Schopenhauers *Welt als Wille und Vorstellung* liest, was ihn »trunken« macht, wie es heißt, was ihm jedoch psychisch und physisch – psychosomatisch würde man heute sagen – nicht gut bekommt. – Auch warum ich diesen Text an den Anfang meiner Überlegungen über den unzeitgemäßen, weil unbedingt überzeitlichen Schopenhauer stelle, ist gewiß klar geworden. In diesen Zeilen nämlich, die ich leider verkürzen mußte, die aber in ihrer Gesamtheit wahrscheinlich das Schönste und Treffendste sind, das je über den einsamen Privatgelehrten aus Danzig gesagt wurde, ist ja in nuce der *ganze* Schopenhauer enthalten: der große Verführer, der gleichwohl auch großer Erlöser ist, der Freund des Todes, freundschaftlich, weil er geglaubt hat, ihn philosophisch zu überwinden, der Feind des peinvollen und hämischen Lebens, das uns narrt mit seinem Friß-und-werde-gefressen, der Neinsager, der – in zeitgemäßer Terminologie – wohl *subversiveste* Geist, der je die Gemüter in seinen Bann schlug. Beides ist da, wovon die Überschrift dieses Beitrages kündet: Schopenhauer, der *Gefährte;* denn der unglückliche, seinem kaufmännischen und physischen Verfall fast süchtig zustrebende Senator Thomas Buddenbrook erfährt Schopenhauer als zusprechenden Freund; Schopenhauer wird ihm aber auch mit seinem Eros Thanatos zur offensichtlichen *Gefahr.* Es ist erzählerisch überaus wohlkalkuliert, wenn Thomas Mann seinen Senator Buddenbrook bald nach dem Schopenhauer-Abenteuer einen schweren wirtschaftlichen Schlag erleiden und ihn schließlich auf geschwinde Weise sterben läßt.

Was mich angeht, so halte ich mich jetzt, da ich seit ziemlich langer Zeit dank der ausgezeichneten und wohlfeilen Neuausgabe der Werke Schopenhauer wieder las, zunächst einmal an den *Gefährten.* Er war mir ein solcher, als ich ihn in der Jugend aufnahm: er ist es mir in noch intensiverem Maße heute, nachdem ich so viel an neopositivistischer Rationalität, neo-marxistisch-existenzialistischer Dialektik hinter mich gebracht habe. – Was besticht einen eigentlich so sehr an Schopenhauer, der nun ja gewiß nicht aktuell ist, so wenig wie er je im gesellschaftlich-politischen Verstande zeitgerecht war? Nicht unbedingt die Todestrunkenheit, die er vermittelt, wie ich eine solche beispielshalber durch das ausgedehnte Thomas-Mann-Zitat zu belegen versuchte. Auch nicht die Systematik, auf die der Meister selbst so stolz war, daß er meinte, niemals vordem sei dergleichen von einem Hirn ausgearbeitet worden. Der Systeme gibt es viele, sagt sich der Skeptiker. Sofern sie nur in sich stimmig sind – und das sind die meisten, die Geistesgeschichte uns übermittelt hat – machen sie Eindruck allerwegen. Was man an ihnen bewundert, ist im Grunde etwas Formales: es gilt dies für Leibniz, für Kant, selbstverständlich und am stärksten zweifellos für Hegel; es gilt aber auch für so verschiedenartige Gedankenwerke wie für das des neopisitivistischen chef de file Rudolf Carnap und für Sartre, wo die logischen Bruchstellen stets auf geistreiche Weise durch die Einführung neuer und immer überraschender Hilfshypothesen unsichtbar gemacht wurden. – Nicht der Systematiker des Riesenwerkes *Die Welt als Wille und Vorstellung* zieht uns – oder muß ich besser sagen: zieht *mich* an –, als vielmehr der Aphoristiker Schopenhauer, der uns *Lebensweisheit* lehrt, und zwar nicht nur in jenem Teil der *Parerga und Paralipomena*, der sich ganz ausdrücklich *Aphorismen zur Lebensweisheit* nennt und der die weiteste Verbreitung fand. Spricht man vom Aphoristiker Schopenhauer, meint man zuvörderst den Bildhauer der deutschen Sprache. – Wüßte ich nicht, daß hier schon einmal ausführlich über die Sprache Schopenhauers berichtet wurde, ich hätte wohl Lust, mich zu verbreiten über sie: ihre kristallene Klarheit, ihre Spontaneität, ihre bewunderswerte Knappheit. Da diese

Aufgabe aber bereits erfüllt ist, bin ich gehalten, von den *Inhalten* gewisser Sätze zu sprechen, die mich heute mehr noch frappieren als ehedem.

Fritz Mauthner, der erste deutsche Sprachphilosoph, sehr zu Unrecht vergessen und unterschlagen, hat in dem der Gesamtausgabe beigegebenen, höchst instruktiven Band *Über Schopenhauer* diesen Denker als den »Fürsten des Atheismus« bezeichnet. Tatsächlich war der radikale Atheismus Schopenhauers – man stehe zur Religion wie immer – eine prometheische geistige Tat: unter den deutschen Philosophen ist er der erste, der mit äußerster Deutlichkeit das gesamte judäo-christliche Erbe verwarf; er hat, anders als sein Meister Kant, der in der *Kritik der praktischen Vernunft* den Herrgott gleichsam durch die Hintertür wieder einführte, sich zu keinem Zugeständnis herbeigelassen. Und er weigerte sich, im Gegensatz zu dem ihm verhaßten Hegel, an Gottes Stelle einen »Weltgeist« zu setzen. »Keiner, der religiös ist«, hat er gesagt, »gelangt zur Philosophie, und keiner, der wirklich philosophiert, ist religiös«. In dem kurzen Abschnitt *Über Theismus* der *Parerga und Paralipomena* finde ich den folgenden Satz, der heute, nachdem wir von Feuerbach bis zum Neo-Positivismus und Neo-Marxismus soviel Religionskritik schon hinter uns haben, vielleicht trivial klingt, der aber, geschaut im Referenzsystem der Epoche Schopenhauers, von exorbitanter Kühnheit ist: »Ob man sich ein Idol macht aus Holz, Stein, Metall oder es zusammensetzt aus abstrakten Begriffen ist einerlei: es bleibt Idolatrie, sobald man ein persönliches Wesen vor sich hat, dem man opfert, das man anruft, dem man dankt. Es ist auch im Grunde so verschieden nicht, ob man seine Schafe oder seine Neigungen opfert. Jeder Ritus oder Gebet zeugt unwidersprechlich von Idolatrie.« Als Atheist ohne Abstriche, ohne Ausweichen in eine Begrifflichkeit, die Gott sich erhält, auch wenn sie seinen Namen kaum noch nennt, ist Schopenhauer *Aufklärer.* Stets hat er, der international gebildete, fast mondäne Herr, der in seiner Jugend in Frankreich und England gelebt hatte und schon darum nicht, als deutscher Professor, wie Heine es sagte, »mit seinen Schlafrock- und Nachtmütz-Flicken, die Lükken des Weltenalls stopfte«, sich zur Aufklärung bekannt. Er hatte nicht den Zukunfts- und Fortschritts-Glauben der Aufklärung, es ist wahr, und man hat ihn darum auch ebenso häufig wie ungerecht als romantischen Gegen-Aufklärer hingestellt. Ich melde gegen Interpretation solcher Art mit allem Nachdruck meinen Widerspruch an. Für Schopenhauer war der Glaube an die Zukunft des Menschengeschlechts ebenso Aberglaube, Afterglaube, wie die Annahme der Existenz Gottes. Er glaubte an das Diesseits, das für ihn nur Wirrnis der Vorstellung war, so wenig wie an glückseliges Jenseits. Wenn er sich gleichwohl immer wieder auf Voltaire beruft, nimmt er rechtens die große Ahnenreihe der Aufklärung des XVIII. Jahrhunderts als legitimes Erbgut für sich in Anspruch. Von der Aufklärung sagt er mit Ärgernis, daß sie »eine Art Schimpfwort« geworden sei; und er evozierte die, wie er wörtlich schreibt, »größten Männer des vorigen Jahrhunderts, Voltaire, Rousseau, Locke, Hume (...) diese Heroen, diese Zierden der Menschheit«. Gleich ihnen war auch er ein *Moralist:* Vielleicht der einzige, dessen die große deutsche Philosophie sich rühmen darf. Als solcher verachtete er herzlich die Religion, naive und metaphysisch verkleidete; als solcher wollte er auch nichts wissen vom *Staat,* dem Abgott Hegels. Er hat, wie Horkheimer es sagt, den Gedanken der Göttlichkeit des Staates entschieden abgelehnt. Die Menschheit auf ihrer höchsten Stufe, meint er, bedürfe keines Staates. Seltsame und eindrucksvolle Vorwegnahme Marxens und Lenins! Nur freilich, es wäre ganz unstatthaft, wollten wir im Aufklärer und Moralisten Schopenhauer darum einen verkappten Progressisten oder gar Geistesverwandten Marxens sehen. Er war nichts weniger als das, und wenn er den Staat als ein bestenfalls notwendiges Übel ansah, dann nicht deshalb, weil er an die Heils-Chance der *Gesellschaft* geglaubt hätte. Diese war für Marx ebenso der säkularisierte Herrgott wie für Hegel der Weltgeist. Der Atheist und Moralist Schopenhauer dagegen sah kein happy end des menschlichen Abenteuers voraus, weil er das unhappy beginning und die unglücklichen Verläufe historischen Geschehens erkannt zu haben glaubte. Er war ein Aufklärer ohne Hoffnung und ohne deren Prinzip, und zum vielgerühmten »aufrechten Gang« Ernst Blochs waren in seinen Augen nur jene befähigt, die sich der terroristischen Herrschaft des *Willens* entzogen. –

An dieser Stelle ist innezuhalten, denn nun kommen wir nicht mehr hin, ohne in gebotener Knappheit schließlich doch von seinem System zu sprechen, das er in seinem Hauptwerk *Die Welt als Wille und Vorstellung* niedergelegt hat. Es ist dies, wie ich meine, ein metaphysisches System wie irgend ein anderes auch, und wer es mit dem Anspruch auf intersubjektive Verifizierbarkeit kritisch betrachtet, der wird notwendigerweise nicht weniger enttäuscht als bei der Aufnahme des Fichte'schen oder des Hegel'schen oder des Marx'schen. Wie die genannten beruht auch Schopenhauers spekulatives System auf einer ganz persönlichen Option, einer *Wahl*: Hegel und Marx optierten für die Geschichte des Menschengeschlechts und entwarfen Denkschemata, die man im weitesten Sinne als optimistische bezeichnen darf. Beide setzten sie auf Geschichte, Gesellschaft, *Leben*. Schopenhauer optierte dagegen. Für ihn ist alles Leben, ja alles *Sein* die Objektivation des blinden (und im Grunde bösen) Willens. Zugleich ist es, subjektiv vom Menschen erlebt, *Vorstellung*. Geschichte ist ihm eine wüste Anhäufung von Schrecknissen, nicht mehr. Kaum glaubt er, wie sein später Nachfahr Theodor Lessing, daß eine Sinngebung dieses Sinnlose erlösen könne. Schopenhauers Protest richtet sich nicht oder nur am Rande gegen die Gesellschaft: er wird machtvoll erhoben gegen das Leben überhaupt, gegen das vom Willen infizierte Sein, das, um Thomas Manns Metapher zu gebrauchen, nichts ist als eine »maligne Reizwucherung«. Nur die kompromißlose Verneinung des Seins, das als »Schleier der Maja« und dem principium individuationis unterworfen unsere Vorstellung bestimmt, führe zur Meeresstille des Gemüts. Der Schopenhauer'sche Wille, der Freuds Begriff der Libido vorwegnimmt, und, wie bei Freud, sich am tragischsten in der Geschlechtsliebe hervortut, wird überwunden nur vom Heiligen, vom Asketen. Ein Ausweichen aus der Bahn des sonst so konsequenten Denken Schopenhauers hat mich hier stets irritiert: Warum soll nur der asketische Heilige der Drangsäligkeit des Willens entgehen? Warum soll nur der ästhetische Zustand des »interesselosen Anschauens«, von dem schon Kant sprach, Erlösung sein – und nicht das, was doch so nahe läge: der Freitod? In den *Parerga und Paralipomena* haben wir ein Kapitel *Über den Selbstmord*. Darin wird zunächst mit größter Überzeugungskraft und unverwechselbar Schopenhauer'scher Vehemenz polemisiert gegen jene, die im Selbstmörder einen Verbrecher sehen: gegen die Vertreter der etablierten abendländischen Religionen. Ihnen wird zuwidergeredet mit den Stoikern, die den Suizid als eine edle, heldenmütigen Handlung priesen, mit den Hindus, mit Hume und dessen *Essay on Suicide*. »Im Ganzen wird man finden«, sagt Schopenhauer, »daß, sobald es dahin gekommen ist, daß die Schrecknisse des Lebens die Schrecknisse des Todes überwiegen, der Mensch seinem Leben ein Ende macht.« Die schließliche Ablehnung des Freitods, weil nämlich dieser als Erlösung aus der Welt des Jammers nur eine scheinbare sei, da wir doch weiterleben, dem universalen *Willen* folgend, in alle Ewigkeit hin, wirkt eigentümlich matt: niemals konnte ich mich des Eindrucks erwehren, daß hier einer spricht, der nicht willens war, persönlich die letzten Schlußfolgerungen aus seiner lugubren Weltschau zu ziehen und der aus eben diesem Grunde nach einer theoretischen Finte suchte, sein eigenes bequemes Weiterleben zu rechtfertigen. – Womit eine Brücke geschlagen ist zur *Person* des Arthur Schopenhauer, der kein Heiliger war, kein Asket, auch kein Mit-Leidender, wiewohl doch das Mitleid die Grundlage seiner ganzen Ethik war. Nun denn, wir müssen nolens volens zugeben, daß der vermögende Kaufmannssohn, der es sich leisten konnte, als Privatgelehrter zu pfeifen auf jene universitären Erfolge, deren sein Erzfeind Hegel und so viele Geringere sich erfreuten, als Mensch nicht lebte, was er lehrte. Nietzsches berühmter Satz »Was er lehrte ist abgetan / Was er lebte, wird bleiben stah'n« / ist umzukehren. Schopenhauer war ein geiziger Rentier. Er war ein hagestolzer Lebenskünstler, der sich wohlbereitete Beefsteaks schmecken ließ, sich seiner körperlichen Gesundheit erfreute. Er hatte, wie Bertrand Russell es von ihm gesagt hat, »eine ganze Reihe trivialer Liebschaften, rein sinnlichen Charakters, keine Leidenschaften«. Politisch war er ein rechter Reaktionär, der die Crapule haßte und gar sehr eine oppressive Ordnung schätzte, weil sie ihm die »Vielzuvielen«, die »Fabrikware der Natur« vom Leibe hielt. Er hatte wenige wirklich liebenswerte Züge, es sei denn seine Tierliebe, vielleicht die einzige Tugend, die er nicht nur pries, sondern praktizierte. Er entsprach so wenig dem Menschenbild, das er ausformte, wie Nietzsche, der alles andere war denn ein lachender Überwinder oder gar ein »Tänzer«. Muß man, darf man es Schopenhauer anlasten, während man zur gleichen Zeit Hegel uns als Revolutionär anpreist, der sein vorgebliches Jakobinertum so geschickt hinter der Maske des alleruntertänigsten preußischen Staatsdieners zu verbergen wußte? Soll ausgerechnet nach Schopenhauer der Stein geworfen werden, derweilen niemand sich an dem Freiheitsdichter Schiller reibt, der ewig mit den Mächtigen traktierte und paktierte? Suchen wir die Geistesgeschichte ab nach totalen Kongruenzen von Sein und Lehren, ist das Ergebnis ein dürftiges. Am Ende bleiben nur ein paar übrig, die sehr jung starben, wie Georg Büchner: es war ihnen nicht Zeit vergönnt, Kompromisse zu schließen mit den herrschenden Gewalten. »Schopenhauer war kein Heiliger. Lessing war kein Schauspieler. Billige Weisheiten«, sagt Fritz Mauthner. Und: »Mich interessiert allein die Moral seines Erkenntnisdrangs.« Halten wir uns aber an diese, erkennen wir die ganz einzigartige Vereinigung von Klarsinn und Tiefsinn. Ich sehe keinen anderen als Schopenhauer, der das geistvolle Epigramm Arthur Schnitzlers in sich aufhöbe: »Tiefsinn hat nie die Welt erhellt / Klarsinn schaut tiefer in die Welt.« Welcher Tiefsinn —: das Ding an sich, bei Kant nur ein Grenzbegriff, im strebenden, das All durchdringenden *Willen* zu sehen; welch ein Klarsinn —: eben diesen Willen in seiner Schrecklichkeit zu erkennen, im Tohu und Bohu einer sich ständig selbst verschlingenden und wiedergebärenden Welt, die als seine Vorstellung dem Subjekt bewußt wird. Die Moral des Erkenntnisdrangs, die Mauthner an Schopenhauer rühmt, es muß noch der wütendste Gegner sie diesem Philosophen zugestehen.

Nietzsches Wort, er sei »niemandem unterthan«, hat man allzuoft und auf recht wohlfeile Art mit der Tatsache verknüpft, daß Schopenhauer wirtschaftlich unabhängig war und es nicht nötig hatte, den Großen dieser Erde zu schmeicheln, »in Untertänigkeit ersterbend« wie sogar Kant es getan. Ich leugne nicht ab, daß die ökonomische Sicherheit dazu beitrug, daß er ein freier Geist war; »Geld ist Freiheit und Edelsinn«, heißt es in einem wunderschönen Gedicht Frank Wedekinds. Aber die Nicht-Untertänigkeit war hier denn doch wohl mehr. Das Hinausschreiten über Kant, den er als seinen Meister ansah, die Gleichgültigkeit gegenüber all dem, was nicht nur Geld einbrachte, sondern Ehrungen und Ruhm, die stolze Selbständigkeit, die ihn nicht achten ließ auf das, was andere neben ihm, begünstigter als er von der Stunde, hervorbrachten, es zeugt dies alles für einen intellektuellen Rigorismus, neben dem das Allzumenschliche des Mannes Schopenhauer verschwindet.

Es ist denn auch die Moral des Erkenntnisdranges, die sich dem Schopenhauer-Leser spontan mitteilt, so daß man stets das Gefühl hat, man werde von ihm als Individuum direkt angesprochen. Hier redet ein Gefährte, kein Prophet, kein Professor. Schopenhauer ist ein Tröster: »Auch wird im tiefsten Innersten eines Jeden«, so liest man's in einem Paragraph der *Parerga und Paralipomena«*, »dann und wann einmal ein Bewußtsein sich spüren lassen, daß ihm doch eine ganz andere Art von Existenz angemessen wäre und zukäme als diese so unaussprechlich lumpige, zeitliche, individuelle, mit lauter Miseren beschäftigte; wobei er dann denkt, daß zu jener der Tod ihn zurückführen könnte ...«. Falscher Trost? Frage der eigenen Option. Widerspruch zur Erhärtung, daß wir als Geschöpfe des Willens auch in der »Unzerstörbarkeit unseres Lebens« dennoch wieder und wieder

dem Elend ausgesetzt sein werden, Bewohner einer Welt, in der das Glück rein negativen Charakter hat und nur in Abwesenheit von Unglück bestehen kann. Logisch fragwürdige Versicherung, denn ist nicht jenseits des empirischen Ichs jedes »wahre eigene Wesen« nur anschauungsloser und darum leerer Begriff? Alles eingeräumt. Nur daß dennoch das Gefühl uns bei der Schopenhauer-Lektüre ständig begleitet, daß hier einer vom *konkreten* Menschen spricht, daß eine persönliche, jeden einzelnen angchende Anthropologie und Psychologie entworfen wurde, wo anderwärts und namentlich bei Hegel nur abweisende Kathedralen nackter Abstraktheit sich vor uns erheben. Schopenhauer, gleich den großen französischen Moralisten, spricht uns von unserem Alltagsleben und dessen Gefühlen: Haß, Neid, Verachtung, Langeweile, Gewohnheit. »Der Zorn«, sagt er, »schafft sogleich ein Blendwerk, welches in einer monströsen Vergrößerung und Verzerrung seines Anlasses besteht« – und man weiß: das ist es, so erlebe ich es täglich. Vom Altern spricht er also: »Wenn in meinen Jünglingsjahren es an meiner Türe schellte, wurde ich vergnügt: denn ich dachte, nun käme es. Aber in meinen späteren Jahren hatte meine Empfindung bei dem gleichen Anlaß vielmehr etwas dem Schrecken Verwandtes: ich dachte, da kommt's«.
Hat man je Schauerlich-Wahreres vernommen?

Und wieviel hat Schopenhauer vorausgeahnt von dem, was später mühselig und in holpriger Sprache elaboriert wurde! Handelt er von unserem *Leib,* in dem wir die Objektivation des Willens unvermittelt erfahren, von der, nun ja: *dialektischen* Verschlingung von Subjekt und Objekt, die in diesem Leib beschlossen ist, dann ist ein gut Stück jener Phänomenologie der Leiblichkeit vorentworfen, der wir später bei Sartre und Meleau-Ponty begegnen.

Spricht er von »Sorge und Besorgnis« in seinen *Nachträgen zur Lehre vom Leiden der Welt,* so spüren wir Heidegger'sche Denk-Gestimmtheit: aber sind uns zugleich bewußt, wie schön und zugleich schwierig es ist, von solchen Seinserfahrungen zu erzählen, ohne die Sprache zu Tode zu strapazieren. Lesen wir nach, was er über die Notwendigkeit des Leidens sagt, ist es da und dort so, als habe einer die aktuelle Kritik der Konsumgesellschaft in wenigen, klaren Worten besser formuliert als alle modernen soziologischen Texte zusammen. »Man versetze dieses Geschlecht in ein Schlaraffenland«, notiert er, »wo alles von selbst wüchse (...) da werden die Menschen zum Teil vor Langeweile sterben, oder sich aufhängen, zum Teil einander bekriegen, würgen und morden ...«. Er hat keineswegs die Armut als einen »großen Glanz von innen« gepriesen, wie Rilke; hat nur den Wohlstand und die humane Indifferenz, die er mit sich bringt, als eine Gefahr erkannt – und dies zu einer Zeit, da man noch nicht über die Freizeit-Industrie Klagen führte, da nur eine schmale Schicht Bevorzugter sich materiellen Wohllebens erfreute. – Ja, ich erhärte es nochmals mit allem Nachdruck: Liest man Schopenhauer – oder liest ihn *wieder,* wie es für mich der Zufall wollte – wird einem zu Sinne und zu Mute, als stiege man aus einem Morast von Geschwätz in die klare Luft geistiger Freiheit und menschlicher Schlichtheit. –

Aber sprach ich denn nicht von der *Gefahr,* die dieser Gefährte für uns bedeutet? Gewiß. Nichts ist da zurückzunehmen. Denn wenn Schopenhauer auch keineswegs ein »romantischer Philosoph« war, wie dies einst Karl Joöl in seinem Buch *Schopenhauer und die Romantik* nachzuweisen versuchte und wie dies heute gedankenlos nachgeplappert wird, sondern ein Ritter der Aufklärung, Tod und Teufel zuseiten, so ist es doch unleugbar, daß er auch ein großer Verführer ist: Thomas Mann zeugt hierfür, bei dem in seinen jungen Jahren ein nur *ästhetisch*-pessimistisch aufgefaßter Schopenhauer zur politischen Gefahr wurde. Mit der philosophisch rechtfertigbaren und menschlich nur allzuleicht nachzulebenden Verwerfung des Seienden als des drangsälig strebenden Willens können wir sehr wohl den Mitmenschen und seine soziale Kondition aus den Augen verlieren. Schopenhauers pure Mitleids-Ethik ist hier kein Ersatz. Der Andere ist nun einmal da – »Vorstellung« im Sinne des subjektiven Idealismus vielleicht, Realität für sich gewiß! – und sein Da-sein fordert mehr von uns als ein unverbindliches Mitleiden, von dem wir niemals wissen, wie tief es reicht. Die Gesellschaft als Struktur, die uns einpanzert, ist gleichfalls um uns – wir können nicht absehen von ihr und können ihrer noch weniger Herr werden durch Compassion wie des mit uns seienden Individuums. Die Misere der conditio humana – auch wenn wir sie als solche einsehen – darf nicht zum Alibi gesellschaftlicher Abstinenz werden. Das Mitleiden *muß das Komplement des Mitkämpfens* werden; als dieses ist es sogar unerläßlich. – Schopenhauer lesen, heißt reif werden: aber vielleicht muß man geistig schon vorgereift sein, um ihn aufzunehmen, ohne daß man ihm verfiele.

MICHEL FOUCAULT UND SEIN »DISKURS« DER GEGEN-AUFKLÄRUNG

Vorstellung und Vorbehalt

Vielleicht wurde der Name des Professors am Collège de France, Michel Foucault, in jüngster Zeit auch jenen geläufig, die sich nicht oder nur am Rande für Philosophie interessieren: er gehörte zu den überaus zahlreichen französischen Intellektuellen, die mit äußerster Energie gegen die Auslieferung des Anwalts Klaus Croissant eintraten und die bestrebt waren, aus diesem Falle eine neue Affaire Dreyfus zu machen. – Foucault hat sich seit Jahren immer wieder mit hochachtenswertem und recht eigentlich idealistischem Eifer eingesetzt für die Sache, die er als die gute ansah und die denn mehr als einmal de facto auch die gute war: für »die Irren und die Sträflinge«, wie es einst bei Rilke geheißen hat, für sowjetische Dissidenten, für die Opfer der chilenischen Militärdiktatur. Er handelte, gleich Sartre, im Sinne eines moralischen Rigorismus. Sein öffentliches Wirken für die res publica ist das eines Humanisten. Daß er in seinem Werke, seinem Denken, seinem »Diskurs« als *der* Antihumanist schlechthin erscheint, ist eine jener Ironien der Geistesgeschichte, die uns schmunzeln machen könnten, wären sie nicht so dramatisch, ja tragisch. – Unmöglich darum, über diesen in hohem Maße »engagierten« Autor mit jener deskriptiv-kritischen Distanz zu schreiben, die im Sinne der Information geboten wäre. Er ist zu sehr präsent – dies nicht zuletzt als Inspirator jener jungen Autoren, die als »les nouveaux philosophes« mehr von sich reden machen als ihren Potenzen zukommt –, als daß es möglich wäre, ihn affektfrei anzuschauen. Die elementare Forderung intellektueller Redlichkeit zwingt mir das Bekenntnis auf, daß ich hier Partei bin, *Gegenpartei*, um es klar zu sagen, denn dieser Philosoph, der keiner sein will, dieser Historiker, der die Geschichte verachtet, dieser Humanist, der den Tod des Menschen mit poetischer Feierlichkeit verkündet, dieser Positivist, angesichts dessen Alt- und Neopositivisten ihr Haupt verhüllen in Scham und Schrecken, dieser »agitateur pour la bonne cause« ist in meinen Augen der gefährlichste Gegen-Aufklärer, der seit den Tagen der lumières die Bühne des französischen Geistes verdunkelt und in abgründige Wirrnis gestürzt hat.

Noch vor zehn Jahren präsentierte man ihn als einen »Strukturalisten«, genauer: als einen der »großen Vier des Strukturalismus« und stellte ihn an die Seite von Lévi-Strauss, Jacques Lacan, Louis Althusser. Inzwischen hat er vehement protestiert gegen das Etikett, das man ihm anheftete. Gut. Gibt es also einen »Ismus«, dem wir ihn zuordnen dürfen? Vom Marxismus ist er gewiß beeinflußt, aber da er die je bestehenden Eigentums- und Produktionsverhältnisse niemals als entscheidend anerkannte, ist es unstatthaft, ihn unter die Marxisten einzureihen. Ist er »Historizist« in jenem Sinne, den Karl Popper dem Begriff gab, wenn er von der »Armseligkeit des Historizismus« schrieb? Mitnichten, denn für ihn gibt es keine Linearität, keine Finalität, kaum Kausalität im geschichtlichen Ablauf. Existentialist? Natürlich am allerwenigsten, denn das Subjekt und sein Gelebtes (le vécu) sind für ihn Mystifikationen, abzutun mit einer ungeduldigen Handbewegung. Offenbar will er, dem es auch nichts ausmacht, wenn man ihm Widersprüche nachweist zwischen dem, was er gestern sagte und heute deklariert, ein Einziger sein, mit seinem Eigentum gepanzert dem Haupte eines geistigen Jupiter entsprungen. Ein äußerst hochfliegender Kopf. Man muß sich ihm mit Vorsicht nahen, sowie nach gründlicher Präparation, denn er spricht eine dichterisch gehobene Geheimsprache, die man nicht ohne Mühsal erlernt. Sein »Diskurs« (aufzufassen als »Rede« nach der Sprachüblichkeit, fachlicher als das Gesamt eines logischen Denkens) ist ebenso mitreißend wie esoterisch. Wer sich aber nicht mitreißen läßt und wenig Neigung hat zu Geheimlehren, der ist gehalten, dieses Autors Königsgedanken in möglichst gemeinverständlichen Worten wiederzugeben, auf die Gefahr hin, daß er von dem hochgradig selbstgewissen Denker in die Ecke derer verwiesen wird, die er einmal in einem Interview als »winzige Köpfe« bezeichnete und denen er ungescheut auch den greisen Jean Piaget zuzählte.

Halten wir uns zunächst an sein Hauptwerk, das 1966 herausgeförderte kulturphilosophische Buch *Die Ordnung der Dinge,* das bei seinem Erscheinen in Frankreich augenblicklich zu einem philosophischen Bestseller wurde. So wie einst Oswald Spengler die »Kulturseele« entdeckte, hat 44 Jahre nach ihm Michel Foucault die *episteme* (wörtlich: Wissen) aufgefunden als den Schlüssel einer Geschichte, die nicht dem unterworfen ist, was er den »Evolutionsmythos« nennt. Episteme ist für ihn ein a priori gegebenes Erkenntnisfeld, das Erfahrung erst möglich macht. Hat Spengler die Ordnung der Dinge räumlich und zeitlich fixiert, so orientiert Foucault sich ausschließlich zeitlich. Er legt als »Archäologe des Wissens« die strukturellen Schichten der Epoche vom 16. Jahrhundert bis in die Gegenwart frei – oder erfindet sie, denn Verifikation ist in seinem Falle noch viel unmöglicher als in dem

Spenglers. Im 16. Jahrhundert erkennt er die episteme als wesentlich durch Ähnlichkeit, Affinität bestimmt, dergestalt, daß die Dinge durch das Wissen so aufgereiht werden, wie sie im Raume oder durch Sympathie (hier: Verwandtschaft des Erlebens, d. V.) einander angenähert sind. Die Rolle der Sprache in diesem Jahrhundert besteht darin, Ähnlichkeiten anzuordnen, Signaturen zu lesen, »die in den Dingen selbst eingezeichnet sind«. Natürlicher Bezug der Dinge – etwa: Sonnenblume, Sonnenbahn – wird in der Sprache festgehalten und also zur »Prosa der Welt«. Eine erste Mutation vollzog sich im klassischen 18. Jahrhundert: eine andere episteme trat in Geltung, ohne daß der Autor uns freilich erläuterte, warum. Nunmehr ist die Sprache nicht mehr direkter, nach Ähnlichkeit sich konstituierender Ausdruck des Seins der Welt, sondern Repräsentation. Das Wissen gründet jetzt nicht in der natürlichen gegenseitigen Attraktion der Dinge (Sonnenblume und Sonnenbahn), sondern in der Fähigkeit zur *Klassifikation.* Eine abstrakte Verfremdung der Realität tritt ein. Foucault sagt: »Plan einer allgemeinen Wissenschaft der Ordnung; Zeichentheorie zur Analyse der Repräsentation; Anordnung geordneter Tableaux von Identitäten und Unterschieden: so hat sich im klassischen Zeitalter ein Raum der Empirizität herausgebildet, der bis zum Ende der Renaissance nicht existiert hat und seit dem Anfang des Neunzehnten Jahrhunderts wieder verschwinden soll.« Schon langen wir an bei einer weiteren Mutation. Es enthüllt sich das, was sich im klassischen Zeitalter erst ankündigte, nun aber, im Sinne Foucaults, auf ganz unziemlich anspruchsvolle Weise hervortritt und die episteme beherrscht, nämlich der *Mensch.* »Erst als die Naturgeschichte zur Biologie wurde«, heißt es in der *Ordnung der Dinge,* »die Analyse der Reichtümer zur Ökonomie und vor allem die Reflexion der Sprache zur

Philologie, und jener klassische Diskurs erlischt, in dem das Sein und die Repräsentation ihren gemeinsamen Platz fanden, erscheint in der tiefen Bewegung einer solchen archäologischen Veränderung der Mensch mit seiner nicht eindeutigen Position als Objekt für die Wissenschaft und als Subjekt, das erkennt.« Dieser Mensch ist nun für Foucault eine Denkfigur, die ihrerseits schon im Begriff steht, am Horizont der Kultur zu verschwinden. »Mit dem Menschen«, so hat er es einem Befrager expliziert, »ergab sich die Möglichkeit der Humanwissenschaften, und außerdem ist eine Ideologie oder ein philosophisches Thema entstanden: der Gedanke vom unverjährbaren Wert des Menschen.« Welch ein Irrtum! um es mit einem zeitgenössischen Poeten zu sagen. Denn (Foucault): »Der Mensch ist nicht das älteste und auch nicht das konstanteste Problem, das sich dem menschlichen Wissen gestellt hat..«. Er ist eine »junge Erfindung«. Und man kann wetten – da doch eine neue episteme, die Foucault'sche, die wir nun ungeachtet der Selbstaussagen Foucaults als *strukturalistische* bezeichnen müssen –, daß der Mensch, wie es in dem vielzitierten Schlußsatz des Hauptwerks heißt, »verschwindet, wie am Meeresufer ein Gesicht im Sand.«

Ich weiß sehr wohl, welch schrecklicher Verkürzung und Vereinfachung ich mich schuldig mache mit dem Versuch, den Inhalt eines enggedruckten, 460 Seiten starken Werkes in wenigen Zeilen zu destillieren. So konnte ich beispielsweise nicht eingehend genug von Foucaults *Sprache* berichten. Wir stehen einer verwirrenden Fülle von Denkfiguren gegenüber, die alle suggeriert werden durch eine metaphernfrohe, zugleich hoffärtig »wissenschaftliche« und lyrische Rede. Die Begriffe sind unzulänglich oder gar nicht definiert. Funkelnde, flackernde Bilder, brüsk hingesetzte Behauptungen, von jeglicher empirischen Erdenschwere losgelöste Spekulationen werden auf herrische Weise heraufbeschworen und entwickelt, wo es ankäme auf logische Deduktionen und Hinweis auf empirische Wahrheitsprüfung. Einschüchterung durch Zitate aus wenig bekannten Autoren (Benoît de Maillet, Jean François Melon, Johann Christoph Adelung) tut ein übriges, den Leser zu überzeugen, daß er angesichts von so viel Gelehrtheit und Neuartigkeit nur noch die Waffen zu strekken habe. – Foucault hat hiermit manche erreicht, und vor allem dies: So weit ich sehe, hat niemand den Einwand vorgebracht, daß der *Mensch* im Sinne jenes Bildes, das sich vom siebzehnten Jahrhundert an durch die Schichten der episteme durchgearbeitet und gestaltet habe, am Ende doch schon in der Antike da war. Haben nicht die Stoiker es mit dem Menschen zu tun gehabt? Nicht Epikur? Nicht Seneca? – um nur diese wenigen Exempel anzuführen. Stimmt es denn, daß der Mensch ganz »eingebettet ist in Strukturen, in eine formale Gesamtheit von Elementen, die beschreibbaren Relationen unterworfen« sind? Und wenn es stimmte: Sind es ausgerechnet die von Foucault eigenwillig zu Rastern geformten Strukturen, die von *ihm* aufgezeichneten Relationen, denen der Mensch unterworfen ist wie den Gesetzen totalitärer Staatlichkeit? Nichts ist hier auch nur annähernd nachprüfbar. Dieser Autor fordert Glauben: *blinden* Glauben, und es ist sehr bezeichnend, daß er seine verschworensten Anhänger allemal und überall unter jenen findet, die meinen, sie hätten zuviel von dem, wovon sie offenbar viel zu wenig haben: von *Vernunft*.

Mit dem Wort Vernunft ist ein Signal gegeben. Michel Foucault hält wenig von ihr, ja, er ist überzeugt, wie sogleich dargelegt werden soll, daß sie ein Mittel der Oppression ist. Was er schon vorentworfen hat in seinem

Hauptwerk *Die Ordnung der Dinge,* es wird überdeutlich in zwei anderen Büchern, der *Geschichte des Wahns im Zeitalter der Vernunft* und in *Überwachen und Strafen:* die strikte Absage an all das, was uns historisch geläufig ist, den Glauben daran, daß mit der Renaissance der Mensch wiedererstand, daß er sich und seinen Wert in der Aufklärung erhärtete, die sich fortsetzte im Neunzehnten Jahrhundert, kurz: daß es *Fortschritt* gibt, *Humanisierung,* Begriffe, die der hochfliegende Mann stets unter verächtlichmachende Anführungszeichen setzt. Meliorismus, Reformation, Evolution sind ihm bösartige Mythen, teils erfunden von den je herrschenden Klassen (insofern ist er doch Marxist), teils Denkmuster armseliger Hirne, die überkommene Schemata hinnahmen, ohne sich hierüber ernsthaft und selbständig Gedanken zu machen. In dem Werk *Wahnsinn und Gesellschaft – Geschichte des Wahns im Zeitalter der Vernunft* macht er sich zum Anwalt der Irren und zum öffentlichen Ankläger etablierter Ordnung. Haben etwa Medizin, Psychologie, geistige Hygiene auf fortschrittliche Weise dazu beigetragen, den Irren als solchen zu erkennen und ihn allenfalls zu heilen? Weit gefehlt. Foucault, ganz in der Linie der Antipsychiatrie stehend, ohne freilich deren auf Sartre zurückgehende Anthropologie zu akzeptieren, will von den korrelativen Begriffen des geistig Normalen und des Abnormen nichts wissen. Die Notion der Normalität – und mit ihr wohl das, was Freud das Realitätsprinzip genannt hat – ist für sein durchdringendes Auge nichts als die (selbstverständlich oppressive) Diktatur einer falschverstandenen Vernunft. In seinem Werk beschreibt er die Situation der Irren und der Delinquenten im Mittelalter und im »klassischen Zeitalter«. Im Mittelalter waren Verrückte, Bettler, Verbrecher frei umherschweifende Elemente der Gesellschaft, die man nur gelegentlich als Überzählige auf

Schiffen (»Narrenschiffen«) versammelte und auf Flüssen verschickte. Sie waren zugleich Heilige, Seher und Narren – jedenfalls bis zu einem gewissen Grade Innenseiter einer noch nicht normierten Sozietät: zu Außenseitern wurden sie erst im vermaledeiten Zeitalter der Vernunft. Die Wahnwelten, in denen sie je und je lebten, waren Welten immerhin, nicht Un-welten. Ihre »déraison« war Komplement der raison, womit sie gesellschaftliche Ausgleichsfunktion hatten. Ihre minoritäre Sprache hatte einen gesellschaftlichen Status von fast gleicher Gültigkeit wie der Diskurs der Mehrheit. Erst im klassischen Zeitalter wurden die Irren ausgesondert und (im physischen Sinne) »verdrängt«. Ihre faktisch äußerst miserablen Lebensverhältnisse scheren unseren Geistesritter wenig. Ihm geht es um seine mysteriösen epistemologischen Felder und *nur* um sie, da doch ohnehin der Mensch als späte Erfindung nur eine ephemere Existenz hat. Der ungeheure humane Fortschritt, der von den Narrenschiffen (die nur dem Hades entgegenfahren können) über die Spinnhäuser und Asyle hinführt zu modernen Nervenkliniken, in denen augenblicklich die therapeutische Pharmakologie das letzte Wort zu haben scheint, ist ihm nur der elende Triumph eines Wissens, das *Macht* ist und – was er nicht ausspricht, denn er enthält sich des Moralisierens, was aber mit sympathetischer Tinte eingeschrieben ist in sein ganzes Werk –: *böse* Macht.

Ähnlich wie mit den Irren verfuhr die aufklärerische Gesellschaft mit den Verbrechern. – Hier kann ich mich kurz fassen, da ich in diesen Blättern schon einmal Gelegenheit fand, über sein Buch *Überwachen und Strafen* zu referieren. Hat vielleicht hier Aufklärung in ihrem Gefolge Humanisierung gehabt? Wer den Darlegungen folgte, wird ganz von selbst verneinend den Kopf schütteln. Es ist klar: die Menschlichkeit kann es nicht geben, wo der Mensch verschwindet. Vermenschlichung im herkömmlichen Sinne ist ebenso Mystifikation der herrschenden und herrischen Vernunft wie Fortschritt. Das gesamte Geistesgut der Aufklärung ist liquidationsreif. Die langsamen – und ganz gewiß allzu langsamen – Verbesserungen in Justiz und Strafvollzug sind vom Übel. Was nach Foucault in den vergangenen zwei Jahrhunderten sich ereignete, es ist nichts als der Triumph des oppressiven Ordnungswissens. Die Anonymität und Abstraktion traten an die Stelle jener richterlichen Grauens-Festlichkeit, in der einstens der Souverän gleichsam persönlich Rache genommen hatte am Verbrecher. Solch makabre Festivitäten beschreibt er auf höchst abstoßende Weise, hörig einer Nietzeanischen Schreckens-Ästhetik, wenn er beispielsweise, ausführlich aus einem zeitgenössischen Dokument zitierend, die Vierteilung jenes Robert Damiens beschreibt, der eines Mordversuchs an Ludwig XV. überführt worden war. Und es ist ganz unannehmbar, wenn er nach dieser minuziösen Deskription der Scheußlichkeit nicht etwa diese anklagt, sondern das, was auf sie folgte: eben das Überwachen und Strafen, von dem er nicht meint, daß es etwa demokratisch kontrolliert werden könne, da doch in seinem Sinne das »Tableau« der »vernünftigen« Oppression als erheblich sinistrer erscheint als die Greuel-Dramaturgie der vor-aufklärerischen Epochen. Das, was er die »Disziplinen« nennt, ist ihm zuwiderer als Marter und Blut. »Der immerwährende Sieg (der Herrschenden)«, so meint er, »vermeidet jede physische Konfrontation und ist immer schon im vornherein gewiss ...« So gewiß, wie die nichtswürdige Überlegenheit des (radikal bösen) »Wissens«. Die Methode der Machtausübung ist eine andere geworden. Eine Verderbtere? Er sagt es nicht expressis verbis, aber der Leser seines Elaborats muß unweigerlich, sofern er dem Autor folgt und nicht alsogleich die Abstrusität seiner Argumentation erkennt, zur Ansicht kommen, daß die Gefängnisse, wie human man sie auch gestalte, die Schulen, wie fortschrittlich sie sich auch geben, die Kasernen, wie flexibel ihre Verwaltung sei, am Ende schlimmer sein müssen als Folter und unverschleierte Bestialität. Die gewundenen Denkwege dieses Schriftstellers sind unerforschlich wie der Ratschluß Gottes. Sie führen ihn schließlich zu ganz skurrilen und nicht einmal ansatzweise belegten Behauptungen, wie zu der, es sei die Strafuntersuchung der Anbeginn jeder empirischen Wissenschaft gewesen. – Der Menschenverstand, wenn er sich auch nicht als »gesund« versteht, der common sense, auch wenn er sich selbst skeptisch in Frage stellt – sie werden kleinmütig, denn beide sind sie ohnmächtig vor einer Geheimlehre, die ihnen a priori schon jeden Einspruch verwehrt. Wenn nämlich das Wissen und die Ratio nicht mehr gelten sollen, vielmehr ausdrücklich als im Dienste von Herrschaftsstrategien (wessen übrigens?) stehend des geistigen Landes verwiesen werden, wird jedes diskursive Denken, wird jegliche rationale Debatte unmöglich. Michel Foucault hypnotisiert: er argumentiert nicht. Wer keine mediale Begabung hat und nicht so leicht einzuschläfern ist, steht hilflos vor den Toren seiner Philosophie; alle Einwände – gegen die Schichten der episteme, gegen den Fluch wider die analytische Vernunft, die Verdammung des Wissens (oder: der Erkenntnis), die Foucault auch in seinem jüngsten Werk über die Sexualität rezidivierend und mit der ihm eigenen Emphase suggeriert – werden zunichte. Der Autor und seine Adepten verwerfen sie als trivial ...

Soll man, darf man nun über diesen Denker, der einen bedeutenden Einfluß ausübt und dessen philosophische

Phantasmagorien sehr stark gewirkt haben auf jene, die man heute in Frankreich als »les nouveaux philosophes« feiert, einfach hinweggehen? Keineswegs. Das gewaltige anti-aufklärerische Unternehmen, das hier mit einem außergewöhnlichen Kenntnisreichtum, mit Originalität und großer Sprachkraft ins Werk gesetzt wurde, ist ein historisches Phänomen: als solches muß es akzeptiert werden. Auch gibt es immerhin gescheite, gebildete und begabte Menschen, die diesem Schriftsteller verfielen; es ist unmöglich, sein Werk als bloßes Mode-Phänomen zu den Akten zu legen. Ich plädiere also dafür, daß man Michel Foucault lese. Nicht nur wegen des erheblichen Ideenreichtums seiner Bücher, auch nicht nur darum, weil wir von diesem wissensgewaltigen Autor manches lernen können, nicht einmal ausschließlich um einer (allerdings suspekten) *ästhetischen* Genugtuung willen, die sein »Diskurs« auch dem entschiedenen Gegner bereitet, sondern aus erheblich wichtigeren moralisch-politischen Gründen.

Wem nämlich daran liegt, eine neue linke Position aufzubauen, nachdem die alte wie die neue Linke scheiterten – diese, indem sie sich einer elementaren Dogmatik verschrieb und abglitt in theoriefreien Aktionismus, jene, weil sie in ihrer eigenen Kuhwärme zu ersticken droht – wem also, sage ich, eine solche Position am Herzen liegt, der muß von eben jener bürgerlichen, die sozialistische vorbereitenden *Aufklärung* ausgehen, die Foucaults obskurantistische, zugleich aber auch anarchistische Ideologie am eindruckvollsten und intensivsten repräsentiert. – Man soll also Michel Foucault lesen. Aber unerläßlich bei der Lektüre ist, so meine ich, der innere Widerstand, die Entschlossenheit, sich weder einschüchtern noch bezaubern zu lassen. Offenheit angesichts des Nieerhörten, Niegeschauten ist geboten. Sie muß aber allemal korrigiert werden durch die Forderung nach intellektueller Stringenz. Jeden Satz dieses Schriftstellers muß man streng kontrollieren auf seinen logischen Sinn (»meaning«). Die stärkste Waffe der analytischen Vernunft gegen Michel Foucault ist jenes bewährte Prinzip, das da heißt: »Der Sinn eines Satzes ist der Weg seiner Verifizierung.« Also gewappnet soll man sich ernsthaft mit Michel Foucault auseinandersetzen. Die Distanz wird dann mühelos gewonnen. Und Foucaults »Archäologie des Wissens« erscheint am Ende als eine jener zahlreichen kulturphilosophischen Spekulationen, die zwar anregen, aber keine wirklichen Erkenntnisse vermitteln.

NACHRUF AUF ERNST BLOCH
gehalten vor der Vollversammlung der Akademie der Künste, Berlin

Als Ernst Bloch uns verließ und ich in der *International Herald Tribune* einen großen Nachruf fand und danach im Pariser *Monde* einen ausführlichen Nekrolog, der auf der *ersten Seite* dieser einzigartigen Tageszeitung stand, begriff ich so richtig, daß der Verstorbene keine in seinem Wirken auf Deutschland beschränkte Figur war, sondern daß der Weltruhm ihn eingeholt hatte; ein später Weltruhm gewiß, aber eine gerade durch die Verspätung nur um so eindrucksvollere übernationale Geltung. – Angesichts dieser Tatsache könnte es nichts Einfältigeres geben, als hier über Blochs Werk zu sprechen oder seine Biographie nachzuzeichnen: nichts, was biographisch und werkanalytisch nachrufend zu sagen wäre, ist der Öffentlichkeit unbekannt. Nur ein paar Lebensdaten seien darum als stenographische Sigel gleichsam und zum Zwecke der Erinnerungshilfe vermerkt. Er wurde 1885 geboren und starb im vergangenen Herbst. Aus vermögendem Hause stammend, durfte er den größeren Teil seines Lebens als Privatgelehrter verbringen. Erst als die Deutsche Demokratische Republik sich konsolidierte, wurde der schon auf heimliche Weise berühmte Denker, nachmalige Verfasser des Monumentalwerks *Das Prinzip Hoffnung* Ordinarius in Leipzig. Kurz nach Beendigung dieses, seines magnum opus zwangsemeritiert, verließ der »ungewisse

Marxist« den Arbeiter- und Bauernstaat und lehrte von 1962 bis wenige Jahre vor seinem Tod in Tübingen. Zu seinen wichtigsten Veröffentlichungen gehören: *Geist der Utopie* (1918), *Thomas Münzer als Theologe der Revolution* (1921), *Erbschaft dieser Zeit* (1935). Das letzte Buch, das er uns hinterließ und das 1975 herauskam, führt den lapidaren Titel *Experimentum Mundi.* Manch einer mag sein Opus gründlicher kennen als ich; gewiß gibt es Menschen, die ihm persönlich über alle Vergleichsmöglichkeit hinaus näher standen. Dennoch – und vielleicht gerade *weil* Ernst Bloch, dessen Buch *Erbschaft dieser Zeit* ich 1935 gelesen hatte und dabei die erste, flüchtige Bekanntschaft mit einem mir neuen Autor machte – dennoch, sage ich, erscheint es mir erlaubt, zu seinen Ehren von meiner einen und einzigen Begegnung mit ihm zu erzählen.

Es war vor mehr als einem Jahrzehnt. Ernst Bloch sprach in der Deutschen Bibliothek des Goethe-Instituts in Brüssel. Er hatte vor sich einen winzigen, zerknitterten Zettel und redete frei. Je nun, druckreif frei sprechend, darauf verstehen sich viele. Hier aber erlebte ich etwas mir bis dahin nicht Geahntes: die freie Rede im doppelten Sinne. Der Vortragende war frei nicht nur von einem niedergelegten Konzept, sondern frei auch vom Panzer des eigenen Denkens. Ein angeschlagener Akkord war stets offen; jede Modulation schien möglich; man wußte nie, wohin der Weg dialektischer Rede ihn führen werde; eine fast beklemmende Spannung stellte sich ein, hielt an, bis zum Paukenschlag des Endes. Ernst Bloch beschwor den Menschen, *seinen* Menschen herauf, der sich aus den Himmeln jene Hoffnungen holte, die dort wie Fixsterne gestanden hatten und nunmehr in Bewegung gerieten, erdwärts. Er schlug tatsächlich mit der Faust auf den Vor-

tragstisch, nicht wirklich heftig, aber in einer Weise, welche die Metapher vom Paukenschlag, mit dem eine klassische Symphonie endigt, ja mehr noch: vom *Donner* mir augenblicklich nahelegte und mich nicht mehr verließ. Auch Thomas Manns *Persönlichkeit,* die er im Mijnheer Peeperkorn des *Zauberberg* ironisch-liebevoll geformt hatte, fiel mir ein; aber ich korrigierte sie augenblicklich. Denn hier war nichts Zerflatterndes, Abgerissenes, andeutend Prophetisches, vielmehr: hohe Transparenz des Gedankens, genaue Gliederung. Die Persönlichkeit war unendlich viel *mehr* als physische Präsenz. Es sprach gleichsam durch sie hindurch der Geist selber, der Geist in der ganzen Würde der Negation und – der Hoffnung. Eingeschüchtert genug begab ich mich nachher mit Bloch und seiner Gattin Frau Carola zu einem Abendessen, zu welchem der Direktor unseres Brüsseler Goethe-Instituts mich, den damals in Deutschland noch fast Unbekannten, gebeten hatte.
Aber Ernst Bloch machte es mir leicht, der Schüchternheit ledig zu werden. Er strahlte eine Symphatie aus, von der ich mir nicht einbilden mag, daß sie meiner Person galt: es war die allgemeine Symphatie des Menschenfreundes, in der ich baden durfte einen ganzen, bis sehr tief in die Nacht sich hinziehenden Abend lang, den der mehr als Achtzigjährige beherrschte, mühelos, ohne jegliche Geste der Dominanz, auch ohne Herablassung, was das Schönste war. Er erzählte, philosophierte freihändig, kam vom Hundertsten ins Tausendste und von diesem wieder mit verblüffender Treffsicherheit zurück aufs Erste. Anekdotisches nahm historisches Gewicht an und wurde alsogleich wieder schwerelos-liebenswürdig. Ich erinnere eine Geschichte: Der Verleger Beck, so erzählte Bloch, habe ihn – es war kurz nach dem Ersten Weltkrieg – mit sanfter Gewalt in ein Zimmer eingeschlossen mit einem

voluminösen Manuskript, das es zu beurteilen galt: Spenglers »Untergang des Abendlandes«, und Bloch empfahl das Werk zur Aufnahme in den Verlag. Geistesgeschichte und Lebenserinnerung verschränkten sich vor meinen Augen. Da war denn der »subjektive Faktor« am Werke gewesen, ahnungsvoll und gefährlich. Ich begriff undeutlich, mit einem leichten Schaudern, was das heißt: ein Intellektueller sein, der Verantwortung trägt.

Von der recht eigentlich übermenschlichen Vitalität Blochs brauche ich kaum zu sprechen. Es wurde spät und später. Dem guten Hausherrn und der Hausfrau sah man die Müdigkeit an. Ich selber mußte meine Kräfte zu äußerster Anspannung bringen, um folgen und halbwegs vernünftig mitreden zu können. Der alterlose Greis allein war frisch und stark und mochte nachher wohl gutherzig gelächelt haben über die Schlaffheit der Jüngeren.

Das eigentliche Erlebnis des Abends aber war für mich das souveräne Walten des Geistes im Raume einer *Bildung,* deren Wert, ja deren Begriff selbst der Epoche abhanden kommt. Das ging von antiker Philosophie zu moderner Musik, von präkolumbianischer Skulptur zur konkreten Lyrik, von Hegel zu dem unguten Alfred Kurella, von der *Weltbühne* rückwärts zu Lichtenberg, von Hebel zu Heidegger und ach, zu so viel anderem noch, dem ich kaum nachzukommen vermochte. Und wie eine Kuppel überwölbte, deutlich gezeichnet da, ausgespart dort, aber präsent noch in der Vergangenheit, das Prinzip Hoffnung – alles Gesagte. – Ich war überwältigt von einer Rede, die herzlich und urban blieb auch an Stellen, wo ein wie aus der Ferne vernommenes Donnergrollen sie beben machte. Gerade *die* Kraft brachte ich noch auf, mich in der schrankenlosen Bewunderung nicht immer überzeugen zu lassen. Ernst Bloch war eine zu große Gestalt, als daß man ihn einsperren dürfte in die öde Feierlichkeit der

Totenklage, ohne respektvoll Kritik zu üben. Eingestanden sei's: das Prinzip Hoffnung erschien mir damals schon und erscheint mir heute erst recht als eine ebenso großartige wie bestreitbare Option, eine Wette, die aber logisch weniger abgesichert ist als le pari de Pascal. – Als ich viel später Bloch's *Experimentum Mundi* zu rezensieren hatte, wurde mir unheimlich zumute bei des Philosophen Versicherung, es sei die Hoffnung dem individuellen Tode *und* der Entropie gegenüber exterritorial. Der Satz klingt jetzt, wo tot ist, der ihn sprach, *noch* ungeheuerlicher in seiner prometheischen Herausforderung. – Ernst Bloch ist fort – die Welt, die wir bewohnen, sieht nicht nach Hoffnung aus. Ist das Prinzip noch gültig? Ich weiß es nicht. – Ich zweifle daran, was aber vielleicht wieder nicht Sache der klaren Einsicht ist, sondern des Temperaments. Nicht jeder ist gesegnet mit der Vitalität, von der ich sprach und der ich staunend begegnete.

Als wir voneinander schieden – ich sollte ihn leider nicht mehr wiedersehen – schrieb er mir schnell in seine *Tübinger Einleitung in die Philosophie* die Widmung – »in sympathetischer Gesinnung«. Ich war sehr stolz, bin es immer noch, trotz allem, was seine grandiose Weltschau von der meinen, engeren und wenig hoffnungsfrohen trennen mag. – Ich fuhr, nachdem ich Ernst Bloch ins Hotel gebracht hatte, heim und sagte mir, während ich meinen Wagen durch die schon menschenleeren Straßen lenkte: *»Ich habe ein Genie gesehen!«* Ich konnte derlei nicht oft sagen in meinem Leben, und mein tiefes Bedürfnis zu bewundern kam meist zu kurz. In dieser Nacht durfte ich ihm guten geistigen Gewissens freien Lauf lassen. Und wenn ich heute um mich blicke, erkenne ich, um wieviel ärmer alle Hoffenden sind, seit Ernst Bloch die terra verließ und nur die »exterritoriale«, die unirdische und heimatlose Hoffnung uns vermachte.

VON DER VERWUNDBARKEIT DES HUMANISMUS
Anmerkungen zu Romain Rolland

»Sehr hoch und schlank, ging er ein wenig gebückt, als hätten die unzähligen Stunden am Schreibtisch ihm den Nacken gebeugt (...) Er sprach sehr leise, wie er überhaupt seinen Körper auf das äußerste schonte; er ging fast nie spazieren, aß wenig, trank und rauchte nicht (..) Stundenlang schrieb er an seinem kleinen überhäuften Schreibtisch, stundenlang las er im Bette, seinem abgemüdeten Leibe niemals mehr Schlaf gebend als vier oder fünf Stunden, und als einzige Entspannung erlaubte er sich die Musik; er spielte wunderbar Klavier mit einem mir unvergeßlichen, zarten Anschlag (...) Sein Wissen war beschämend vielfältig; eigentlich nur mit dem lesenden Auge lebend, beherrschte er die Literatur, die Philosophie, die Geschichte, die Probleme aller Länder und Zeiten. Er kannte jeden Takt in der Musik, selbst die entlegensten Werke (...) dabei nahm er leidenschaftlich teil an jedem Geschehen der Gegenwart (...) Er hatte menschlich die Vertrautheit der Großen seiner Zeit genossen, war Schüler Renans gewesen, Gast im Hause Wagners, Freund von Jaurès; Tolstoj hatte an ihn jenen berühmten Brief gerichtet, der als menschliches Bekenntnis seinem literarischen Werke würdig zur Seite steht (...) Auf den ersten Blick erkannte ich in ihm – und die Zeit hat mir recht gegeben!

— den Mann, der in entscheidender Stunde das Gewissen Europas sein würde ...« *

Sehen wir ab, einen Augenblick jedenfalls, vom »Gewissen Europas«, jenem Mythos, an den ein Stefan Zweig noch hat glauben können, der aber für uns — und hierin hat nun wieder *uns* die Geschichte rechtgegeben! — ein leeres Wort ist, über das man nur bitter lächeln kann. Halten wir uns an die Beschreibung der Mönchsgestalt Rollands, seine Kränklichkeit, seine exzessive Bildung, seine die Welt nur durch das »lesende Auge« erfassende Person, seine Musikalität — halten wir uns an all das, und wir erschauen schon vage das, was ich die »Verwundbarkeit des Humanismus« nenne. — Der 1866 in der Provinz geborene Notarssohn, der es trotz seiner prekären physischen Verfassung auf das hohe Alter von 78 Jahren gebracht hat, ist in Werken und Wirken ein Beispiel dafür, wie der integrale Humanismus, der als Oberbegriff auch den unnachläßlichen Pazifismus umschließt, schließlich scheitert an einer Welt, in der auch die Menschlichkeit sich wappnen muß, will sie überstehen. Im Ersten Weltkrieg veröffentlichte er in der neutralen Schweiz sein Pamphlet *Au-dessus de la mêlée*, eine pazifistische Kampfschrift, die ihn auf lange Zeit hin für die Mehrzahl seiner Landsleute zum »vaterlandslosen Gesellen«, zu einem Komplizen des verhaßten »boche«, des Deutschen, machte. Noch vordem, nämlich gleich bei Kriegsausbruch, hatte er sich eingelassen in Polemiken mit den damals supranationalistischen deutschen Dichtern Gerhart Hauptmann und Thomas Mann. So befand er sich denn keinesfalls »au-dessus de la mêlée«, oberhalb des Getümmels, vielmehr zwischen allen Stühlen. Eine ehrenhafte, wenn-

* Stefan Zweig, *Die Welt von Gestern. Erinnerungen eines Europäers.* Frankfurt: S. Fischer Verlag 1970.

gleich unbequeme Position für einen freien Geist: aber es ist, wir werden das noch sehen, keine politische und eben aus diesem Grunde auch eine moralisch wirkungslose. Bezeichnend hierfür ist eine der letzten Notizen von seiner Hand aus dem Jahre 1940. Frankreich war geschlagen. Das Land war, in heller Auflösung, in den zittrigen Händen des sinistren Greises Pétain. Über die BBC hatte am 18. Juni der General Charles de Gaulle seine Landsleute im Namen nicht nur der Idee Frankreichs, sondern der Republikanischen Freiheit aufgerufen, Widerstand zu leisten – um jeden Preis. Schon formierten sich auch die ersten, ach, wie schwachen, wie hoffnungslos minoritären Zellen einer Résistance, die später gleichwohl zu historischer Bedeutung gelangte. Nun war es offenbar, daß wir immer wieder in Situationen gelangen, die es uns unmöglich machen, jenseits des Getümmels in olympischer Ruhe zu verharren. Aber der alte Dichter, das »Gewissen Europas«, fand nichts anderes mehr als die Flucht in den Traum. »Daß es mir doch erlaubt sei«, so notiert er, »am Ende meines Lebens wiedereinzutreten in den universellen Traum, der die realste Realität ist, und seinen hoheitsvollen Frieden vorauszuspüren (. . .) Lassen wir die vergeblichen Alarmrufe bleiben, die Gigantomanien, die großen Gefechte der Rassen, in die im Augenblick die Ameisenhaufen der Welt gestürzt sind (. . .) Beruhigt über die Frage ihrer Dauer, ihrer Kontinuität, kann die Seele in Frieden den Lauf ihrer Selbstschöpfung wieder aufnehmen . . .«

Es sind solche Worte, gesprochen zu solcher Zeit, ebenso ehrwürdig wie lächerlich. Die »Seele« durfte sich keinen Frieden versprechen, wo die Leiber geschunden waren. Die Gigantomanien und Gefechte, die aufgeregten Ameisenhaufen waren ja die *Welt*, die *Wirklichkeit* schlechthin. Es galten, wo drüben jenseits des Kanals Winston

Churchill die düster-feierlichen Worte von »Blut, Schweiß und Tränen« sprach, die Werte der bürgerlichen Zivilisation nicht mehr – und wer in ihrem Namen den Friedenstraum heraufbeschwor, dessen fragiles Wort verflog wie Spreu im Sturm.

Die öffentliche Existenz Romain Rollands hat etwas Tragisches. Als 1914 nicht nur die aktivistischen Herolde der rechten Intelligentsia Frankreichs, die Barrès und Maurras, das chauvinistische Feuer schürten, sondern ein Mann des Maßes, der Mäßigung, ein aufgeklärter Citoyen und bedeutender Schriftsteller wie Anatole France mitschwamm im Strome der allerwegen verdächtigen »Volksgemeinschaft« und der noch fragwürdigeren Volksstimmung, erhob Rolland seine Stimme für den Frieden. Er konnte und wollte im östlichen Nachbarn nicht den Barbaren, den »Hunnen« sehen. Es half ihm nichts gegenüber seinen deutschen Kollegen. Denn als er gegen den deutschen Einfall in Belgien protestierte – nicht im Namen des französischen Nationalismus, sondern der Menschlichkeit und dessen, was ihm die »europäische Kultur« war –, erntete er in Deutschland nichts als Hohn und Wut. Gerhart Hauptmann hatte ein patriotisches Gedicht geschrieben, in dem es hieß: »Diesen Leib, den halt ich hin / Flintenkugeln und Granaten: / Eh ich nicht durchlöchert bin / Kann der Feldzug nicht geraten.« – Am Rande vermerkt: Hauptmann hielt den Leib nicht hin, der Feldzug mißriet und die »Persönlichkeit« mit ihrem undeutlichen Gesicht und den feierlichen Kulturgebärden konstituierte sich hurtig als der poeta laureatus der jungen deutschen Republik. – Jedenfalls reagierte Rolland zu Kriegsbeginn gegen den französischen Chauvinismus und die deutsche Kriegsbegeisterung in einer Weise, die uns heute bis zur Unverständlichkeit naiv erscheinen muß. In einem Offenen Brief an den deutschen Dramatiker Gerhart Hauptmann, veröffentlicht im *Journal de Genève,* schrieb er den, gelinde gesagt, weltfremden Satz gegen jene, die freventlich »Rubens in Brand gesteckt« hätten: »Seid ihr die Enkel Goethes oder Attilas? Tötet die Menschen, aber achtet die Kunstwerke!« Da wurde Hauptmann die Antwort leicht. Er, Hauptmann, gehöre zu jenen, erwiderte er, »denen die zerschossene Menschenbrust einen weit tieferen Schmerz abnötigt«. Das war zwar ein gellender Widerspruch zu dem oben zitierten Kriegsgedicht, in dem er sich als unbedingt durchlöchernsbereit hingestellt hatte, es wirkte aber desungeachtet sehr stark als Zurückweisung der Rollandschen Forderung, *vor allem die Kunstwerke* zu schonen. Hier hatte in der Tat die Verwundbarkeit des Humanismus sich im grellsten Lichte gezeigt, ja es hatte dieser Humanismus als eine bürgerliche Kulturschwärmerei ohne radikal-humanen Inhalt sich traurig entschleiert.

Ich bin gesonnen, im vollen Bewußtsein der Problematik des bürgerlichen Humanismus, deutlich und ohne jede Bemäntelung zu formulieren: Kultur ist, wie ein ärgerliches Wort es sagt, »elitär« ihrem Wesen nach; dies lehrt uns noch der flüchtigste Blick über die Geistesgeschichte. Sie enthält allerwegen ästhetische, sogar ludische Elemente. Des weiteren: noch ist zwischen Sophokles und Brecht kein Humanismus erfunden worden, der nicht Kulturhumanismus wäre. Daß es so ist, macht eben die Verwundbarkeit einer jeden humanistischen Attitüde aus. Romain Roland hat sich ungeschickt und polemisch untauglich verhalten. Aber noch in seiner Ungeschicklichkeit blieb er wahrer als die Freund-Feinde jenseits des Rheins, der Thomas Mann der *Gedanken im Kriege,* der Hauptmann politischer Leier, der Dehmel nationallyrischer Erhitzung.

Rolland war und blieb Pazifist: dies mußte ihn in die

Nachbarschaft des Kommunismus drängen, der sich nach Etablierung der Sowjetherrschaft in Rußland des Pazifismus im Westen bediente, um den gefährdeten Staat der »Arbeiter und Bauern«, auf dem der ganze Druck der kapitalistischen Welt lag, zu entlasten. Daß es Rolland in diesen Gefilden nicht gutgehen konnte, denn er war weder ein Karrierist wie Aragon noch auch ein intellektueller Flammenwerfer wie Henri Barbusse, ist klar. 1919 unterzeichnete er mit nicht weniger als tausend Intellektuellen ein Manifest in der damals noch sowohl für die Sozialisten wie für die Kommunisten sprechenden *Humanité,* das einen durchaus sozialrevolutionären Tenor hatte. Es dauerte nicht lange und er geriet gerade mit Barbusse, dem Kommunisten, in eine heftige Polemik. Über die »Integrität des freien Geistes« (dies gewiß wieder eine bürgerliche Mystifikation vor der marxistischen Kritik!) schrieb er an Henri Barbusse, den Verfasser des unvergessenen Kriegs-Antikriegs-Tagebuchs *Le Feu:* »Ich bin es gewohnt, den Lehren der Geschichte zu folgen, weitere Räume zu umfangen; auch habe ich meine Hoffnungen nicht fixiert innerhalb der engen Grenzsteine von Gegenwart und unmittelbar bevorstehender Zukunft. Paris wurde nicht an einem Tag erbaut und die Menschlichkeit wird nicht in einem Jahrhundert verwirklicht werden ...« Sprach hier der »bürgerliche«, ausweichende Humanist gegen den engagiert revolutionären Schriftsteller? Der Kulturträumer wider den Mann der Tat?, der sich »frei« wollende Intellektuelle vor dem anderen, der seine Freiheit in den Dienst einer Partei – der kommunistischen – gestellt hatte? Ich wage, will ich ehrlich sein, nicht eine einzige dieser Fragen bündig zu beantworten. Der Humanismus kann sich auf zwiefache Weise selbst widerlegen und steht allzeit in dieser Gefahr: durch Streitbarkeit, die bis zu dem führen kann, was Sartre die »Terror-Brüderlichkeit« genannt hat, und durch schwärmerische Sanftheit, die in Selbstpreisgabe einmündet. Daß Romain Rolland seinem Temperament und seiner Herkunft nach eher zu dieser neigte als zu jener, ist gewiß aus allem, was hier knapp angedeutet werden konnte, ersichtlich geworden. Doch wollen wir hier auch nicht die innere Ehrlichkeit dieses Mannes vergessen, seine Selbstlosigkeit, seinen unerschütterlichen, wenngleich bislang von der Geschichte, hélas, nicht ratifizierten Glauben an das fundamental *Gute* der menschlichen Natur. Dies hat ihn zwar hingeleitet zu der eingangs heraufbeschworenen Traumblindheit angesichts des Schreckens, der sein Land während Krieg und deutscher Besatzung in eisernen Fängen hielt, es hat ihm aber auch gelegentlich eine Hellsicht gegeben, um die andere, Berühmtere, aktueller Gebliebene ihn hätten beneiden können. 1922 richtete er einen Brief an die nunmehr bereits zum Sprachrohr nur noch der Kommunisten gewordene *Humanité:* »Mit dem Proletariat immer dann, wenn es Wahrheit und Menschlichkeit respektiert. Gegen das Proletariat, sobald es Gerechtigkeit und Wahrheit verletzt. Keine Klassen-Privilegien – weder von oben noch von unten – angesichts der menschlichen Werte!« Und 1927 sagte er in einem Privatbrief: »Über den Bolschewismus habe ich meine Meinung nicht geändert. Träger großer Ideen, hat er sie selbst ruiniert durch engen Sektarismus, durch Unversöhnlichkeit und den Kult der Gewalt. Er hat den Faschismus hervorgerufen, der nur ein Bolschewismus unter anderen Vorzeichen ist...«, und dennoch haben solche zwar problematische, im Licht von heute aber nicht so ohne weiteres widerlegbare Auffassungen ihn nicht gehindert, 1933 eine ebenso klar antinazistische Stellung zu beziehen wie der damals junge André Malraux: 1933 lehnte er die Goethe-Medaille ab, die das neue Regime in Deutschland ihm hat verleihen wollen, was ihm, dem Goethe-Verehrer von frühauf, kein leichter Entschluß gewesen sein kann. »Was heute in Deutschland vor sich geht – die Zerschmetterung der Freiheiten, die Verfolgung der Oppositions-Parteien, die brutale und infame Verfolgung der Juden – läßt die Revolte der Welt und meine eigene entstehen.« Das war, wiederum, humanistisch auf bewundernswerte Weise – und unpolitisch ganz und gar. Die Nazis hatten es auch so verstanden, drum ließen sie den alten Mann zwischen 1940 und 1944 ungeschoren.

Das dichterische Werk, dem Rolland seinen Weltruhm verdankte, ist heute fast ganz vergessen. Seine Beethoven-Biographie wird kaum noch gelesen, seine Dramen, dessen bekanntestes *Das Spiel von Liebe und Tod* war, gehören nicht mehr den Repertoirs der modernen Schaubühnen an, sein Buch über den von ihm bewunderten Mahatma Gandhi findet keine Interessenten, so wenig wie sein Huldigungsbuch an Tolstoj – und so vieles andere, das hier nicht einzeln angeführt werden muß. – Bleibt also der *Jean-Christophe,* das monumentale Romanwerk über das Leben des deutschen Tonsetzers Johann Christof Krafft, entstanden zwischen 1903 und 1912, für das Rolland dann mitten im Kriege, 1915, mit dem Nobelpreis gekrönt wurde. Der *Johann Christof* war in der Zwischenkriegszeit eines der sowohl in Frankreich wie in Deutschland meistgelesenen Bücher. Nach dem Zweiten Weltkrieg war das Werk vergessen, wiewohl mehrere Neuauflagen besorgt wurden. Der Augenblick ist gekommen, Bilanz zu ziehen und jenseits von Pietät und Kultur-Konservierung zu untersuchen, was es uns noch zu sagen hat. – Das über 2000 Seiten starke Opus handelt von einem *deutschen* Musiker, der aus einer kleinen rheinischen Stadt stammt – Bonn, Beethoven, denkt wohl jeder Leser unwillkürlich – und es spielt in der Zeit, die bei der Niederschrift Gegenwart war. – Eine Frage muß vorgeschoben werden, ehe in knappen Andeutungen von dem Geschick Johann Christofs pointillistisch berichtet wird. Wie kam es, daß ein französischer, ja, wenn man genau zu lesen versteht, *exemplarisch* französischer Autor sich einen deutschen Helden erschuf? Die erste Antwort drängt sich uns sofort über die Lippen: Rolland war, wir wissen es, Musikologe und ausübender Musiker; die Grenzen Deutschlands waren zu Rollands Epoche identisch mit den Grenzen der *großen* Musik. Wo anders hätte er also einen titanischen Musikus ansiedeln können, denn östlich des Rheins? Anderes noch: der Provinzler Romain Rolland, geboren aus alter, traditionsschwerer Familie zu Clamecy im Département Nièvre, wollte Kritik üben am cliquenhaft-mondänen Geistesbetrieb der allesverschlingenden Hauptstadt Paris, so ließ er am besten den »Anderen« sprechen, den freund-feindlichen Nachbarn, der schon aufgrund seiner Herkunft keine Neigung haben konnte, der Seine-Kapitale zu verfallen. Und schließlich: Europa, das für den provinziellen Kosmopoliten Rolland eine kulturelle Präsenz war, die weit hinausging über alles. was man heute in Brüssel mühselig zu errichten trachtet, stand de facto historisch auf den beiden Pfeilern Deutschland und Frankreich. Wollte man, lange bevor das Wort sich verbraucht hatte, ein »guter Europäer« sein, mußte man die beiden Kernländer der Alten Welt in einer Synthese erfassen. Aus diesem Grunde gesellte Rolland auch dem deutschen Musiker als innigsten Herzensfreund den französischen Schriftsteller Olivier Jeannin. Deutsche Musik, französische Literatur: das sollte Europa sein.

Jean-Christophes Lebensweg, der ihn aus der deutschen Provinzstadt nach Paris, Rom und wieder zurück in die französische Hauptstadt führte, ist der eines »deutschen Titanen«, wie le petit Maurice, le français moyen, ihn sich vorgestellt haben mochte. Was tut Johann Christof sozusagen hauptberuflich? Er »ringt«, wie sich das für einen rechten Deutschen gehört, ringt mit sich, mit seinem Gott, mit einer dumm-feindseligen Welt. Er ist ein kräftiger Ringkämpfer. Mich deucht, es habe in Jean-Christophe der Dichter Rolland sich den – komplementären – Gegentypus zur eigenen Person schaffen wollen. Rolland war ein Stuben- und Lesemensch – Johann Christof ist ein Mann der freien und starken Lüfte. Der Dichter hätte keine Fliege mit der Klappe erschlagen wollen: sein Jean-Christophe tötet bei einer Rauferei einen deutschen Offizier und später, in Paris, wohin er flüchten muß, bei einem Arbeiteraufstand einen französischen Polizisten. Er, Johann Christof, verkörpert den élan vital, dessen Romain Rolland, Zeitgenosse Bergsons und von diesem gewiß stark beeinflußt, so gänzlich ermangelte. Johann Christof, der musikalisch revolutionäre Komponist, der den »Epigonen« Brahms verabscheut, ist Nietzscheanisch kraftvoll, kompromißlos, leidenschaftlich als Liebhaber, rücksichtslos bis zur Grobheit und zum Zynismus, wenn es um seine Heilige Musik geht, dabei gottessüchtig und tragisch umwittert auf allen seinen Wegen. Dergleichen Pflanzen wachsen nicht in der parfümierten Luft französischer Zivilisation; nur aus dem Boden der deutschen Kultur sprießen sie: darum muß der verfeinerte französische Literat Olivier, in den ganz sicher Rolland Züge der eigenen Person graviert hat, auch früh sein Leben lassen, während Johann Christof übersteht. Er ist getragen von jenem »ozeanischen Gefühl«, das als einen Terminus Rolland in einem Brief an Sigmund Freud erfand, der es aufnahm und analysierte, so daß es nachmals zu einem geläufigen Begriff der psychoanalytischen Sprache wurde: vom pantheistischen Gefühl, daß alles Seiende durchtränkt ist mit allem Seienden, daß keiner, wie Grabbe es gesagt hat, »aus der Welt fallen« könne. Dieses »ozeanische Gefühl«, das den Tonsetzer Johann Christof durchströmt und ihn seelisch nährt, hebt Romain Rolland heraus aus dem Humanismus der französischen rationalistischen Aufklärung und treibt ihn – wie auch Bergson! – an die Pforten der Metaphysik. Damit freilich wird der Rollandsche Humanismus nur um so verwundbarer, denn wo die klassische »raison«, die Ratio, abdankt, gerät der Mensch ins Uferlose. Der Humanismus verliert dann, wie »titanisch« er sich auch glaube, an Militanz. Zugleich freilich entgeht er der Gefahr sektiererischer Parteilichkeit. Es wird dies transparent an jenen Stellen, wo Johann Christof und sein romantischer Herzensfreund Olivier sich der Arbeiterbewegung anschließen, aber, enttäuscht, sich ihr bald entfremden. Hier wird der Humanismus, wie man heute mit abschätzigem Ton sagt, »elitär«.

Jean-Christophes Wege und Irrwege münden in jenen problematischen Seelenfrieden, in dem 1944 der Dichter Romain Rolland diese schöne, wilde Welt verließ. Gehen die Peripetien dieses fast monströsen Werkes uns heute noch an? Ist nicht so vieles veraltet: die etwas klischeehafte Beschreibung der deutschen Umwelt des Helden, die Kritik an der Pariser Gesellschaft, die frühen Tage der französischen Arbeiterbewegung, die erotischen Verstrikkungen, die noch geprägt sind von einer im weitesten Sinne zu verstehenden viktorianischen Epoche?

Was also bleibt? Vieles dennoch. Genug jedenfalls, um die Lektüre des Werkes dem Leser ans Herz zu legen. Denn das schon besprochene Problem der »Verwundbarkeit des Humanismus« ist noch lange nicht gelöst, trotz aller soziologischen Texte und der Versicherung Michel

Foucaults, daß der Mensch tot sei. Romain Rolland gibt uns Stoff zu denken. Wie ist es bestellt um einen Humanismus, der, wie der Musiker Johann Christof Krafft es tut, die *KUNST* mit lauter Großbuchstaben schreibt, aber sich der Aktion verweigert? Wie, andererseits, kann es einen Humanismus geben, der nicht auch eine ästhetische Ausdehnung hätte und also damit eine, wie ich es andeutete, Sache von wenigen, Auserlesenen ist? Nicht daß der Dichter diese Fragen beantwortete! Nicht einmal, daß er sie nach Sachaussagen gliederte. Aber er weist sie auf am Geschick seines Helden und dessen Freundes Olivier. Und er läßt uns gewahr werden, daß das »ozeanische Gefühl«, das Einheitsbewußtsein des Menschen mit allem Lebenden bestenfalls eine pantheistische Metapher ist, mit welcher das Individuum in seiner Not sich vielleicht trösten kann, die aber weder Transzendenz ausdrückt, noch Lebens-Immanenz. »Die Tat allein ist lebendig«, so schreibt der Dichter, ». . . wir haben in dieser Welt nur die Wahl zwischen ihr und der Nacht . . .« Welche Tat?, fragt sich am Ende der Leser – Romain Rolland ist aus der Welt gegangen, ohne Auskunft zu geben. Er schlug ein Thema an am Klavier des Geistes: an uns, es auszuarbeiten und zu instrumentieren.

HEINRICH MANN – EIN UNBEKANNTER AUTOR

Autor: Im Jahre 1946 schrieb Thomas Mann an eine in Mexiko erscheinende Zeitschrift der Deutschen Emigration:

Sprecher: »Bei Annäherung des 75. Geburtstages meines Bruders fragen Sie mich nach seinem Ergehen. Es geht ihm recht wohl, ich danke sehr. Den vor bald anderthalb Jahren erlittenen Verlust seiner Lebensgefährtin ... hat er mit der eigentümlichen Kraft und Gefaßtheit des Geistes überwunden, und seine Einsamkeit, ein im Grunde natürliches Element für seinesgleichen und ihm vertraut durch viele Jugend- und Mannesjahre, ist belebt und diskret betreut von bewundernder Freundschaft, von der ehrerbietigen Liebe seiner Nächsten (...) Es gibt über politische Dinge zwischen uns keine Meinungsverschiedenheiten. Zu seiner Nichte Erika, meiner Ältesten, hat er auf der Heimfahrt von uns einmal gesagt: ›Mit Deinem Vater verstehe ich mich politisch jetzt wirklich gut. Etwas radikaler ist er als ich.‹ Das klang unendlich komisch, aber was er meinte, war unser Verhältnis zu Deutschland, dem teuren, auf das er weniger zornig ist als ich, aus dem einfachen Grunde, weil er früher Bescheid wußte und keinen Enttäuschungen ausgesetzt war (...) Wäre in Deutschland bei Zeiten die rettende Revolution ausgebrochen, *ihn* hätte man zum Präsidenten der Zweiten Republik berufen müssen, ihn und keinen anderen. Und selbst

jetzt – wie lächerlich, daß um mich dieser törichte Lärm entstanden ist, ob ich zurückkehre, ob nicht – während nach ihm niemand zu fragen schien. In wem von uns beiden war denn unser lateinisch-politisches Bluterbe aktiv von je, wer war der gesellschaftskritische Seher und Bildner? Wer hat den *Untertan* geschrieben und wer in Deutschland die Demokratie verkündet, zu einer Zeit, da andere sich in der melancholischen Verteidigung protestantisch-romantisch-antipolitischer deutscher Geistesbürgerlichkeit gefielen? Ich habe mir in die Lippen gebissen, als er schließlich in aller Sanftmut fragte: ›Warum läßt man eigentlich mich ganz in Ruhe?‹
Autor: »Die jungen Generationen sind, schon dank dem Zustand des Buchmarktes, ohne jede Voraussetzung.«
Dies schrieb im Oktober 1948, rund eineinhalb Jahre vor seinem Tode, Heinrich Mann an seinen getreuen, um eine Darstellung seines Lebens bemühten, verehrenden Freund Karl Lemke. »Der Zustand des Buchmarktes« ist inzwischen ausgezeichnet, und die jungen Generationen von heute haben allerhand Voraussetzungen, da fehlt es fast an nichts. Nur daß ganz offensichtlich dieser Autor, nach Thomas Manns Ausspruch, »einer der genialsten Schriftsteller« der Deutschen, noch nicht wiedererkannt, wiederentdeckt wurde. Dieser Dichter und Pamphletist hat den Deutschen zu viele und zu einfache Wahrheiten gesagt. Die Alten haben ihm nicht verziehen. Dic Jungen, wohl aufgelegt zur Kritik ihres Landes, haben ein anderes Vokabular, bewegen sich in einem anderen System geistiger Anhaltspunkte. So kam Heinrich Mann als Romancier, Zeitkritiker und Agitator zu früh und zu spät. Doch soll, darf nichts unversucht gelassen werden, ihn herüberzuretten in unsere Zeit, denn wenn auch nur wenig noch zeitgemäß ist im Sinne oberflächlicher Modernität, so ist doch fast alles *gültig*. Ein paar über

Deutschland hin verstreute Köpfe wissen es, und ihnen allen voraus Klaus Schröter, Verfasser der unersetzlichen und unüberholbaren Rororo-Monographie.

Warum versagte sich ihm, gerade ihm, wo doch andere – Tucholsky, um nur gerade diesen zu nennen – unendlich viel Geringere, wieder entdeckt wurden, der größere und, trotz allem, auch freiere Teil seines Landes? Warum mußte dieser Liebende, Weltliebende, von jeder Gegenliebe verlassen, betrauert nur von ein paar Getreuen, die ihrerseits schon dem Vergessen zugesprochen waren ,das leidenschaftlich begehrte große Welttheater verlassen? Daß ich ihn nie gekannt habe, nicht einmal aus der Distanz, die den Hörer vom Vortragenden trennt, ist mein ganz persönlicher Schmerz. Fragt sich nur: *hätte* ich ihn gekannt, wenn ich ihm vorgestellt, ja wenn es allenfalls durch glückliche Schickung zu einem Kontakt mit ihm gekommen wäre? Die Zeugnisse, die wir über das private Individuum Heinrich Mann haben, sind karg genug. Alfred Kantorowicz, Ludwig Marcuse, Hermann Kesten, die Briefpartner Karl Lemke und Klaus Pinkus haben darüber geschrieben. Der Freund anekdotischer Literaturgeschichte kommt zu kurz: der Dichter hat sich den Freunden und Zufallsbekannten so wenig eröffnet wie dem Lesepublikum, dem er die Autobiographie *Ein Zeitalter wird besichtigt* übergab. Und auch als Briefschreiber an den Bruder lieferte er sich nicht aus. Das bleibende Zeugnis dürfte – vorderhand, und ehe die persönlichen Tagebücher Thomas Manns der Öffentlichkeit zugänglich werden – noch immer die Figur des Großherzogs Albrecht sein, der in der *Königlichen Hoheit* von Thomas Mann der Gestalt des älteren Bruders nachgezeichnet wurde. Da heißt es:

Sprecher: »Seine Hoheit – seine unanzweifelbare Hoheit! – war ein Adel von allgemeiner Natur, überheimatlich und ohne das trauliche Gepräge der Echtheit. Auch wußte er das; und das Bewußtsein seiner Hoheit, zusammen mit dem seines Mangels an volkstümlicher Echtheit, das mochte wohl seine Scheu und seinen Hochmut ausmachen ...«

Autor: Und auch dies muß erinnert werden: die Übertragung der Repräsentationspflichten durch den Großherzog auf seinen jüngeren Bruder Klaus Heinrich. Klaus Heinrichs ziemlich ergreifende Worte in dieser Szene lauten:

Sprecher: »Was soll ich sagen, Albrecht. Du bist Papas ältester Sohn, und ich habe immer zu Dir emporgeblickt, weil ich immer gewußt und gefühlt habe, daß Du der Vornehmere und Höhere bist von uns beiden und ich nur ein Plebejer bin, im Vergleich mit Dir.«

Autor: Vielleicht darf man denn sagen, daß Heinrich Manns, des Unbekannten, hervorstechendste Eigenschaft der *Stolz* war: ein Stolz, gepaart freilich mit Bescheidenheit, ja *Demut*. Es war die Demut eines, der »sein Herz ins Weite hob«, die Demut des Herzogs Albrecht, der es schlecht ertrug, an einem Lakaien vorbeigehen zu müssen, ohne seiner mehr zu achten als eines Holzpfostens. Es war die Demut des alternden und alten Dichters, der vorzüglich zwei Unbekannte, Pinkus und Lemke, auszeichnete durch seine Brieffreundschaft, die Demut schließlich des Greises, der seinem Bruder ein Buch widmete mit der Inschrift: »Meinem großen Bruder, der den Doktors Faustus schrieb«, und der im *Zeitalter* einbekannte, er sei früh hervorgetreten mit einem noch ungebändigten Talent, der andere aber, der Bruder, sei gerüstet gewesen. Die stolze Demut pflegte wenig Freundschaften: Schnitzler, Wedekind, der Schauspieler Albert Steinrück gehörten zu diesen. Er war, soweit jedenfalls die Briefe aus seiner Hand vorliegen, kein beflissener Korrespondent. Er baute seinen Ruhm nicht auf. Gleichgültigkeit? Wahrscheinlich. An Lemke schrieb er als alter Mann sachlich, mit eben nur einer Nuance an Bitterkeit:

Sprecher: »Eigentlich haben sie (die Deutschen) mich nie gemocht, andere Generationen so wenig wie die vorläufig junge. Meine Erfolge haben sie so lange wie möglich verschleppt, um sie schließlich nicht zu gewähren, sondern hinzunehmen.«

Autor: Die Liebe seiner Landsleute, die diese so karg ihm zugemessen hatten, war aufgewogen, reichlich, durch die Liebe der Frauen. Als Rückblickender im *Zeitalter* spricht er von den »schönen Geschöpfen«, die sein waren. Schauspielerinnen, und unter diesen allen »die Schauspielerin«, die er geliebt hat, ohne sie besitzen zu dürfen, die Schwester Carla, deren geschwindes Leben und furchtbares Sterben uns Thomas Mann in der Gestalt der Clarisse Rodde aus dem *Faustus* vermittelte und um die Heinrich Mann selber in der Novelle »Schauspielerin« und dem gleichnamigen Drama die dichterischen Paraphrasen durchgespielt hat. *Die Jagd nach Liebe,* so hieß der 1903 veröffentlichte große Roman. Er hatte jene autobiographische Thematik, der Heinrich Mann später sich entzog, so daß der Liebende uns so unbekannt ist wie der vom Volke ungeliebte Dichter. Scheu, stolz und demütig, hat Heinrich Mann gleichwohl der Forderung des Tages sich nicht entziehen wollen, hat, im Gegenteil, sich ihr gestellt bis zu den Stunden, in denen es verzweifelt still um ihn wurde und er dem umworbenen »großen Bruder« im amerikanischen Exil sagte, wie merkwürdig es sei, daß man ihn, Heinrich, so ganz in Ruhe lasse. »Was ich büße«, heißt es in einem Brief, geschrieben drei Monate vor seinem Tode, »ist mein Sinn für das öffentliche Leben, die Voraussetzung jedes einzelnen. Damit befremdete man, als ich anfang in Deutschland ...« Anders als

Großherzog Albrecht, berief aber Heinrich Mann keinen Stellvertreter, sondern repräsentierte, wo es sich gebot.

In der Pariser Emigration, von 1933 bis 1940, war er der große alte Mann, der »Hindenburg der Emigration«, wie Ludwig Marcuse das in einem wohl nicht ganz geheuren Vergleich gesagt hat; der »heimliche Kaiser«, wie es anderwärts hieß. Denn wenn er auch geliebt so wenig war wie gekannt, so war er von der deutschen Linken doch hoch geachtet. Rang, Statur, Rede, Herkunft wohl auch, prädestinierten ihn zum öffentlichen Wortführer eines anderen Deutschland, das als das wahre sich verstand und damit mißverstand: denn das wahr-wahre in seiner Breite und Tiefe hielt sich zu den belfernden Vertretern unheimlicher Deutschheit, desavouierte sich nicht. Damit aber wurde die Rückkehr problematisch. Die DDR wollte ihn haben, um ihn »herumzuzeigen«, wie er resigniert geahnt hat. Er starb, und das trübe Geschick Arnold Zweigs blieb ihm erspart. Dort aber, wo halbwegs das Wort frei war – halbwegs sage ich, denn im Westen Deutschlands lag es zwar nicht in den Fesseln irgendeiner Zensur, wohl aber in denen einer unseligen Geschichte! – sah man ihn mit Verlegenheit an, günstigstenfalls; schlimmstenfalls mit Gehässigkeit bis Haß. Denn dieses großen Unbekannten politische Gedanken, die er hinwarf, stolz wiederum und scheu und ohne jegliche diplomatische Rücksichtnahme, *sie* meinte man zu kennen. – Was freilich wußte man wirklich von diesem politischen Schriftsteller? Wenig. So gut wie nichts. Herumgesprochen hat wahrscheinlich sich unmittelbar nach dem Kriege seine im *Zeitalter* ausgedrückte Huldigung an die UdSSR und an Stalin. Der Augenblick war nicht günstig, politische Irrtümer nach links hin zu verstehen. Noch weniger gestattete er – man schrieb Kaltkrieg mit Großbuchstaben und Arthur Koestler beherrschte politosophisch die Stunde – in den Irrtumswucherungen die Wahrheitskörnchen zu finden. Wer hätte sagen wollen in den ersten zehn Nachkriegsjahren im Westen, daß Stalin zwar ein blutiger Gewaltherrscher war, daß aber der Generalissimus der Sowjetarmee den Krieg »gegen die Herrschaft des Abschaums«, wie Thomas Mann es in seinem *Faustus* sagt, gewonnen hatte und daß ohne diese blutige Gewaltherrschaft die Welt hoher Wahrscheinlichkeit nach einem unendlichen hoffnungsloseren, von Berchtesgaden aus inspirierten internationalen Faschismus anheimgefallen wäre? Niemand sah das mehr: Mosley als Premier der britischen Majestät; Lindbergh, Präsident der USA; Marcel Déat, Chef de l'Etat Français; Mussert in Holland, Degrelle in der Wallonie, Quisling, für immer in Norwegen – zu schweigen von den Tisos, Antenescus, Pawelitschs, von ukrainischen, polnischen, russischen Häuptlingen. Der Zweite Weltkrieg hat den Antistalinismus nicht erlaubt. Und Heinrich Manns stalinistischer Abweg war Kinderspiel im Vergleich zu Claudels Verehrung des Marschall Pétain. – Nur daß man in Frankreich den Attentisten und Kollaborateuren, vom salbungsvollen Claudel bis zum schäumenden Paranoiker Céline, die Narrheiten, oder was schlimmer war, die diplomatische Vorsicht schließlich vergab, aus Achtung vor dem Wort. Da und dort war man auch in Deutschland geneigt, faschistische Tendenzen ohnedies und kommunistische mit Vorbehalten zu pardonnieren. Brecht, der es arg genug getrieben hatte, wurde so langsam vom Roten Mann zum Klassiker. Niemand, außer ein paar verstockten Reaktionären, wollte an Ernst Bloch sich reiben. Aber den Brüdern Mann gegenüber und namentlich dem älteren von ihnen exerzierte man demokratische Intransigenz vor, man wollte zeigen, *wie* ernst und feierlich man die liberale Adenauer-Republik restaurativer Sittlichkeit nahm. Überdies – les absents ont toujours tort! – war Heinrich Mann tot und ohne Nachkommen in Deutschland, das erleichterte erheblich das Totschweigen seines Werkes.

Es war dieses politisch-schriftstellerische Werk, bestehend aus Essays, zahllosen Zeitungsartikeln, Pamphleten, die für einen nur im Keim existierenden deutschen Untergrund mit eiliger Hand aufs Papier geworfen wurden, nicht frei von Wandlungen, die Mißtrauen erweckten, Widersprüchen, auf die man leicht mit erhobenem Zeigefinger verweisen konnte. Hatte dieser nachmalige radikale Rhetor-Bourgeois französischen Musters und noch spätere Weggenosse der Kommunisten nicht als National-Konservativer begonnen? Man entdeckte eine Herausgeberschaft der reaktionären Zeitschrift *Das Zwanzigste Jahrhundert* und lachte sich eins. Sah nicht ein, daß schwerlich der Lübecker Patriziersohn anders hätte ins öffentliche Leben treten können denn als ein Mann des Beharrens und Bewahrens. Daß er mit so erstaunlicher Rapidität, nämlich zwischen 1896 und 1900, Erscheinungsjahr des Romans *Im Schlaraffenland*, hinüberwechselte, *gegen* die allgemeine Zeitstimmung, ins freiheitliche Lager, man hat es nicht gutgeschrieben, aber angekreidet. Auf sein Schuldkonto setzte man auch die Francophilie, die schon vor dem Ersten Weltkrieg in seinen Schriften sich hervortat, und die Hand in Hand mit ihr einhergehende »Fehleinschätzung« der formalen Demokratie. In der Gegnerschaft wider den profranzösischen Bourgeois-Demokraten Heinrich Mann fanden sich noch nach dem Zweiten Weltkrieg Deutschnationale und Pseudolinke. Glücklicherweise sind die Texte da, zu beweisen, daß die Sachlage so einfach nicht war.

Man lese in dem höchst dankenswert von H. M. Enzensberger edierten Band der Bibliothek Suhrkamp den kurzen Aufsatz *Reichstag* (1911). Der Parlamentarismus kommt da so gut nicht weg: Heinrich Mann sah wie kein anderer die Düperie einer ritualisierten Geschwätzigkeit, hinter deren Geräuschkulisse die Herrschenden ihre Affären abwickelten. Er hört den Abgeordneten »von Dreckwitz« sein Bravo rufen, weil ein Redner »die rote Bande nicht übel anhaucht«. Es fällt ihm auf, wie ein »Freisinniger den Sozialdemokraten beweist, daß sie beim Ausbruch eines Krieges gestreikt haben würden ...« Er sieht, o ja, er sieht »das Wulstlächeln aller Schweine der Weltgeschichte: aller Herrenschweine«. So ging es zu:

Sprecher: »Dann und wann betritt, die Hände in den Hosentaschen, ein Konservativer den Saal und überzeugt sich, daß die Sache gemacht wird. Sie wird gemacht. Nach dem gestrigen Zusammenstoß mit dem Reichskanzler, wobei Wahlgeheimnisse platzten, ist Marokko gefährlich geworden und man mogelt es besser in eine Sozialistendebatte um. Von Dreckwitz ruft: ›Hört, hört!‹ – aber er selbst kehrt lieber zu den Freunden ins Foyer zurück, auf das rote Sofa, wo sie sich, die Glatzen zwischen den Schultern, so tief einsenken, wie nur des Nachts in die Polster des Palais de danse. Schmunzeln um die funkelnd schwarzen Schnurrbärte, plaudert man von den kleinen Freuden des Augenblicks, von den Sorgen der Zeit, – und wieviel edler genährt als an den geistlichen Freunden glänzt in diesen Mienen der Speck! Nun geht ein Lächeln darüber, denn jemand hat sich die Saaltür öffnen lassen, man sieht drinnen die Proleten sich abarbeiten. Dies Lächeln! Es sagt: ›Komödie! Indes ihr schwatzt, ist das Geschäft längst fertig.‹ Es sagt: ›Komödie! Ihr alle seid Objekte der Gesetzgebung, die Subjekte sitzen hier.‹ Es sagt:

›Ein Leutnant mit zehn Mann.‹ Es ist ein Lächeln von Holofernes bis Dschingis-Khan.«
Autor: Und er verstand, daß »der Volksfeind rechts steht«; dies so gut wie die damals schon offenbare Tatsache, daß die Sozialdemokraten »maßvolle kleine Bürger sind, die nichts wollen, als Kindern und Enkeln ein spießiges Wohlleben verschaffen . . .« Man hätte Lust, den ganzen Beitrag zu zitieren, es geht nicht an. Wo vernimmt man noch heute Worte von derart agitativer Durchschlagskraft? Und wo ein Pathos, Leiden, Leidenschaft und Leiden am Leid, dem nur die volle Klarsicht in die Finsternis des Klassenstaates noch gleichkommt? Hat niemand dergleichen noch nötig in Deutschland? Wirklich – niemand? Dann wäre es schlecht bestellt um die Freiheit in diesem Lande, und der Unterdrückung (zeitgemäß Oppression genannt) stünde nichts entgegen als der Radau oder die angestrengte Begrifflichkeit neohegelianischer Dialektik.

Dies und das ist auch noch anzumerken zur Frage der als naiv verschrienen Verklärung der Französischen Republik, noch dazu der dritten. Heinrich Mann, es ist wahr, sah in dem ersten imperialistischen Krieg einen Kampf der Ideen: obrigkeitsstaatliche Widergeistigkeit hatte »La Raison« angegriffen: diese befand sich im Zustande legitimer Verteidigung, da mußte man mit Clemenceau nicht nur, sondern auch mit Joffre und Foch gegen den »Tänzer auf dem Kaiserthron«, wie Thomas Mann im *Faustus* Wilhelm II. nannte, und den »Hinn'burch« und den Ludenhoff vom Leder ziehen. Realitätsblindheit? Optische Täuschung, die bewirkt, daß Infra- und Suprastruktur nicht mehr unterschieden werden? Doch nicht. Im Hinblick auf das deutsche Kaiserreich des *»Untertanen«*, der Romane *Der Kopf* und *Die Armen* stand *jedes* Land, das eine bürgerliche Revolution erfolgreich vollzogen hatte, an geschichtlich und damit auch menschlich ranghöherer Stelle. Frankreich, trotz seines St. Cyr-Militarismus, England, trotz seiner Kolonialschanden, waren vorzuziehen, unbedingt, einem Reiche das in schimmernder Wehr sich selbst sehen und stilisieren wollte, einem Reiche, wo noch ein Arbeiterdichter wie Karl Henckell in einem Gedicht *Der Meerkaiser* Wilhelm II. feierte. Die imperialistischen Kolonialmächte Frankreich und England »begnügten« sich mit der Ausbeutung der Kolonisierten. Das Deutsche Reich der wilhelminischen Zeit hätte, wären größere Kolonialterritorien ihm zuteil geworden, noch aus den Bantus schwarze Preußen gemacht. »Wir sprängen, wenn Sergeanten kämen / Vom Trottoir und stünden stramm . . .« hat Erich Kästner nachmals geschrieben in seinem Gedicht *Wenn wir den Krieg gewonnen hätten.* Dieser Staat, den Heinrich Mann in seinem Zola-Essay angriff, war ideologische Realität so gut wie soziale und ökonomische. Ihm zu widerreden und zuwider zu handeln, im Namen einer Gegen-Ideologie, war légitime défense. Als diese hat Heinrich Mann den Krieg der Dritten Republik gegen das Reich Wilhelms II. gesehen, die Position läßt sich verteidigen.

Tote Stellen hatte freilich auch die politische Entwicklung dieses Autors. Es gab in den frühen Zwanziger Jahren Tage, an denen nur noch der Bürger aus ihm sprach, und zwar der Bürger im Sinne der »Betrachtungen eines Unpolitischen« seines Bruders. Da subsumierte er unter dem Begriff des »Extremismus« faschistische Banden und sozialistische Revolutionäre. Ein 1922 verfaßter Korrespondenzbericht für Amerika, *Tragische Jugend,* spricht die Sprache des verletzten Kulturbürgers, der schockiert ist von der ganz akulturellen Radikalität der Nachkriegsjugend, die er, falsche Symmetrien konstruierend, rechts und links als die Totengräber seiner Gesellschaft, der bürgerlichen, am Werke sieht. Indes, es dauerte nicht lange.

Der Autor des ersten großzügig konzipierten kapitalismuskritischen Romans *Im Schlaraffenland,* der Verfasser der Anatomie des Wilhelminismus, *Der Untertan,* der revolutionäre Essayist des oben erwähnten Aufsatzes *Reichstag* schließlich – Heinrich Mann schreibt schon 1923 die Studie *Wirtschaft,* in der der Klassencharakter auch der Weimarer Republik erkannt und stigmatisiert wird. Er hatte, so wenig wie sein Bruder, keine auch nur halbwegs ausreichende politologische und soziologische Bildung – soweit jedenfalls, als man dies aus seinem Vokabular, seinen Selbstzeugnissen und Briefen erschließen darf. Ich habe nicht den Eindruck, als habe er jemals Marx oder auch nur Bebel oder Shaw gelesen. Seine politischen Kenntnisse waren durchaus intuitiv erlangt. Aber dies schlug sich in seinen politischen Darlegungen nicht etwa als ein Mangel nieder, vielmehr als ein uneinholbarer Vorsprung. Er redete die Sprache des Denkenden und des Fühlenden, nicht die des Gelehrten. Als Pamphletist war er unerreicht. Theoretiker hat er niemals sein wollen. – Die Intuition trug ihn weit. Irrungen waren nicht auszuschließen, versteht sich. Daß er etwa 1931 bei der Wahl des Reichspräsidenten nicht selbst kandidierte, wie Kurt Hiller dies vorgeschlagen hatte, war, von allem Persönlichen abgesehen, politisch richtig; daß er seinen Freunden und Anhängern empfahl, für Hindenburg zu stimmen, hat sich nachher als falsch und verhängnisvoll erwiesen, denn selbst verlorene Stimmen für den kommunistischen Kandidaten Thälmann wären zumindest als Demonstration wertvoll gewesen, während jedes Votum für Hindenburg letztendlich eine Hilfe für Hitler war.

In großen Zügen aber hat Heinrich Mann nicht nur das

Rechte, sondern auch das Richtige getan. Sein Eintreten für die Volksfront war erfolglos, wenn man will – wiewohl sich einwenden ließe, daß die große Allianz im Zweiten Weltkrieg eine Art von übertragener, außenpolitischer Volksfront war und als solche immerhin dem scheußlichen Regime der Nazis ein Ende setzte. Rechtes und Richtiges führten zu scheinbaren Widersprüchen. Man hat bemäkelt, daß der Autor während der Emigration zur gleichen Zeit der *Dépêche de Toulouse* bürgerlich-republikanische Artikel und der *Internationalen Literatur* in Moskau kommunistisch linientreue Aufsätze geliefert hat. Für den aber, der an die »grande illusion« der Volksfront (die Illusion war, aber *nicht nur* das) geglaubt hat, war es selbstverständlich, den Bürger in dessen Sprache anzureden und zum internationalen Proletarier in seinem Idiom zu sprechen; denn beide, der Kleinbürger in Toulouse und der kommunistische Leser der Moskauer Publikationen, sollten im Sinne Heinrich Manns die antifaschistische, vor allem antinazistische Front bilden. Der Antinazismus hatte Priorität vor allen anderen Überlegungen, hieran ist heute so wenig auszusetzen wie in den Tagen der großen Entscheidungen.

Zwei Tatsachen sind noch festzuhalten, gerade weil Heinrich Mann im kommunistisch regierten Osten mehr Leser hat und dort höheres Ansehen genießt als in der Welt des Westens: der Dichter war *als Bürger geboren und ist als Bürger gestorben,* wiewohl sein ganzes Werk, vom Leidenschafts-Aristokratismus der *Göttinnen* über die Sozialkritik des *Untertan* und die grausame Satire gewisser Novellen wie *Gretchen* (1907) bis zu den Romanen der Republik *(Mutter Marie, Die große Sache, Ein ernstes Leben)* und den traumhaft späten Werken *(Empfang bei der Welt, Der Atem)* ein vehement anti-bourgeoises war. Das

Deutschbürgerlich-Patrizische hat er in Allüre und Umgangsform ebensowenig verleugnen können wie in jenem rührenden Seiten- und zugleich polemischen Gegenstück zu den *Buddenbrooks*, dem Lübecker Roman *Eugénie oder Die Bürgerzeit.* Verknappt formuliert lautet Heinrich Manns Gegenrede, die als solche sich nicht nur auf die *Buddenbrooks* bezog, vielmehr auch auf die *Betrachtungen eines Unpolitischen* und Thomas Manns gesamte Apologie des deutschen Bürgers: Siehe, mein Bruder, ich bin nicht nur der Zivilisationsliterat, den du immer in mir sahst. Auch ich bin der Lübecker Senatorssohn. Du hast nicht allein die Zärtlichkeit gepachtet zu einer abgelebten Daseinsform; auch mir ist diese nicht fremd. Nur freilich: ich sah und sehe *mehr* als du, nämlich nicht nur den Verfall einer Familie, sondern den einer *Klasse,* die, wie liebenswert manche unter ihren individuellen Vertretern auch seien, als ganze unsere Nachsicht und innige Verbundenheit nicht verdient. Die wackeren Leute aus Lübeck, Stadtväter, Großkaufherren, Börsenkönige waren wacker recht wohl, wenn's etwa um alte Freundschafts- und Familienbindungen ging. Zugleich aber waren sie so skrupellos, ja schuftig, wie das Gesetz es befahl, nach dem sie angetreten.

Heinrich Mann hat aber auch, dies ist entscheidend, in seiner moralisch-politischen Vorstellungswelt der vornehmen Bürgerlichkeit die Treue gehalten, indem er nämlich sehr antihegelianisch und überaus kantisch an abstrakten Moralprinzipien und am *Geiste* festhielt. Im *Zeitalter* findet sich ein bemerkenswert aufschlußreicher Satz: »Das Geistige erscheint mir als das Primäre, es hat in der Geschichte den Vortritt. Dies behaupte ich mit Einschränkungen und bleibe auf ein vernünftiges Entgegenkommen bedacht.« Dem geistigen Sohn des achtzehnten Jahrhunderts und Vorläufer des späten Zwanzigsten war – wie ich überzeugt bin – Geist gleich Tat, und zwar ohne daß eine dialektische Beziehung zwischen beiden hergestellt worden wäre. Man ist als Heinrich-Mann-Leser denn auch nicht sehr weit, wenn man versteht, Jargons, Vokabulare, Phraseologien außer Kraft zu setzen und aus dem Bezeichnenden, der Rede, das Bezeichnete, die Meinung zu filtern von den Fundamentalvorstellungen einer neuen Linken, die es langsam wohl lernen wird, sich selbst zu begreifen. »Prenez vos désirs pour des realités« stand, Mai 1968, auf einer Mauer an der Sorbonne. Man setze an Stelle der »désirs«, die sinnenhaft gemeint waren und intellektuell zugleich, das Wort Geist. Und findet sich in der unmittelbaren Nachbarschaft Heinrich Manns.

Jener Geist, der Wirklichkeit und soziale Aktion wird und nur aus diese Grunde Vorrang hat, steigt herrlich herauf an einer Stelle des Zola-Essays, wo es heißt:

Sprecher: »Da steht nun Zola! Er hatte doch nur geformt und gemacht, und ist nun dahin gelangt, daß er aufruft und prophezeit. Der ›Sinn für das Leben‹ war sein fester Boden gewesen, von ihm aus gewann er sein Reich; jetzt aber erstreckt sich sein Sinn für das Leben auf Dinge, die noch ungeboren hinter dem Leben sind, in der Zukunft, im Geist. Er ist so geworden im Schaffen. Er ist so geworden durch Schaffen. Die Erfahrungen der Weltbeherrschung vermittelst Kunst haben ihn die Weltüberwindung gelehrt, die Geist heißt. Die größte Kunst war doch nur der Weg des Geistes. Geistige Liebe war, unerklärt, schon in der ersten Menschendarstellung dieses Künstlers. Sie erklärt sich, und es ist Wille zur Vergeistigung. Wer auf so großen Vorgängen fußt, wer den Geist erlebt und erfahren und in langer Arbeit den Willen erworben hat, aufzustehen für ihn, ist von einem Geschlecht, das Zola nachfolgte und ihn ansah, ein geistiger Mensch genannt worden. Keineswegs die selbstgenügsame Erkenntnis macht den geistigen Menschen aus, sondern die Leidenschaft des Geistes, die das Leben rein und den Menschen ganz menschlich will. Er erkennt Vergeistigung nur an, wo Versittlichung erreicht ward. Er wäre nicht, der er ist, wenn er Geist sagte, ohne Kampf für ihn zu meinen. Er ist gewillt, Vernunft und Menschlichkeit auf den Thron der Welt zu setzen, und ist so beschaffen, daß sie ihm schon jetzt als die wahren Mächte erscheinen, als jene, die, Zwischenfällen zum Trotz, zuletzt doch jedesmal allein aufrecht bleiben. Die Geschichte gehört in immer steigendem Maße ihnen; schon haben sie für sich den stärkeren Teil der Wirklichkeit; wer ihnen entgegentritt, erleidet Niederlagen, die immer schimpflicher werden.«

Autor: Der Geist, dem er den Primat einräumte, war bürgerliche Tradition und damit auch schon Überwindung des Herkommens, nicht anders hatten die französischen Aufklärer ihre Traditionsgesetze zugleich erfüllt und gebrochen. In voller Selbstverständlichkeit stand dieser Geist links – wie denn auch anders. Links, revolutionär, europäisch, deutsch: die Qualifikative, vereint in der Person dieses Schriftstellers, widersprechen einander nicht mehr. Als politischer Agitator, Pathetiker, Visionär hat Heinrich Mann eine Entwicklung der Linken, die über den Materialismus des achtzehnten und des neunzehnten Jahrhunderts, über die Dialektik der Hegel und Marx in die erst noch zu explodierenden Welten eines neuen utopischen Sozialidealismus lief, vorweggenommen. Man würde das dort, wo er noch immer seine Leser hat und wo er übrigens allein gebührend gefeiert wurde, was anzuerkennen ist, nicht gerne hören wollen. – Was in den *Betrachtungen eines Unpolitischen* Thomas Manns zwistbrüderlicher Vorwurf war: es sei für den »Zivilisationsliteraten« Politik gleich Demokratie gleich Literatur, das hat, mit umgekehrtem Wertakzent, Heinrich Mann im Laufe seines Daseins als Schriftsteller niedergelegt und vorgelebt. »Die Republik erhöht das Lebensgefühl« heißt ein Kapitel im *Zeitalter*. An anderer Stelle – ich kann sie nicht auffinden, weiß aber, daß ich mich nicht irre, wenn ich sie hier aus dem Gedächtnis zitiere – steht: *Denken und Erkennen ist die einzige Art, das Leben würdig zu verbringen.* »Leben« im Sinne bürgerlicher Lebensphilosophie – also: Intensität, Schicksalsbereitschaft – und Geist, sie sind beide zugleich auch Wort und politische Tat. »Innerlichkeit« ist nicht mehr abgesondert-absonderliche Privatangelegenheit, sondern entäußert sich: wird weltmöglich – das Adjektiv entstammt dem Wortschatz Thomas Mann, der »weltmöglich« als politischer Schriftsteller erst wurde, als er selbst den »Ehrennamen eines Zivilisationsliteraten« (H. M. am Grabe Kurt Eisners) zu verdienen sich anschickte. Daß im Falle Heinrich Manns die republikanisch-bürgerlich-sozialistische Weltmöglichkeit nicht auch, wie bei seinem Bruder, *Weltgültigkeit* wurde, ist die Tragödie, an der er unzweifelhaft litt.

Sein Welterlebnis sei, so schrieb er in einem nicht abgeschickten Brief an Thomas Mann in der Zeit des Zerwürfnisses, kein brüderliches, der andere störe ihn nicht.
Sprecher: »Aber ich trenne mich niemals vorsätzlich und für immer. Ich lasse es darauf ankommen, ob auch der andere Theil einst das Seine thut, daß man sich wiederfindet. So ist die Art meiner zelotischen Leichtlebigkeit.
Nicht Auseinandersetzungen wollte ich, nicht einmal auf 4 Briefseiten, – u. mit tiefem Bedauern erfahre ich, daß eine einzige, von mir gehörte Meinungsäußerung Dich genöthigt hat, 2 Jahre lang Deine Antwort auszuarbeiten. Ich denke Dein Buch, sollte nicht Rücksicht auf meinen

Ruf mich anders bestimmen, ungelesen zu lassen – nicht aus Mißachtung, sondern weil ich eine polemische Verbindung mit Dir weniger wünsche als die andere, natürliche. Du hast, nach allem was ich sehe, Deine Bedeutung in meinem Leben unterschätzt, was das natürliche Gefühl betrifft, und überschätzt hinsichtlich der geistigen Beeinflussung. Die letztere, negativ von Gestalt, ist einseitig von Dir erlitten worden, Du mußt diese Wahrheit schon hinnehmen, es ist keine bloße Schmähung, wie alle die mehr pathetischen als ethischen Wendungen Deines Briefes. Was mich betrifft, ich empfinde mich als durchaus selbständige Erscheinung, u. mein Welterlebnis ist kein brüderliches, sondern eben das meine. Du störst mich nicht. Beispielsweise wäre ich, schriebest Du über französische Thaten u. Eigenschaften einmal etwas anderes als Ungereimtheiten, aufrichtig erfreut. Du aber – wenn es mir einfiele, mich zum alten Preußen zu bekennen, weißt Du, was Du thätest? Die Notizen zu Deinem *Friedrich* würfest Du ins Feuer.«

Autor: Doch haben wir guten Grund zur Annahme, daß es gerade für den politischen Autor Heinrich Mann in dessen späten Tagen, als er dem großartigen Aufstieg des Dichters und Zivilisationsliteraten Thomas Mann beiwohnte, sehr wohl vom Glück und dem dramatischen Ausklang brüderlichen Zwiegesprächs über ein Leben hin geprägt wurde. Als irgendein »Dussel«, wie er schreibt, dem *Doktor Faustus* das Gefühl absprach, war er empört. Die brüderliche Solidarität war in diesen Tagen ungebrochen. Gleichwohl schrieb er 1949 an Lemke:

Sprecher: »Mit mir muß er (der Westen) keine Umstände machen wie mit einem anderen, der von Amerika empfohlen ist. Da zeigt man sich beflissen. Ich bin in fünfzig Jahren nicht so völlig übersehen worden.«

Autor: »Lange Zeit hielt ich meine Feder für ein Schwert:

jetzt erkenne ich meine Ohnmacht«, schreibt Jean-Paul Sartre in den *Wörtern.* Daß diese Ohnmacht Macht werde, Sartres Ohnmacht, Heinrich Manns Resignation, daß der freie Geist, Geist der Freiheit, zur Wirklichkeit sich forme, ist Sache eines jeden. Wer die Zivilisationsliteraten Thomas Mann, den »Wanderredner der Demokratie«, Jean-Paul Sartre, den Verkäufer linksextremer Zeitungen an Straßenecken, Heinrich Mann, den Pathetiker der Demokratie und des Sozialismus, desavouiert, verrät die Gesittung. »Erhebt Euch Deutsche, es ist Zeit«, schrieb Heinrich Mann in den ersten Jahren der Hitler-Diktatur. Erhebt Euch Deutsche, um vor dem Andenken Heinrich Manns Euch zu neigen, mag als eine Forderung dieser Tage weithinhallend ausgerufen werden. — — »Wer hat das gemacht? dachte ich und dachte einen Namen«, heißt es im *Zeitalter,* an der Stelle, wo Heinrich Mann, zurückblickend, sich bei der Niederschrift des *Professor Unrat* in Italien wiedersieht. Aber weiter dann, Distanz nehmend, in Stolz und Demut:

Sprecher: »Das habe ich verlernt. Denn ich erfuhr höchst lebendig, daß auf Jahrhunderte die Größe höchstens einmal trifft und daß lange aushalten muß, wer in seiner begrenzten Laufbahn auch nur der Vollkommenheit vielleicht begegnen soll. Ich habe, um oft vollkommen zu sein, zu oft improvisiert, ich widerstand dem Abenteuer nicht genug, im Leben oder Schreiben, die eines sind.«

Autor: — *Größe:* ein soziales Phänomen per definitionem. Man ist groß, soferne man von Mit- und Nachwelt als groß gesehen und anerkannt wird. Fragmente der Mitwelt hatten immerhin auf das Urteil Größe sich geeinigt im Falle Heinrich Manns: Schnitzler, Benn, auch der frühe und der späte Thomas Mann. Es reichte dies nicht aus, um gesellschaftlich wirksam zu werden, zu viele waren es, die ablehnten, verwarfen, kalt sich wegwendeten. Um die Nachwelt steht es noch schwieriger. Denn: auf welche Zeiträume soll sie sich erstrecken? Es ging an zu Epochen, da der Lehrbetrieb, einem verbindlichen Bildungsgesetz verpflichtet, sanktionierte Größe ohne Revisionen empfing und weitergab. So blieben bis in die Anfänge dieses Jahrhunderts »groß« die Autoren, die man im engeren und weiteren Sinne »Klassiker« nannte und deren Werke in Prachtausgaben die Bibliotheken der Bourgeoisie zierten. Die Mechanismen der gelehrten Germanistik funktionierten daneben klaglos, so daß als »groß« gleichermaßen Goethe und Schiller, Heine, Uhland, Jean Paul – um so aufs Geratewohl nur eben sie zu nennen – würdig versammelt waren. Man las und zweifelte nicht: die Prachtausgaben und die Professoren Wulicke, Unrat, Fliegentod sorgten für Bestand. Die Väter sprachen ernst von »Ewigkeitswerten«, die Söhne schluckten das gehorsam. Dann wurde der Zeitschritt eiliger, Auswechseln der Tafeln war nicht mehr verboten, Wiedererweckungen standen auf der Tagesordnung, aber auch lässig-geschwinde, unfeierliche Begräbnisse. Größe wurde prekär. Man blicke doch zurück: Ibsen, Hauptmann, Hamsun, das hatte doch Mit- und auch Nachwelt gehabt. Wo aber ist es hingeraten? Wer sagt da noch so einfach »große Dichtung«? Zu reden nicht von Jens Peter Jacobsen, Herman Bang, Eduard von Keyserling. Es überstand und übersteht erst recht immer weniger, die Toten stoßen gespenstisch einander aus dem Größe-Pantheon aus, die Lebenden verzichten lieber gleich auf einen Anspruch und einen Begriff, für die es keine gesellschaftliche Rechtfertigung mehr gibt. Die dichterische Größe, verstanden als eine Kategorie der sozialen Konventionen, wird zur Annahme, nicht weil, wie Heinrich Mann gemeint hat, sie »auf Jahrhunderte nur selten trifft«, sondern weil die Bevölkerungsdichte im Bereiche des Schöpferischen erstickende

Raumnot bewirkt, weil außerdem im beschleunigten Rhythmus der geschichtlichen Abläufe die Zeichen, Wörter, Farben, Linien, Töne ihr je Bezeichnetes wechseln oder ganz verlieren. Täglich kommt einem Worte seine Wirklichkeit abhanden. Was immerhin noch zumindest provisorisches literarisches Überdauern und damit sozial ratifizierte »Größe« ermöglicht, ist, so will es mir scheinen, die »Magerkeit des Zeichens«.

Das Exempel heißt Franz Kafka: seine Größe oder »Vollkommenheit«, wie Heinrich Mann die knapp unter der Größe liegende Qualität genannt hat, war Funktion der trockenen Schlankheit seines Wortes, das keine Kometenschweife von Assoziationen mit sich zog, das in fast erschreckender Sparsamkeit adjektivische Schwelgerei, emotionelle Aufpeitschung ebenso vermied wie rethorische Eleganz. Es war ein Wort, das gleichsam sich selbst auslöschte, so konnte es von der Zeit nicht erst verschlissen werden, sondern wurde aufbewahrt in seiner edlen Kargheit. – Wenn es nun so ist, wie ich meine: daß nämlich Aktualität, Dichte und Farbigkeit der Zeichen konstitutionell zu raschem Veralten führen, daß beispielsweise aus solchen Gründen Mondrian mehr Chance hätte zu überdauern als Rouault, dann wird verständlich, warum Heinrich Mann ohne Nachwelt und anerkannte Größe blieb. Denn von den frühen Novellen an bis zu den späten Romanen war seine Sprache erhitzt in ihrer hohen Artistik, gewiß nicht »fett«, wohl aber fleischlich, muskulös und von wilder Farbigkeit. Er hatte das Erbe bürgerlicher Ponderation zwar bewahrt in seiner politischen Vorstellungswelt, die Toleranz einschloß, ungeachtet der Radikalität, hat es aber als Dichter verworfen. Dieses Werk zeichnet sich nicht aus durch Fleiß und Handwerksbiederkeit, vielmehr durch den gewaltig-genialischen Exzess.

Sprecher: »1897 in Rom, Via Argentina 34, überfiel mich das Talent, ich wußte nicht, was ich tat. Ich glaubte einen Bleistiftentwurf zu machen, schrieb aber den beinahe fertigen Roman«.

Autor: Es war das Talent oder das Genie Heinrich Manns tatsächlich ein violent-überfallendes, attackierte Autor wie Leser. Dieser wehrte sich darum oft gegen solche Vergewaltigung, Grund, einer von vielen, für Heinrich Manns Ungeliebtheit. Doch war das Resultat der Explosion gleichwohl niemals »schmissig«, wie das der vorsichtiger, umsichtiger, mit längerem Atem schreibende und ausschreitende Bruder in den *Betrachtungen* dem Älteren vorgeworfen hatte. Im Gegenteil: sofern Schmissigkeit nicht heißt, daß die Bücher in rapidem Tempo entstanden, sondern vielmehr, daß sie »highly readable« sind, wie das so treffend im Englischen lautet, kann bei den Werken Heinrich Manns die Rede davon nicht sein. Der sprachliche Gestus ist steil, gelegentlich abweisend. Die jagenden Perioden haben ein Staccato, das den Leser nicht einwiegt, vielmehr zu äußerster, mitarbeitender Aufmerksamkeit anhält. Stilistische Eigenwilligkeiten, Raffungen, eine dynamisierte Syntax: all dies macht die Lektüre Heinrich Manns, des frühen wie des späten, nicht bequem. Lohn aber, der reichlich lohnet, ist die Entdeckung einer vordem wie nachdem nicht erhörten formalen und inhaltlichen Fülle und Wandelbarkeit.

Heinrich Mann, der Erzähler, begann als charakteristischer Décadent der Jahrhundertwende: prangende adjektivische Fülle, wie sie freilich heute (siehe oben: »Fleischlichkeit der Prosa«) nur noch schwer annehmbar ist. Weder die Romane *Im Schlaraffenland* noch *Die Göttinnen* können mehr sein als Dokumente eines vom Impressionismus auf den Expressionismus übergreifenden Stils. Jedennoch, es kam das Genie sehr bald in strenge Zucht, schon im Novellenband *Flöten und Dolche,* dessen Titel allein in seiner Koppelung von Anmut und Todesgefahr ein Meisterschuß ist, in der ganz ausgereiften Erzählung *Pippo Spano,* die den »halben Helden« der Epoche nicht weniger präzise abgeschildert als der 1905 erschienene *Tonio Kröger.* So wurde Heinrich Mann der Erzähler nicht mehr des Einzigen, der sein Eigentum gegen Welt und Gesellschaft verteidigt, sondern der Gesellschaft selber. *Professor Unrat,* die Novelle *Gretchen,* beides Arbeiten, die literarisch spätere Georg-Grosz-Karikaturen vorwegnahmen, waren bereits nicht mehr Auseinandersetzungen eines Menschen mit sich selbst, sonder großartige, optisch eindrucksvolle Verzerrungen ins Überdimensionale der deutschen Wirklichkeit.

Die Grausamkeit seines Blickes in die Welt war nur eine scheinbare. In Wahrheit, so sehe ich es, war die Emotion, die am Grunde von Heinrich Manns ins Phantastische reichenden Satiren lag, der beleidigte humane Stolz. Ein Stolz, der sich nichts abhandeln ließ und der, konvertiert in Empörung, jede Beschönigung durch wohlfeil verstehende Psychologie mit Widerwillen von sich wies. Die Menschenliebe dieses Autors war so anspruchsvoll wie hart – und gut nietzscheanisch, ließ er sich auf die Kuhwärme der kleinen Gemütlichkeit nicht ein. Wie seht ihr aus? fragte er. Und antwortete: zum Übelwerden. So entstand der *Unrat* und so sein erstes großes Meisterwerk, der *Untertan.* »Steigt es euch nicht in die Stirn«, hieß es im Aufsatz *Reichstag,* der das Volk, Bürger und Arbeiter gegen den Herrenklub aufzuwiegeln suchte, »steigt es euch nicht in die Stirn beim Anblick der frechen Feindseligkeit einer Kaste, die es noch wagt, sich zu zeigen, noch wagt, befehlen zu wollen? (...) Habt ihr denn kein

Blut?« Die Frage, ob dieses Volk Blut habe – Blut Dantons, Robespierres, der Communards – wurde auch im *Untertan* erhoben, diesem »Herbarium des deutschen Menschen« (wie Tucholsky das Buch genannt hat), darin die deutsche Bourgeoisie – 1916! – als jene gesehen wurde, die 1933 sich dem Widermenschen auslieferte. Damals schrieb der Verleger Kurt Wolff an seinen Verlagsleiter:

Sprecher: »Hier ist der Anfang einer Fixierung deutscher Zustände, die uns – zumindest seit Fontane – völlig fehlt. Hier ist plötzlich ein Werk, groß, einzig, das ausgebaut, wohl für die Geschichte und Literatur sein könnte, was Balzacs Werk für das erste, Zolas für das zweite Kaiserreich war!«

Autor: Es ist inzwischen unumstößliche Tatsache geworden, daß Heinrich Mann den ersten großen gesellschaftskritischen Roman schrieb (er läßt sich mit den Werken Balzacs oder Maupassants richtiger vergleichen als mit denen Zolas), und daß daneben selbst der begütigende Fontane verblassen muß. Naturalistische Meskinerie fand sich da nicht, dagegen: der zum Zerreißen angespannte humane Wille, zu bessern, der aber schon unterlaufen war von jener Hoffnungslosigkeit, die nur noch in der Satire ihr Heil suchte. In der Nähe der Satire wuchs das eigentümliche Element der Kolportage, das so viele Romane Heinrich Manns typisiert, zu sprechen nur von *Ein ernstes Leben, Die große Sache, Empfang bei der Welt,* schließlich *Der Atem.* Er sah eine Realität, die in ihrer grausamen Niederträchtigkeit sich übersteigerte, und antwortete mit weiteren Übersteigerungen ins Phantastisch-Kolportagemäßige. *Flöten und Dolche,* das war noch ästhetisierender Renaissance-Enthusiasmus. Es folgten Revolver und Saxophone. Das gab seinen Romanen ein Air des für den verfeinerten Lesebürger »Unseriösen«; mit Hesse ließ es sich leichter und deutscher-gediegener leben, auch mit Thomas Mann. Daß auch die Kolportage nichts war als empörte und enttäuschte Liebe zur Menschheit, wurde schlecht begriffen. Wer die Einteilung in literarische Schulen liebte, brachte das unter den Begriff des Expressionismus. Robustere deutsche Gemüter sprachen von Asphaltliteratur und delektierten sich daran, daß dieser Académicien auch ein Musical *(Bibi)* schrieb. Da sieht man's ja, verlotterte Familie! Und man ging über zur literarischen Tagesordnung, die gekennzeichnet war durch Namen wie Emil Strauss, Hermann Stehr, Carossa, bei diesen war nichts Exzessives zu befürchten. Die deutsche Seele wich aus vor der deutschen Wirklichkeit unter dem Vorwand, bei Heinrich Mann gehe es »krass« zu, was vom Französischen »la crasse«, Schmutz, herkommt, aber »la crasse«, das war die Realität, der Heinrich Mann nur gewachsen war wenn er sie ins typisch Groteske verzerren konnte. »Haarscharf, aber irreal«, sagte Gottfried Benn, der hartnäckige Verehrer. Der breiten Leseschaft jedoch war unheimlich angesichts eines solchen Mangels an Biederkeit, der nicht einmal, wie bei Musil, bei Broch, durch essayistische Intellektualität mit akademischer Würde sich drapierte.

Nicht allerwegen herrschte das Satirisch-Karikaturistische. *Eugénie oder Die Bürgerzeit* (1928) sublimierte die Renaissance-Brünstigkeit zur zierlichen Anmut und wurde so das unerläßliche Seitenstück zu den *Buddenbrooks*. Der *Henri IV.*, das chef d'œuvre der Lebenshöhe und beginnenden Altersreife, war ungeheuer beherrscht. Die historische Reportage war an den Rand gedrängt, im Mittelpunkt stand das Symbol, dessen Frankreich sich rühmen könnte, wenn es nur wollte: der gute König, Volksfürst, Vorläufer der Demokratie, zärtlicher »vert galant« und tapferer Fechter, gescheiter Gesprächspartner Montaignes,

die Idealtypisierung Frankreichs und der tätigen Menschenliebe, in Henris Umkreis hätte satirischer Radikalismus einen Mißton gegeben, und Heinrich Manns Ohr war wach allerwegen, vernahm das Klirren der Dolche, aber auch den sanften Ton der Flöten. Ein sozialer Roman aber war auch dieser: Held war nicht nur der gute König, sondern das Volk der Franzosen, dem Heinrich Mann die Treue hielt bis zum letzten Zug des Atems.
Atem. *Der Atem* hieß einer seiner letzten Romane, der wahrscheinlich nicht nur »Greisen-Advantgardismus« war, wie Thomas Mann es bestätigt hatte, sondern Avantgardismus schlechthin. Hier – und im voraufgegangenen Roman *Empfang bei der Welt,* der umgreifenden filmisch flimmernden großen Gesellschaftsatire – ist die klassische Chronologie bereits aufgehoben. Die Zeit, geisterhaft wie in der Chronik von Heisterbach, ist so unbestimmt wie die geographische und sprachliche Situation. Gleich manchen modernen Filmen ist dieser Roman, – »er spielt, man weiß nicht wo, in einer internationalen, aber einmütig absterbenden Gesellschaft«, – mehrsprachig konzipiert, sowie auch der *Atem,* der auf fast jeder Seite den Leser zwingt, französisch zu denken, zu fühlen. Dieses Werk, sein letztes, wenn wir absehen von dem Fragment gebliebenen *Friedrich der Große,* ist in all seiner Schwierigkeit, die den Leser vor die heute längst anerkannte Aufgabe der Mitarbeit stellt, möglicherweise Heinrich Manns allergrößtes Werk. Zumindest die Sterbeszene, Tod der österreichischen, international verschwägerten Baronne Kowalski, Marie-Thérèse, Dolorès-Lydie Comtesse de Traun, de la Maison de Traun-Monteformoso, könnte, wäre sie nicht um so vieles härter und transparenter, den großen Todesmomenten bei Thomas Mann (Joachim Ziemssen, der Meier Mont-kaw, Rosalie Tümler) angeglichen werden. Ergreifend – um für einmal die Lieblings-

vokabel Thomas Manns hier einzuführen – ist das ins Schwesterliche übertragene »brüderliche Welterlebnis«. Die sterbende Comtesse von der Traun spricht aus dem Delirium zu ihrer abwesenden, hoch emporgestiegenen Schwester: »Marie-Lou, hasse mich nicht, weil ich lebte oder weil ich sterbe. Ich weiß, du haßtest mich nur mit Selbstverleugnung, wir waren doch Schwestern ...«

Autor: Und unüberholbar in der gleichen Szene ist die körperlich-seelische Phänomenologie des *Atems*, der dem Roman den Titel gab, des Atems, um den die Sterbende verzweifelt ringt und der vielleicht dem Dichter in diesen Tagen auch schon schwer wurde:

Sprecher: »Was kann man viel verfehlen? Kein Leben, das den Atem hat, genug Atem um Erfolge wie Mißerfolge zu bestehen, genug Atem für die Handlung des Sterbens, die letzte, nicht mehr unerwünschte«.

Autor: Danach das Testament:

Sprecher: »Höre, ich hatte soviel Demut wie Stolz ...«

Autor: Ob Satire der deutschen Kollektivseele *(Unrat, Untertan)*, ob wohlwollend melioristische Demokratiekritik *(Die kleine Stadt)*, ob blutige Kolportage, die aus blutendem Herzen kam *(Ein ernstes Leben)*, bis zu den geisterhaften Schlußstücken *Empfang bei der Welt* und *Der Atem* – Heinrich Manns Prosa stand stets an der Spitze des Neuen Romans in Deutschland. Daß man ihn nicht vernehmen wollte, war teils geschichtliches Verhängnis, denn er kam stets zu früh, teils Folge jenes Klimas von Gluthitze und Eiseskälte, in dem wohltemperierte Deutschheit nicht gedeiht und das sie flieht, teils die Unbedingtheit seiner Stellungnahmen, die noch in ihren Abirrungen die hohe Würde des Prinzips, das von keiner Dialektik sich anfechten ließ, in Stolz und Demut vertraten.

Die oben definierte »soziale Größe« wurde ihm von

der Gesellschaft darum bestenfalls mit Vorbehalt zuerkannt. Aber ist es unter allen Umständen schon zu spät? Kann nicht mehr in diesen siebziger Jahren revidiert werden, was seit sieben Jahrzehnten an geistigem Unrecht begangen wurde? Ich weiß es nicht, denn der Entscheid bleibt der Gesellschaft vorbehalten. Diese wird übrigens bald Gelegenheit haben, ihr Verhältnis zu Heinrich Mann auf eine neue Basis zu stellen: soeben erschien im Claassen Verlag eine neue zehnbändige Auswahl der Werke dieses Dichters, die allerdings leider die so wichtigen Essays nicht enthält. Immerhin, die Gelegenheit ist günstig. Ob man sie wahrnehmen wird? Was mich angeht, so werfe ich schon jetzt meinen Stimmzettel in die Urne, und auf ihm verzeichnet steht als Bitte und Vorschlag: Man lese heute und morgen und immer wieder Heinrich Mann.

Und man lese Thomas Mann. Es war nicht schwer, gewahr zu werden, wie ich hier in jedem Abschnitt gleichsam einen unsichtbaren Thomas Mann heraufbeschwor, als habe er mitgearbeitet am Werke seines Bruders. Der Zwist war eine Sache: sie hat als solche uns hier nicht beschäftigt; überdies ist die dramatische Geschichte der brüderlichen Auseinandersetzung für jedermann nachlesbar im ersten Band der ganz vortrefflichen und unbegreiflicherweise oft geschmähten Thomas-Mann-Biographie *Der Zauberer* von Peter de Mendelssohn. Hier darum am Rande dieses erregenden Themas nur soviel: Heinrich und Thomas Mann sind, ganz von der Familienbindung, dem »brüderlichen Welterlebnis«, zwei Autoren, die enge zueinander gehören: in ihrer Kontradiktion wie in ihrer Konvergenz. Zusammen sind sie, wenn die exzessive Metapher mir erlaubt ist, der Doppeladler der geistigen Bourgeoisie Deutschlands. Sie sind komplementäre Größen: Melancholie und Revolte, Ironie und Satire, weichmajestätische Prosa und steil aufständische, liebevoll-getreue Abschilderung und rapide hingeworfene Skizze sind in der Zusammenschau das Letzte und Bedeutendste, was deutsche Bürgerlichkeit hervorzubringen imstande war. Gemeinsam auch – und *nur* in ihrer Gemeinsamkeit – übergaben uns die Brüder Heinrich und Thomas Mann die Erbschaft der bürgerlichen Zeit, will sagen: jenes aus der Aufklärung zu uns gelangte Universelle der bürgerlichen Freiheit, das über die Partikularität bürgerlicher *Herrschaft* hinausgelangt und in die Zukunft weist. Ich kenne nichts Alberneres als das rituelle Ausspielen eines gegen den anderen, ein Gesellschaftsspiel, das man seit eh und je in genüßlicher Heimtücke auf der Rechten wie auf der Linken betrieb. So wenig nämlich, wie Heinrich Mann jemals ein dogmatischer Sozialrevolutionär war, hat Thomas Mann das Geschäft »spätbürgerlicher Ideologiebildung« betreiben wollen, wie man das bis zum Überdruß hat hören können. Daß die Brüder in Geist und Tat sich am Ende fanden, war nur die logische Konsequenz allen dessen, was vordem ihr Bemühen gewesen war.

BERGWANDERUNG
Noch ein Wort zu Thomas Mann

Noch ein Wort, nicht mehr.
Wer würde sich unterfangen wollen, Neues zu sagen zu einem Thema, über das Bibliotheken von Sekundärliteratur vorliegen? Ich kenne viele dieser fleißigen Bemühungen und bewundere sie einschränkungslos. Nicht nur die wohlbekannten. Auf meinem Schreibtisch liegt seit vielen Wochen eine ausgezeichnete Sammlung von Thomas-Mann-Studien, *Besichtigung des Zauberbergs,* herausgegeben von Heinz Saueressig, ein Werk, das ich hätte besprechen sollen und wollen. Aber nichts da! Thomas Mann? In den Redaktionen von Zeitungen, Zeitschriften, Film und Funk rangen die Leute die Hände, ich sah gleichsam ihre Verzweiflung durchs Telefon, hörte ihren Stimmen an, daß sie innerlich der ganzen Sache schon müde waren, ehe sie noch begonnen hatte: ich meine der Fülle des Gedruckten und Geredeten über den Gegenstand der Centenarfeier. Sogar Dissertationen kamen mir ins Haus, denen es kaum beschieden sein dürfte, das Licht der Öffentlichkeit zu erblicken. *Thomas Manns zwiespältiges Verhältnis zu den Vereinigten Staaten, Thomas Mann und die Psychoanalyse* ... mein Gott, dachte ich, es ist schlechthin nichts mehr zu sagen, alles ist von der Germanistik schon aufgearbeitet, nur ist es eben so hoch aufgehäuft, daß es einen erdrückt.

Was bleibt zu tun? Noch ein Wort. Ein Wort ohne Ambitionen philologischer, soziologischer, psychologischer Natur. Das Wort ganz einfach eines Lesers, der das zaubrische Gebirge seit fünfundvierzig Jahren zu durchwandern nicht müde wurde, der ganze Absätze der Thomas-Mann-Prosa auswendig weiß, so daß sie längst ein Teil seiner inneren Welt sind. Soll er sich kritische Distanz angelegen sein lassen, wie dies ihm von freundschaftlicher und höchst berufener Seite dringend nahegelegt wurde, auf daß er nicht einstimme in den monotonen Chorgesang der *laudationes,* der sich allenthalben erhebt? Aber er stellt ja keinen Anspruch auf Neuartigkeit seiner Rede, und darum würde er ganz in die Fehlhalde geraten, wenn er sich eine Haltung abzwänge, welche die seinige nicht ist, er würde sich im eigentlichen Wortsinne entfremden. Am Ende gibt es gewiß genug scharfsinnige Leute, die sich nicht bange machen lassen und ganz von sich aus auf so hochoriginelle Ideen kommen wie die unausrottbare Bürgerlichkeit dieses Schriftstellers, seine in Duktus und Melodie sich schon dartuende Unentschiedenheit im Angesicht der Zeitenwende, seine Ironie als Instrument der Selbstabsicherung, die mangelnde Einschau in die realen politischen Verhältnisse, die allzu liebevolle Pflege des eigenen Werkes, das wie eine Zuchtpflanze fremd im zwanzigsten Jahrhundert stehe. Sie werden zur Stelle sein, die cleveren Herren – auf allen Ebenen: von der höchsten zeit- und literarkritischen, wo vermittels strukturaler Analyse Texte auf ihren »wahren« Aussagewert innerhalb des zeitgenössischen Kontextes untersucht werden, bis in die Niederungen, wo ein Irgendwer sich tummelt, der neulich an eine angesehene Wochenzeitung schrieb, er wolle nichts hören von den »Gefühlsduseleien«, die Marie Luise Kaschnitz über Thomas Mann vorbrachte.

So wird es denn auf diesen wenigen Blättern nicht zugespitzt und scharfgeschliffen zugehen, wie dies vielleicht notwendig ist, damit nicht die Wolken ausgestreuten Weihrauchs das Standbild des Dichters ganz einhüllen und unkenntlich machen. Die Bergwanderung, die ich unternehme, wird den Blick des langsam Ausschreitenden vielleicht sogar träumerisch machen, wer weiß. Sie wird den Wanderer ganz gewiß aber auch an Stellen führen, an denen das kritische Wort ganz unversehens sich auf seine Lippen drängt: ich kann zusagen, daß er es dann nicht unterdrücken wird.

Einzutreten ist, ehe der müh- und genußvolle Aufstieg beginnt, in einen geisterhaft kranken Wald, wie jener es war, den die Begleiter Peeperkorns beim Ausflug zum Wasserfall durchmaßen. Es kann aber auch sein, daß es kein echter Wald ist, dessen Bäume von ungesund-grauem Moos flechtenartig bedeckt sind, sondern ein Säulenwald labyrinthischer Anordnung, in dem die Gestalten, kaum wahrgenommen, auch schon entschwinden, um an unerwarteten Stellen wieder aufzutauchen, zarten Spott auf ihren Gesichtern, als wollten sie sagen: Du glaubst, wir seien dein Besitz? Irrtum, mein Lieber, wir gehören niemanden als uns selber, es sei denn einem, dessen Waldgrabstätte schon zwanzig Jahre alt ist. Sie bewegen sich langsam und zeremoniös, gleich den Toten aus Sartres Film *Les jeux sont faits,* puisque les jeux sont faits, en effet, depuis longtemps. Ich bitte um Vergebung für das Französische: ich rede deutsch, auch wenn ich französisch spreche, wie einst in einer memorablen Faschingsnacht Hans Castorp es tat. War er nicht eben da, der gute Hans, des Lebens treuherziges Sorgenkind, von dem wir alle Ursache haben, zu glauben, daß er jenen »feierlichen Volkskrieg«, von dem sein Erzeuger so bedenkenlos, ja unentschuldbar blind gesprochen hat, nicht überstand? Wir glaubten ihn zu sehen im Fichten- oder Säulenwald, doch schon ist er verschwunden, und vor ihm steht ein Seelenverwandter, den er freilich als solchen niemals hätte akzeptieren wollen: Detlev Spinell, groß und fleischig, bleich, und unergiebiger Dichtkunst anhängend. Er geht vorsichtigen Schrittes, wirft keinen Blick auf uns, denn noch in diesem Geisterreich hat er Angst vor der Welt und Widerwillen gegen sie. Wie hat doch der gesagt, der ihn erfand? »Ich habe dieses Leben nicht gemacht. Ich verabscheue es.«

Man darf das freilich so wörtlich nicht nehmen, denke ich, während ich dem armen Spinell, der stets so viele Briefe absandte und so wenige empfing, in kollegialer Solidarität nachblicke. Nur weniges darf man wörtlich nehmen, was Thomas Mann an großen und oft emphatischen Worten geschrieben hat. Das Leben verabscheut? Aber er hat es sich doch so wohl sein lassen damals in der Poschingerstraße mit vier Dienstboten – ausdrücklich schrieb er dem Bruder: vier! – und dem lieben Hund Bauschan und auch den Kindern, von denen er freilich oft nur auf zerstreute Weise freundlich, aber im Grunde unbetroffen Kenntnis nahm. Er hat die Luxuszüge geliebt, das schöne Haus in Pacific Palisades mit den dienenden »Schwarzen« (noch ein Grund für zeitgemäße Sozialbewußtheit, ihn abzulehnen), das andere in Kilchberg droben, dessen geräumiges Arbeitszimmer getreulich nachgebildet wurde von den unermüdlich tätigen Leuten des Thomas-Mann-Archivs in Zürich. Er hat das Leben geliebt, ob er dem amüsant-vitalen Arthur Rubinstein begegnete und an seiner witzig-erfolgreichen Person sich ergötzte, ob er mit seinen Freunden, den Roosevelt-Offiziosen, als mit seinen Pairs Umgang hatte, ob er – aber nein, das hätte er sich und uns ersparen können: den widrigen

»Stellvertreter« in Rom besuchte und den Fischerring küßte.
Hat er es geliebt, wirklich? Um Gottes willen, nein, man darf auch das nicht so grob-eindeutig versichern. Da huscht doch eben der kleine Herr Friedemann vorüber, der bucklige, liebenswerte Weltflüchtling, den die schrecklich schöne Oberstleutnantgattin Frau von Rinnlingen angeekelt von sich stieß, als er ihr seine Liebe erklärte, so daß er in den Teich fiel und elendiglich ersoff. Hat Thomas Mann das Leben geliebt, der Dichter, der den fetten Turm Rechtsanwalt Jacoby sich ausdachte und seine zierliche Dirnengattin Amra? Sie zwang ihren Mann, das von ihrem Liebhaber begabt komponierte Lied zu singen: »Den Walzertanz und auch die Polke, hat keine noch wie ich vollführt. Ich bin Luischen aus dem Volke, die manches Männerherz gerührt.« Kein Wunder, daß er nach ein paar täppischen Tanzschritten im babyrosafarbenen Kleidchen vom Schlage gerührt hinschlug. Und Anna, kleine Baronin Anna, für die der Dichter nicht viel Zeit hatte zwischen Fiorenza und Königliche Hoheit! Sie tritt uns noch einmal entgegen im flechtenkranken Säulenwald und sagt mit dem Stolz der Unterliegenden, daß sie nicht zeugen wolle für des Dichters Liebe zum Leben: allzusehr ließ er sie leiden unter ihres Gatten, des Rittmeisters, viriler Unwiderstehlichkeit, von welcher der schmissig hübsche Kerl so unverschämten Gebrauch machte, daß kein Fühlender ihm die geringste Sympathie entgegenbringen wird.
Ja, korrigiert mich gleich ein Scharfsinniger, das ist die unverbindliche Melancholie des Großbourgeois, der das wohlfeile *Einfühlen* setzte an die Stelle der nötigen *Einsicht;* das ist ganz Thomas Mann: der Bürger mit seinen Gefühlen und Mit-Gefühlen, die nichts kosten, aber dem Leser die Türen öffnen in Privatgemächer, so daß er nach

Lust und Liebe schmarotzen kann an fremden Schicksalen und seinerseits sich wiege in gleichermaßen wenig kostspieligen Wallungen; das ist der dichtende Bourgeois, der für eine Schicht barzahlender Mit-Bourgeois den Spiegel schuf, darin sie sich sehen und gefallen, denn er hat niemals...

Halten Sie gefälligst den Mund! Sie verstehen nichts von nichts. Wie kommen Sie überhaupt in meinen Säulenwald, den ich durchirre vor der Bergwanderung, die ich mir anbefahl? Er hat sich schon verzogen, glücklicherweise, der Kerl, der sich da eindrängen wollte. Er weicht der Energie, die ich für einmal aufbrachte, um ungestört dem Spiele zuzusehen, das aus ist ohne jemals zu endigen. Und wieder sind sie um mich, die alle zeitliche Ordnung durch ihr synchrones Erscheinen zerstörenden Gestalten. Der Bajazzo ist da, armer Teufel, dem nichts gelang im Leben. Und dort im Schatten der junge Joseph, hübsch und schön mit der Nacht seiner Augen und seines Mundes verderblicher Wonne, so daß ich mich auf der Stelle verlieben könnte, hätte ich mich nicht zur Heteroerotik entschlossen, ein für allemal, wiewohl ich die anderen, die Abweichenden, so gut verstehe, als wären sie ein Stück von mir, ein Stück von ihm, dem Dichter. Nur eine Spur von physischer Zärtlichkeit sei mir verstattet zu Josephs Nachtaugen und zu Krulls Hermesgestalt, zu dem Knaben Hanno und seinem lieblich verwilderten Grafen Kai von Mölln, zu des kleinen Johnny Bishops unverletzlicher Eleganz, die ihn nicht verläßt, wenn er kühl zusieht, wie Jappe und Do Escobar sich prügeln. Auch sie, die Zärtlichkeit, ist Gefühl. Bürgerlicher Luxus? Das ist ein weites Feld, und ich würde eher meinen, was sich da ausspricht, sei jene Humanisierung des Erotischen, der homo- oder heteroerotischen Neigung, die wir nicht finden bei Genet – zu schweigen von aktuellen Romanpublikationen, die nichts mehr sublimieren, vielmehr in unaufhörlicher, am Ende in den Wahnsinn umschlagender »Transgression« die Sexualität an ihr konsequentes Ende führen: die Gewalt und den Mord.

Wurde schon irgendwo dissertiert über das Thema *Thomas Mann, der größte Erotiker der deutschen Literatur?* Mir fällt dieses germanistische Thema ein, wenn ich flüchtig im kranken Walde der Frau Redisch begegne und ihren zusammengepreßten Weibsbrüsten, die den Hamburg'schen Gentleman Konsul James Tienappel zutiefst erschütterten, so sehr, daß er angstgepackt vom Zauberberg floh, hinunter ins Flachland. Und ich sehe die bis zu den Schultern entblößten Arme der Clawdia Chauchat, die alle viel weitergehenden festlichen Enthüllungen ritueller Art durch ihre Unmittelbarkeit gegenstandslos machen, den wogenden Busen der vollreifen Frau Maria beim iberischen Blutspiel, ich höre von fernher gedämpft die Stimme der Madame Houpflé, wie sie zum Liftboy Felix-Armand sagt: Du entkleidest mich, kühner Knecht? Ist auch diese Erotik, die im *Erwählten* dämonisch-parodistischen Charakter annimmt und in *Wälsungenblut* einst noch mit geheimem Entsetzen beschworen wurde, da doch ihr inzestuöser Kern für den noch jungen Autor etwas Pathogenes hatte, bürgerliches Spiel, gespielt in der Wohltemperiertheit des pedantisch ordentlich gehaltenen Arbeitszimmers? Mir scheint vielmehr, daß hier der *Abgrund* sich auftat, dem Gustav Aschenbach glaubte Absage getan zu haben, der sich aber niemals schloß und angesichts dessen die »schuldlose Lust«, die Wilhelm Reich und Herbert Marcuse sich erträumten, nur gelehrte Selbstbespiegelung des Intellekts ist.

Da habe ich mich in vertiefter Träumerei sinnlos verloren an Krull, Tadziu, Clawdia und das arme Geschwisterpaar Sibylla und Willigis! Denn schon verdunkelt sich die

Szene, und es wird furchtbar ernst. In rasendem Tempo kommen vom Zauberberg die Schlitten mit ihrer Kadaverlast herunter und sausen durch meinen Geisterwald. Süßlicher Geruch von Carbol macht sich bemerkbar, der den Fäulnisgestank der Cholerakranken übertäuben soll. Es wird der krebskranken »Betrogenen« vom Chirurgenmesser intra-uterin der Leib aufgerissen. Im letzten Kampfe liegen vor mir Joachim Ziemssen, dem ein verfremdend-verwilderter Bart wuchs, und der arme Meier Mont-kaw, dessen Nieren nicht mehr filtern. Der *Tod* ist da. Ich kann ihn nicht ausnehmen, vermag nur seine Allgegenwart zu verspüren im kranken Walde, der schon zum Todeswald wird.

Und eine sehr leise Stimme klingt herab vom Gebirge: »Er öffnete nicht die Augen. ›Ich kann mich‹, sagte er mühsam, ›auf Besuch jetzt nicht einlassen – ich bin sehr schwach‹. Es war das letzte, was er zu mir sagte, und es ergriff mich um so schrecklicher, als er also meinte, sich dafür entschuldigen zu sollen, daß ihm – für den Augenblick – nach Plaudern nicht zumute war. ›Ich bin sehr schwach‹ – und das glaubte er mir sagen zu müssen, und war offenbar entschlossen, all seine stetig schwindenden Kräfte zusammenzunehmen und die Schwäche zu überwinden, die ihn so unerklärlich angefallen – unerklärlich nicht nur ihm und uns, auch den Ärzten, die immer machtlos vor einem Rätsel standen. Auf dem Gang sprach ich zu einem von ihnen, dem Oberarzt Dr. E. ›Sehen Sie denn nicht‹, sagte ich, ›es geht zuende; quälen Sie ihn nicht länger mit ihren Spritzen und Transfusionen – geben Sie ihm etwas Erleichterndes‹ «. (Erika Mann, *Das letzte Jahr*.)

So starb der Dichter Thomas Mann. So erfüllte sich nach langer Kraftanstrengung seine »Sympathie mit dem Tode«. War es ihm, dem Sterbenden, unerklärlich? Wer weiß. Ein Satz aus einem Schnitzler-Drama fällt mir ein, wo ein kluger jüdischer Arzt den Angehörigen eines eben Hingestorbenen, die zu eigener Beruhigung wissen wollen, daß er nicht »gelitten« habe, zögernd sagt: »Was wissen wir von diesen letzten Augenblicken?« Das Geschick, vorgeschrieben uns allen, aber nicht in gleicher Deutlichkeit vorausgenommen von irgendeinem unter uns, hatte seinen Lauf genommen. – Thomas Mann starb am 12. August 1955 und setzte damit seine letzte Zeile hin.

Mein Zauberwald ist schon verödet. Die kranken Bäume oder Säulen sind verschwunden. Ich sehe nichts mehr. So vorwärts und aufwärts denn zur Bergwanderung! Nur eine letzte Frage sei in den plötzlich sehr kalten Wind gesprochen: Ist auch der Tod, der diesen Dichter durch sein Leben begleitet hat, bis er ihn an einem Bette des Zürcher Kantonsspitals in seine Arme nahm, ein bürgerlicher Luxus?

In Thomas Manns *Lotte in Weimar* gibt es eine Stelle, wo der junge Kammerrat Karl August Goethe, nachdem er einen Vers seines Vaters zitiert hat, in tiefer Erschütterung zur nicht eben literarisch kompetenten Charlotte Kestner, geb. Buff, sagt: »Wie mutet Sie das an? Wie berührt Sie diese feierlich ihrer bewußte Größe? ... Welche Weichheit, mein Gott, welche Majestät.« Der Dichter wußte, von wem er schrieb. Er hatte, wie er selber sagte, die »unio mystica« vollzogen mit Johann Wolfgang Goethe. Ob er es rechtens tat? Ich habe kein Urteil darüber, bin kein gründlicher Goethe-Kenner. Daß es aber stimmte mit *Weichheit und Majestät* – so wie es seine Richtigkeit hatte, wenn der Bruder Heinrich im *Atem*, verwandelt in die Gestalt einer sterbenden Frau, von sich sagt, er hatte so viel Demut wie Stolz – des bin ich gewiß. Weichheit und Majestät also – und damit treten wir ohne Umwege

ein in die Diskussion um Thomas Manns »Zeitgemäßheit«.
Überblicken wir die literarische Szene nicht nur der Gegenwart, sondern der vergangenen vier bis fünf Jahrzehnte. Mit Weichheit und Majestät steht unter den Großen dieses Jahrhunderts Thomas Mann ziemlich allein da, denn wo andere vielleicht meinten, diese auf den ersten Blick schlecht übereinstimmenden Begriffe zu verschmelzen – ich denke da an Hans Carossa, den ich kürzlich wieder las – kam bestenfalls ein monotones Gesäusel heraus, das sprachlich nicht weich ist, sondern bereits zerlaufen wie warme Butter, und nicht majestätisch, sondern voll von unerträglicher Wichtigtuerei. Von denen aber, die das Jahrhundert prägten, war außer dem, dessen 100. Geburtstag wir feiern, keiner zugleich von Weichheit erfüllt und Majestät. George, Hofmannsthal? Da fehlte zum einen das andere. Kafka, Bert Brecht? Die Antwort erübrigt sich nach Aussprechen der Namen. Joyce? Es wäre in hohem Grade lächerlich, sein exorbitantes Werk mit den hier vorgebrachten Wörtern situieren zu wollen. Musil? Spuren von Majestät sind da, aber ganz und gar keine Weichheit: im kalten Licht der »Mondstrahlen bei Tage«: noch die schönsten Liebesszenen zwischen den Geschwistern Ulrich und Agathe gehören jener mystischen Logik oder logischen Mystik an, wie wir sie vielleicht bei Wittgenstein finden, einem Mann der diamantenen Härte. Bleibt Proust: der ist weich bis zum Erbarmen mit sich selber, wenn er, ein Knabe, vergebens auf einen Brief seiner Gilberte wartet, wenn er, ein Mann, entdeckt, daß Albertine ihn verließ. Aber er ist nicht majestätisch, im Gegenteil: die Majestät eines Charlus wird aufs fürchterlichste zerfetzt, wenn der Dichter ihn im Männerbordell des Jupien zeigt. Bleibt allenfalls noch Gide. Nur daß bei diesem eben sowohl Weichheit wie Majestät Acces-

soires der Pariser Hochbourgeoisie sind, die durch ihren nationalen beziehungsweise lokalen Charakter etwas Gewohnheitsmäßig-Rituelles bekommen, das der Individualität des Dichters und der Einzigartigkeit seines Werkes entrissen wird.

Und nun gar erst die Neueren, Neuesten. Da ist nicht einer, der sich nicht verächtlich gemacht fühlen würde, wollten wir seine Aussagen weich nennen und majestätisch; denn entweder möchten sie auf der Stelle die Welt verändern oder sie wollen dem Mysterium Sprache auf seine Schliche kommen, und es verlangt sie danach, wirklichere Wirklichkeit (oh jemine, Paul Fechter dixit!) hinzustellen – am liebsten alles das zusammen, in einem Arbeitsgang sozusagen. Die Majestäten sind ja auch in der politischen Realität zu Darstellern eines veralteten Stückes geworden, sie haben nichts mehr zu bestellen. Die Zeit der jungen Obersten von rechts oder links oder halbrechts oder halblinks, man kann das kaum noch unterscheiden, ist angebrochen. Die Feiern sind alle abgesagt wegen Schlechtwetters, so ist auch Feierlichkeit nicht mehr am Platze. Und Weichheit wäre Verrat in dieser Welt, die zwar den Mord nicht erfunden hat, ihn aber sakralisiert. Ist nicht ein Lieblingswort in dieser Zeit das Adjektivum »hart«? »Ganz hart« wollen zum Beispiel die Fernsehleute immer, daß man eine Sache anpacke. Nach hard-core-pornography ruft die filmische Produktion. Unbeugsam hart sind die Graphiken und Ziffern der technokratisierten Verwaltung. Ernsthaft gesprochen: unsere Zeit und ihre Literatur, sie haben beide Härten erkannt, die von je und je schon bestanden, aber nicht galten im »Reiche des Schönen«.

So müssen denn zwei Fragen erörtert werden, in denen das Problem des Thomas Mann'schen Werkes und der Empfangsbereitschaft der Gegenwart für dieses Werk ein-

geschlossen ist. Sind tatsächlich Weichheit und Majestät Charakteristika unseres Dichters? Und wenn es sich so verhält: sind sie auch wirklich nur Überständiges einer Vergangenheit, die ist, als wär' sie nie gewesen? Sehen wir zu.
Als Thomas Mann 1901 mit den *Buddenbrooks*, einem der Meisterwerke des Jahrhunderts, hervortrat, war er im Grunde als Dichter bereits der gleiche, der mehr als fünf Jahrzehnte danach von uns ging. Da kam nichts mehr, was nicht im Keime in dem »Familienroman«, der auch auf der Ebene eines beliebigen anderen gelesen werden kann, nachzuweisen wäre: Zärtlichkeit, Humor, Präzision der Beschreibung, leitmotivische Methode, die allzuviel beredete »Ironie«, ja, wenn man genau liest, sogar der Mythos – und ganz selbstverständlich jene Todessympathie, die noch im Krull, wenn auch parodistisch abgewandelt und humoristisch paraphrasiert, gegenwärtig ist. Vor allem aber waren da schon Weichheit und Majestät. Beide haben ganz ohne Zweifel ihre sozial-biographischen Vorbedingungen, wenngleich sie später sich von diesen lösten und zu transsozialen, über alles Autobiographisch-Psychologische hinausgehenden literarischen Phänomenen wurden.
Die Majestät erscheint in Gestalt des Senators Buddenbrook, jenes gefährdeten Vaters mit Napoleon III.-Bart, der auf so unwürdige Weise zugrunde ging, entgegen seiner neurotischen Fixierung an saubere, repräsentative Kleidung, an zeremoniöse Manieren und »Haltung«. Er hat den Sohn, *die* Söhne, nicht verlassen, der Senator Buddenbrook-Mann, der eine kleine Majestät war im kleinen Reich Lübeck. Er ist so wenig von den Kindern gewichen, daß noch im hohen Alter Heinrich Mann sagte, er bedauere es, daß er niemals gemeinsam mit seinem Bruder ein Buch geschrieben habe: der Vater hätte darin sein Haus wiedererkannt. Die Majestät war also vorge-

geben in der Gestalt des Vaters und den sozialen Riten des lübischen Patriziats. Nur mußte sie »assumiert« werden, um es mit Sartre zu sagen, verwandelt und erhoben durch das Genie. »Valéry«, heißt es bei Sartre, »war ein Kleinbürger: nicht jeder Kleinbürger ist Valéry«. Thomas Mann, so können wir den Satz abwandeln, war ein in Majestät und Repräsentation hineingeborener Großbürger: nicht jeder Großbürger ist Thomas Mann. Ein König war Senator Buddenbrook-Mann, eine Königin dessen Mutter Elisabeth, wenn sie hilflos zu Herrn Permaneders bayerischen Redeweisen mit »Sakra« und »Es is halt a Kreiz« nur zu sagen weiß: nett! Aber der Kronprinz Hanno? Auch er ist schon eine zierliche, verwundbare Majestät, anders ließen ihn wohl die wilden Mitschüler nicht in Ruhe und die angebetet gewöhnlichen nicht indifferent beiseite. Doch die kleine Majestät ist gefährdet gleich der hohen väterlichen: Hanno stirbt, er läßt den Dingen ihren widrigen Lauf und räumt den Typhusbakterien das Feld.

Ganz und gar ins Uferlose würden wir geraten, wollten wir das Werk abtasten nach den Spuren von Weichheit und Majestät. Majestätisch war Mijnheer-Peeperkorn, doch Weichheit schleicht sich uns ins Gemüt, wenn wir ihn hilflos im Bette liegen sehen, ausgeliefert der »Ohnmacht des Gefühls vor dem Leben«. Von großer Majestät ist Petepré, der Oberst-Kurtisan, aber weich und zartfühlend ist seine Seele, wie die des alten Jaakob, der so ausdrucksvoll seine Gottessorge darstellte und dennoch weinte aus weichem Vaterherzen, als man ihm vom Tode seines Lieblings falsche Kunde brachte. Weich und zugleich voll Majestät, mit zitterndem Kopf und würdigem Altersschmer, ist Charlotte Kestner, wenn sie, empfangen vom Kellner Mager, beim »Elephant« in Weimar eintrifft. Und selbst der schon im Ruhm versteinernde alte

Goethe wird schließlich weich und herzbewegend, wenn er in der Traumkarosse zur alten Freundin von seinen letzten Wandlungen spricht. Erkennen wir die gleichen Qualitäten nicht auch in so vielen Nebenfiguren? Manchmal lachen sie so nebenhin parodistisch über sich selber, wie der väterliche Abbot im »Erwählten«, ein andermal werden sie ernsthaft und pittoresk durchgezeichnet, wie der redensartliche Hofrat Behrens, der corps-studentische Majestät hat schon aufgrund seiner Vorgesetztenposition im Sanatorium Berghof, der aber weich wird in manch später Stunde, wenn er »abfällt« und mit blauen Backen und schaufelnden Händen in seiner einsamen Villa verschwindet. Genug der Exempel. Einem jeden Thomas-Mann-Kenner fallen ohnehin nach Belieben noch andere, vielleicht sogar einprägsamere ein.

Doch bin ich Antwort schuldig auf die Frage, ob tatsächlich diese zarte Haltung so unzeitgemäß ist. Ich werde sie erteilen. Doch vorgeschoben werden muß das Problem, worin sie gründen, die Weichheit und die Majestät, denn schließlich sind sie nicht irreduktible, primäre Tatsachen, lassen vielmehr sich zurückführen auf tiefer Gelagertes. Da stoßen wir gleich auf die unnachahmliche und auch von keinem je auch nur ansatzweise nachgeahmte *Sprache*. Sie ist umständlich, verschnörkelt, wenn man will, und jedenfalls »betulich«, gleich den Reden des alten Goethe in Weimar. Dabei aber ist sie weder »bürgerlich« noch gar »kanzleihaft«, wie man das da und dort bei weniger feierlichen Anlässen schon hat hören können. Sie scheint mir eine Sprache großer *Unsicherheit* zu sein mit ihren so häufig bis zum Grotesken gehenden adjektivischen Koppelungen, mit ihrer furchtsamen Ausführlichkeit: Diskurs des »Sowohl-als-auch«. Man kontrolliere das nach von den *Betrachtungen eines Unpolitischen*, die sich selber schon zurücknehmen auf ihren letzten Seiten, hinauf zum *Joseph,* von dem es heißt, es ließe unschwer sich ein Standpunkt finden, von dem aus gesehen er nur als ein verwöhnter Bengel erscheint. Standpunkt freilich, den man verlassen muß, nachdem man ihn für eine kurze Weile eingenommen hat. Menschen und Dinge sind in der Sprache Thomas Manns, die zwar kennzeichnende Adjektiva stets wiederholt wie musikalische oder tänzerische Figuren, doch allerweilen so präsentiert, daß sie uns im *Zweifel* lassen; nicht im methodischen freilich, sondern nur in einem träumerisch-nachgiebigen.

Nehmen wir den Detlev Spinell uns vor, eine meiner Lieblingsfiguren. Ist er lächerlich durch den sprachlichen Ausdruck, den der Dichter für ihn findet? Gewiß, würde man sagen wollen, denn es geht ja so weit, daß ein paar Sanatoriumsgäste ihn den »verwesten Säugling« nennen, ganz abgesehen von seinem lamentablen, sprachlich mit letzter Differentiation präsentierten Verhalten gegen den stupide-brutalen Klöterjahn. Doch ist er keineswegs dem Leser *nur* ein Gelächter, im Gegenteil: er ist großes Pathos (Leiden und Leidenschaft), wenn er sagt: »Ja, gnädige Frau, ich gräme mich viel«, oder wenn er bei den letzten Takten des *Tristan,* aus dem Gabriele Eckhof auf dem Pianoforte spielt, auf die Knie sinkt, so daß sein langer schwarzer Gehrock sich auf dem Boden ausbreitet. Ist Kunigunde Rosenstiel, die »dienende Frau« aus dem Doktor Faustus, lächerlich, weil sie eine Art von Wursthandlung führt und auf einer Maschine mit kaufmännischen »&«-Zeichen schreibt? Ja. Nein. Denn ihr Stil hat jene Würde, die es dem spröden Leverkühn unmöglich macht, ihre Huldigungsbriefe unbeantwortet zu lassen.

Nichts alberner als die klassenrealitäts-bewußte Behauptung, es sei gerade diese Unentschiedenheit ein Signum abgelebter Bürgerlichkeit! Der Bürger, und namentlich der des späten neunzehnten Jahrhunderts, in dem Thomas Mann wurzelt, war ja alles eher denn zweifelnd und unentschieden. Noch in seiner Variante der Décadence war er der Werte seiner Klasse, seines Zeitalters gewiß. Das »freie Spiel der Kräfte«, das schon dem kleinen Hanno die Welt verleidete, wenn er nämlich zusehen mußte, wie in der Schule die Schwachen – Lehrer und Schüler – zermahlen wurden von den Stärkeren, war dem rechten Bürger, den kein anderer besser aufgezeichnet hat als Heinrich Mann im Untertanen Diederich Hessling, durchaus existentielle Gewißheit. Auch verhielt es sich keineswegs so, daß diese Unentschiedenheit, die zugleich umfassende Toleranz ist, begrifflich fixiert werden kann, wenn wir dem Untertanen-Bürger den »Künstler« gegenüberstellen.

Künstler? Gewiß, auch das war Thomas Mann und wollte es sein, so wie er ja auch einen guten »Bürger« hat abgeben wollen; denn er war zu wenig Philosoph, zu wenig Soziologe, als daß er den Begriffsrahmen seiner Epoche hätte aufsprengen können. Aber die überlebte Bürger-Künstler-Antithese nimmt sich am Ende nicht weniger geistreich aus als ihre zeitgemäße Widerlegung durch Wörter wie »Literaturproduzenten« und »Literaturkonsumenten«. Womit wir es bei Thomas Mann zu tun haben, das ist die *Omnipräsenz von Krankheit und Tod,* gegen deren Erkenntnis kein soziales Kraut gewachsen ist, das Leiden und Mit-Leiden mit dem Bündel Kreatur. Das Sein zum Tode ist keine Erfindung der bürgerlichen Welt und kann darum niemals unzeitgemäß sein. Es ist die conditio humana schlechthin. Man kann sie in philosophischer Sprache vielleicht tiefsinniger bereden; man hat sie an keiner Stelle, wo Literatur »gemacht« wurde, wie man heute so überaus abstoßend sagt, suggeriert wie Thomas Mann, wenn er betulich von seinen Gestalten erzählte und sie umständlich reden ließ.

Die Frage nach der »Bürgerlichkeit« seines unentschieden schwankenden, besorgten Erzählens vom armen Teufel Mensch sollte längst abgetan sein. Hinwiederum müßte in viel ausführlicherer Form, als dies hier möglich ist, gedacht und geschrieben werden über das Thema *Thomas Mann und die Emotion.* Denn – suchen wir die Prosa der vergangenen vier bis fünf Jahrzehnte nur mit hellem Auge ab – es war dieser leidende und vom Leide mit Pathos oder im Tone der Parodie, gleichviel, erzählende Schriftsteller der letzte, der sich Emotion nicht nur gestattete, sie vielmehr als das Wesen aller Dichtung schlechthin empfand und wiedergab. Ja, Thomas Mann schrieb Bewegendes, Rührendes, »Ergreifendes« (»ergriffen«, »ergreifend« sind Schlüsselwörter seines Werkes). Er schrieb, aller heute zeitgemäßen Kritik sich aussetzend, *zu Tränen rührend.* Nur sei die Frage erlaubt: was ist schlecht an Tränen? Sind sie allemal Sekretion schlechten bürgerlichen Gewissens? Daß doch die Zeit hinströme über dergleichen Unsinn! Als ob nicht alles darauf ankäme, *wer* weint und *wer* Weinen macht! Leute gibt es, die beim dummen Spielfilm weinen. Andere können die Tränen nicht zurückhalten, wenn sie über Mont-kaws bescheidenes Sterben im *Joseph* lesen, wie Mont-kaw »aufschrie unter dem brutalen Zugriff des Todes, welcher es nicht zu erwarten können schien, daß er sich ihm ergäbe, und gröblich Hand an ihn legte. Besonders wenn Mont-kaw einschlafen wollte, fuhr jener darein und jagte mit Krämpfen den müden Leib fast vom Bette empor, als wollte er sagen: Was, schlafen willst du? Auf, auf und stirb! Da waren denn Josephs stillende Gutenacht-Sprüche mehr als am Platze, und er übte sie, kunstreich, indem er lispelnd-besprechend dem Meier eingab, nun werde er gewiß den Pfad ins Land des Trostes, wonach er sich sehne, finden und ungestört hinschreiten, ohne daß Arm und

Bein seiner Linken, die er ihm sorglich mit Leinenstreifen befestigt, ihn mit Schmerzensschreck zurückreißen würden an den Tag seiner Leiden«.

So starb auch Rahel, beweint von Jaakob, mitbeweint von uns; so ging Joachim Ziemssen in sein wurzeldurchwachsenes Soldatengrab, so starb Rosalie Tümler unter den sachlichen Bemerkungen des operierenden Chirurgen. Beim besten fortschrittlichen Willen vermag ich keine bürgerliche Ausflucht zu sehen in solchen Todesgesängen. Ich höre keine bürgerliche Wohlerzogenheit, die auf dem Buckel des Proletariats sich an sich selbst ergötzt, wenn Hans Castorp seine Clawdia wiedersieht, zu seinem Erschrecken in Begleitung einer Persönlichkeit mit prächtigem Bariton. Keineswegs vernehme ich die Töne der bürgerlichen Lohengrin-Welt, die so großartig und ohne Wiederaufstehungs-Chance hingerichtet wurde in Heinrich Manns *Untertan*, wenn im *Zauberberg* ein wehsäliger Jämmerling Frau Chauchats »schwelend begehrt«. Ich höre, sehe, erfühle nur das Leid am Leben, dessen auch die von mir ersehnte sozialistische Gesellschaft so ohne weiteres nicht Herr werden wird. – Ein Zeitungsphoto zeigt mir einen weinenden Mann, Flüchtling aus Hué, der sein verwundetes Kind auf dem Rücken trägt. Er weint die Tränen Jaakobs um Joseph. Ich hörte 1943 Männer des Widerstandes in Nachbarzellen weinen und weinte mit ihnen: ich schämte mich so wenig wie sie.

Nun weiß man, was Thomas Mann der Emotion entgegensetzte, der er freien Lauf ließ, wo's drauf ankam. Gleich wird man sagen: die Ironie, die berühmte romantische Thomas Mann'sche Ironie – und weiter geht's nach bestem germanistischen Muster beim Interpretieren jener Sätze, aus denen die Ironie des Dichters – wir wissen's längst: eine Strategie bürgerlichen Rückzugs aus der Realität! – uns entgegentritt. Ich schlage auf eigene Hand einen anderen Begriff vor: Humor. Dieser zweifelnde, mit dem Tode sympathisierende und dennoch den »Lebensdienst« auf sich nehmende Dichter war vielleicht der größte Humorist deutscher Sprache. Es gibt in diesem Werke Stellen, wo der Leser ausbricht in ein Gelächter, das herzlich ist und vom Autor in Herzlichkeit und Menschenfreundlichkeit hervorgerufen wurde. Ich meine nicht jene allzu bekannten, wie etwa die Reden der Frau Stöhr aus dem *Zauberberg,* die da sagt, es solle am Grabe Ziemssens die *Erotica* von Beethoven gespielt werden, und faselt von einer in Davos eben eröffneten »kosmischen Anstalt«. Im Gegenteil: das sind kleine Fehlgriffe ins Alberne. Ich spreche nicht einmal von jenem Meisterwerk des Humors, dem »Erwählten«, darin das Sprachspiel humoristisch durchgespielt wird, wenn beispielsweise zwei arme Fischer sagen, sie hätten in dem aufgefischten Fäßchen nur »Puhr Pipels Stoff« gefunden, auch nicht von so berühmten Szenen wie der Assentierung der Rekruten im *Krull.* Andere Partien im Werke habe ich im Sinne, wo es gar keine Methodik des Humors gibt, vielmehr dem Autor das Lachen aus dem Herzen sich spontan über die Lippen drängte. Der alte Isaak stirbt und verwandelt sich im Todeskampf in einen mythischen Widder. Er blökt: es ist ein Grauen, das Gänsehaut beim Leser hervorruft. Aber dann heißt es am Ende des Kapitels: ». . . Dann blökte er noch einmal naturgetreu und verschied.« Das Entsetzen wird humoristisch aufgelöst durch das Wörtchen »naturgetreu« mit dessen komischer Sachlichkeit; das furchtbare Urgeblök bricht in sich selbst zusammen. Oder im Roman des *Jungen Joseph,* wo tod- und mordbereite Leidenschaft der sich schon vettelhaft zum Urweib mit starrenden Brüsten und übergroßem Hinterteil verwandelnden Mut-em-enet uns die tragische Verschlingung von Sexus und Sterben bewußt machen, und

das Gesinde dem einseitigen Liebesspiel zusieht. Einer der Knechte sagt: »Die Herrin ist scharf auf den Jungmeier, er aber weigert sich ihrer. Ist das eine Hetz'.«
Man könnte sich verbreiten über diesen Humor, ihn abgrenzen gegen die Ironie; es würde uns das freilich sehr weit führen. Angedeutet sei nur dies: Thomas Manns Humor, gerade dort, wo er nichts Methodisches hat, ist in größerem Maße als die »Haltung« das eigentliche Mittel, die Welt zu ertragen. Er ist das Gegengewicht der Emotion und zugleich deren unerläßliches Komplement. Ein von Verzweiflung, von erotischen Konflikten, vom »Abgrund« bedrohtes Leben wird, ohne daß die genuine Tragik abgeleugnet oder eskamotiert würde, humoristisch abgefangen. Hierin ist der Dichter durchaus Realist – nicht bürgerlicher und schon gar nicht sozialistischer, einfach Realist schlechtweg; denn er verfährt auf höchster Ebene, ähnlich wie wir alle in unserem Alltag. Noch in der Tragik erkennen wir ja und benützen zu unserer Rettung die komische Seite des Lebens. Es wäre vom »Humor und seiner Beziehung zum Unbewußten« zu sprechen. Das Unbewußte, so scheint mir, produziert die Kräfte, die uns leben machen: die Emotion – denn wir wären nicht Menschen ohne sie – und den sie ausbalancierenden Humor. Nur zögern wir. Weder gestatten wir uns den freien Strom der Tränen noch das freie Lachen: jene verbieten wir uns, um nicht weichlich zu erscheinen, dieses, damit es nicht zum rohen Gelächter werde und unsere verbotenen Zonen aufhelle. Denn wir sind Bürger. Thomas Mann aber bricht den Gefühlspanzer der Bürgerlichkeit auf, und dies nicht, wie er der Terminologie seiner Zeit verhaftet selber glaubte, als »Künstler«, vielmehr als ein sich der Existenz aussetzender und im Akte des sich Aussetzens sie meisternder *Mensch.* Humor und Emotion sind keine bürgerlichen Verschleierungs-

Vorhaben. Im Gegenteil. Sie sind Kritik an jeglicher Ideologie, jeder bestehenden Ordnung.

Daneben haben wir freilich die großbürgerliche Lebensform, die sechs Kinder, die Dienstboten, die weitläufige Höflichkeits-Korrespondenz, die Häuser und luxuriösen Hotel-Appartements. Sie waren alle, diese Merkzeichen bourgeoiser Umwelt, unwesentlich im Werke, auch wenn in der Korrespondenz oft vom Gelde die Rede ist, auch wenn familiäre Tüchtigkeit es bewirkte, daß für Vortragsauftritte stets Star-Beträge auf den Tisch gezählt werden mußten, auch wenn hier nicht bei Einkünften, die am Ende so riesig kaum waren (er habe nicht »gescheffelt« wie Feuchtwanger, wie Werfel, schrieb Thomas Mann einmal in einem Briefe), der Dichterprolet gespielt wurde. Man war es eben so gewohnt. Schon Toni Buddenbrook hatte *vornehm* wohnen wollen. Äußerlichstes. Dahinter liegt ein Werk, steht ein Mensch, dessen Bewußtsein nicht reduzierbar ist auf gesellschaftliches Sein – was immer da in den »Betrachtungen« erregterweise und im Zuge eines »nicht ohne Bravour geführten Rückzugsgefechts« schriftlich niedergelegt wurde.

Und damit schlagen wir die erste Seite des leidigen, weil unergiebigen letzten Kapitels auf, das da heißt: *Thomas Mann und die Politik*. War er der »Unpolitische«, der er in seinem ersten Leben, das bis 1919 währte, hat sein wollen und als den man ihn unter pejorativen Vorzeichen auch heute noch bezeichnet? Ja und nein. Er war es, insofern sein Werk die gröblich-politische Interpretation verbietet. Es kommt nicht viel heraus, wenn man feststellt, es seien in den *Buddenbrooks* die Arbeiter nur pittoreske Staffage. Es ist nicht ergiebig, wenn man, von der anderen Seite her, danach trachtet, im *Zauberberg* die Darstellung der untergehenden bürgerlichen Gesellschaft in der Epoche vor dem ersten Weltkrieg zu sehen, oder im *Joseph dem Ernährer* (rechtens!) die Züge Franklin Delano Roosevelts erkennt. Das ganze erzählerische Werk ist ja eine dissonante, erregende, aus Tohu und Bohu der Leiblichkeit und Geistigkeit, die eins sind, unter äußerster Kraftanstrengung zur Fülle des Wohllauts gewordene Weise von Liebe und Tod – ich sage das ganz ausdrücklich, um mich in innigem Vergnügen zu kompromittieren vor den Cleveren! Thomas Mann war unpolitisch noch nach der »demokratischen Konversion« in der berühmten Rede *Von deutscher Republik,* wenn er dem »Vater Ebert« seine Reverenz erwies und in hoffnungsloser Weise deutscher Jugend die Demokratie schmackhaft zu machen versuchte durch Hinweise auf Walt Whitman und Novalis.

Er war es nicht in den *Tagen der Wölfe.* Da zog der Unpolitische vom Leder, und sein Schwert hatte die gleiche Schärfe wie einst das des Bruders, des »armen Heinrich«, als die »bürgerliche Veranstaltung« des ersten Weltkriegs mit dem Tusch eines vaterländischen Salonorchesters begann. Seine Reden an die *Deutschen Hörer,* denen wohl wenige gelauscht haben dürften, legen Zeugnis ab für seine Bereitschaft zu gesellschaftlichem Eingreifen. Im *Doktor Faustus* finden wir Abhandlungen über die deutsche »Innerlichkeit«, denen ein Walter Benjamin manches zu neiden gehabt hätte. Zudem nahm Thomas Mann das Wort, auch wenn er es später einschränkte, indem er sich selber spöttisch als einen »Wanderredner der Demokratie« bezeichnet hat, an gewissen Stellen mit der Donnerstimme des Alten Testaments. Mir fällt da jene nach Roosevelts Tod in den Äther gerufene direkte Frage an Hitler ein: »Wie kommst du überhaupt dazu, noch zu leben?«

Einzuräumen ist, daß er, wie Hans Mayer dies im Zusammenhang mit einem anderen, einem nebensächlichen Schriftsteller ausgedrückt hat, ein »Spätdenker« war. Er kam zu spät mit seinem bürgerlichen Nationalismus, zu spät mit seinen Bekenntnissen zur liberalen Demokratie, zu spät mit seiner übrigens im wesentlichen, wie er sagt, als »Gereiztheitsreaktion« zu verstehenden Annäherung an sozialrevolutionäres Denken. Und wenn ich von Denken spreche, werfe ich schließlich die Frage auf, ob dieser Dichter im strengen Sinne der begrifflichen und angestrengten Abstraktion überhaupt ein Denker war. Alsogleich beantworte ich sie mit einem entschiedenen Nein. Thomas Mann war, das hat er selber einbekannt, »träumerischen und unscharfen Geistes« – glücklicherweise. Man muß schon Kant sein, um im puren Denken Größendimension anzunehmen. Thomas Mann war noch gegen Adorno ein schwacher Denker, und dennoch nimmt dieser mit all seinem dialektischen Zuschliff neben ihm sich aus wie das »Schwätzerchen« Naphta neben dem keinen Satz zu gutem Ende bringenden Peeperkorn. Thomas Mann war während einer bestimmten Zeitspanne ein politisches Sinnbild: er war kein Politosoph, war es sowenig übrigens wie der politisch früher in den Tag erwachte Bruder Heinrich.

Unter gar keinen Umständen soll hier die bequeme Unterscheidung gemacht werden zwischen »Dichten« und »Denken«, die im geistigen Raum der deutschen Nation so viel Unheil angerichtet hat. Thomas Mann war kein gemütstiefer »Schwärmerling«, sowenig wie sein großer Bruder ein räsonierender Politikaster war. Er dachte unendlich viel und Großes, wenn auch mit jenem »träumerisch-unscharfen« Geist, von dem er sprach; das heißt: er wollte niemals jene Emotionen aussperren aus seinem Denken, ohne die man weder große Werke schreibt noch Revolutionen macht. Kann man sich ihn in der Maske eines Bertrand Russell vorstellen? Und ist es denkbar, daß Russell anderes »gedichtet« hätte als ein paar amüsante Stories? Thomas Mann dachte mit Geist und Leib und Seele. Er hielt sich sinnend auf, wenn Träumereien ihn überfielen: beim deutschen »Bürger« in den *Betrachtungen*, beim romantischen Sozialstaat in den zwanziger Jahren, beim unüberschreitbaren New Deal, als er in den USA weilte – sogar bei einem Sozialkörper, in dem »Dummheit und Frechheit das Maul zu halten haben«, der DDR...

Er verweilte da und dort, träumerisch, sage ich. Und es mag sein, daß gerade darum, wenn wir sein politisierend-essayistisches Werk durchgehen, wir uns sagen: er hatte niemals recht; und er hatte niemals so ganz und gar unrecht. Das hebt denn letzten Endes sein Spätdenken hinaus über die Frage der Zeitgemäßheit. Es fügt sich ein in ein Gesamtwerk, das zusammen mit der Person des Autors zur *Gestalt* wird, zur großgezeichneten Kontur eines weit in den Wolkenhimmel des Jahrhunderts ragenden Gebirges. Vergebens versuchte ich, es zu ersteigen. Nur da und dort sah ich Lichtungen, Halden – auch »Fehlhalden« natürlich – und sehr viele, sehr dunkle Wälder. Groß ist die Ermüdung. Und dennoch werde ich morgen und alle Tage die Wanderung wieder aufnehmen.

ZUGANG ZU MARCEL PROUST
Zum 100. Geburtstag des Dichters (10. Juli 1871)

Daß man ihn lesen sollte, weiß ein jeder. Viele aber schieben es hinaus, die Lektüre ist eine geistige Arbeit, die manche Mühe erfordert. Angenommen aber, es habe dieser oder jener Leser, der Proust bislang auswich, sich entschlossen, einzutreten in die Welt dieses Werkes, dann könnten allenfalls ein paar Hinweise darauf, *wie* Proust zu lesen ist, von gutem Nutzen sein. Jeglicher muß es auf seine Weise aufnehmen mit diesem Autor. Die hier erteilten Ratschläge wollen sich denn auch gar nicht allgemeinverbindlich, richten sich vielmehr an jene Proust-Debutanten, die annähernd gleichen literarischen Temperaments sind wie der Verfasser dieser Schrift, sie werden sich als Anverwandte gleich erkennen. Mit ebensolcher Sicherheit werden andere merken, daß für sie mein Rat nichts taugt, und auf eigene Faust ihr Glück versuchen.

Ratschläge für den Proust-Anfänger

Wer irgend kann, so möchte ich, eintretend ins Gespräch, zunächst vorschlagen, der lese Proust im Original. Nicht daß die deutsche Übersetzung keine wohlgelungene wäre. Im Gegenteil: die bei Suhrkamp erschienene Übertragung der *Recherche* ist wahrscheinlich ein Optimum. Fragt sich freilich, ob hier noch das Beste gut genug sein kann. Nehmen wir beispielsweise nur den Titel des zweiten Bandes. *A l'ombre des jeunes filles en fleurs,* heißt es im Original. *Im Schatten der jungen Mädchen* übersetzten einst Walter Benjamin und Franz Hessel. Sie ließen »en fleurs« beiseite, da das im Deutschen in der Tat einen unmöglichen Titel ergeben würde. Aber war die Verkürzung *Im Schatten der jungen Mädchen* besser? Ich zweifle daran, erinnere mich auch sehr genau noch der Zeit, wo ich selbst mich dem Werke über die damals vorliegende deutsche Übertragung anzunähern versuchte und dieser Titel mich befremdete. Sagt man denn im Deutschen nicht besser einfach »Mädchen«, wo es im Französischen »jeune fille« heißen muß? Und ist die Übertragung des gleichen Titels in der Suhrkamp-Ausgabe *Im Schatten junger Mädchenblüte* nicht erst recht problematisch?

Aber das sind Details. Wesentlich ist, daß die Frage der Übersetzbarkeit – von Prosa meine ich, denn Nachdichtungen von Poesie sind ohnehin die halsbrecherischsten aller literarischen Unternehmen – im Falle Prousts ganz besonders deutlich wird. Denn da, was immer man einwenden möge, Marcel Proust ein sozialer Romancier ist, finden wir in seinem Werk kaum eine Seite, in der nicht die Wörter ihre ganz spezifisch gesellschaftlichen Bedeutungen hätten. *»Aller dans le monde«* etwa, das ist so schwer übersetzbar, weil die soziale Funktion des eleganten Ausgehens im Paris der Jahrhundertwende eine andere, entschieden auch kulturellere und literarischere war als zur gleichen Zeit in Wien, Berlin oder London. Des Erzählers Verhältnis zur Aristokratie wird so recht begreiflich erst aufgrund solider Kenntnis der französischen Hochbourgeoisie und eines Adels, der aus dem Ancien Régime herüberragte in die Zeit der Dritten Republik und sein Leben lebte, als hätte es die große Revolution niemals gegeben. Die Vertrautheit mit den Verhältnissen darf sich aber, wenn man alle Möglichkeiten des Lesegewinns bei Proust ausschöpfen will, nicht beschränken auf die sozialen und historischen Fakten: diese sind ihrerseits unlösbar verbunden mit der Sprache, in der sie Wirlichkeit werden, so daß etwa in der *Wiedergefundenen Zeit* Morel, einst ein windiger Bursche, der sich von gleich drei homosexuellen Gönnern hatte aushalten lassen, nunmehr als ein *»homme considérable«* dasteht, dem einfach nicht beizukommen ist, wenn man ihn auf Deutsch als einen »angesehenen Mann« vorstellen wollte.

Es hätte wenig Sinn, wollte ich mich hier anhand weiterer Beispiele auf das uferlose Problem sprachlicher Übertragbarkeit einlassen. Das französische Diktum, nach welchem die Übersetzungen seien wie die Frauen – wenn schön, dann nicht getreu, und wenn treu, dann nicht schön –, gilt für unseren Fall in hohem Maße. Festgehalten sei, daß, wer sich im Französischen einigermaßen fest fühlt, Proust, dessen Perioden zwar lang und kompliziert sind, dessen Vokabular aber vergleichsweise einfach ist, im Original lesen sollte. Wer dies nicht vermag, der greife immerhin zur deutschen Ausgabe, denn ein Leben ohne Proust ist ein Leben des Mangels, selbst das Risiko eines durch die Übersetzung bewirkten Mißverständnisses da, eines Unverständnisses dort fällt nicht ins Gewicht gegen die völlige Unkenntnis dieses Werkes, des epischen Gipfels unseres Jahrhunderts.

Eine Anzahl von Vorbereitungen sind zu empfehlen. Die erste ist Übung in Geduld und Drangabe von Zeit, sehr viel Zeit, denn die *Recherche,* deren Hauptthema gerade die *Zeit* ist, gestattet keine Hast. Wer glaubt, er könne in Proust blättern; der lasse es lieber bleiben. Wir müssen uns in hartnäckiger Ausdauer den Gestalten annähern, müssen vertraut werden mit ihnen wie mit Freunden oder Feinden. Die Landschaften sind an- und abzuschauen, zu erforschen, gerade weil sie ja alle etwas eigentümlich Geisterhaftes und optisch schwer Erfaßbares haben. Unser Ohr muß sich schärfen. Wie spricht der Baron Charlus und wie die Herzogin von Guermantes? Welche komisch bildungsbeflissenen, antikisierenden Wendungen gebraucht der Kamerad des Erzählers, der ehrgeizige junge Bloch? Hören wir nicht, wenn er die Götter Griechenlands beschwört, den jüdischen Singsang seiner Väter mitschwingen? Nur dann, wenn wir nicht meinen, wir könnten heute ihn, Bloch, oder St.-Loup oder Swann oder Madam Verdurin zu uns sprechen lassen und morgen vielleicht irgendeine Gestalt aus einem modernen Roman, werden wir die Obertöne vernehmen, auf die alles ankommt. Das heißt: Marcel Proust fordert gebieterisch, daß wir ihm für die Zeit der Lektüre uns ganz ergeben und hingeben. Der Idealfall des Proust-Lesers ist der Mann, der sich für Wochen zurückzieht in ein nicht allzu hell erleuchtetes Zimmer, der nicht ausgeht, keine Besuche empfängt, kein Telefongespräch führt. Dergleichen ist schwer zu bewerkstelligen, ich weiß; darum sprach ich auch vom Idealfall. Die Forderung aber, Proust nicht mit anderen Büchern durcheinander zu lesen, ist absolut: von diesem Kosmos führt kein bequemer Weg zu einem anderen, und wer Proust verläßt, sei es auch nur für Tage, um zwischendurch andere Lektüre zu pflegen, findet so leicht nicht zurück.

Ist es ratsam, *über* Proust zu lesen, ehe man ihm selbst sich nähert? Nicht unbedingt, denn kaum ein anderer Autor hat sich selbst – mit allen wohldurchdachten Verschlüsselungen, die jedoch stets nur an der Oberfläche in Erscheinung treten – so rückhaltslos enthüllt wie dieser. Die ins Ungeheure angewachsene Sekundärliteratur – und unter dieser vorzüglich die monumentale Proust-Biographie und Werkinterpretation von George D. Painter –

ist eigentlich erst Sache der geeichten »Proustiens«, setzt zuviel voraus, als daß sie vor Lektüre des Werkes Nutzen bringen könnte. Doch gibt es da und dort ein Buch, das vielleicht den Zugang zu Proust erleichtert, im Französischen *A la recherche de Marcel Proust* von André Maurois, auf dem deutschen Buchmarkt die rororo-Monographie von Claude Mauriac. Erheblich ist dergleichen Hilfe nicht. Um anzulangen bei Marcel Proust, bedarf es keiner literarhistorischen Schulung, sondern innerer Sammlung, Ruhe, Entschlossenheit, Courage bei schwierigen Passagen, die aufs erste »langweilig« erscheinen mögen. Es bedarf dessen, was jüngst Sartre im Zusammenhang mit Flaubert »Empathie« genannt hat – und nochmals: Zeit, Zeit, Zeit.

Der verborgene Mensch

Merkwürdig ist, daß der literarisch Beflissene, in Frankreich sowieso, aber nachgerade in Deutschland, allerwegen von der Person dieses Romanciers einiges weiß, bevor er noch eine Zeile des Werkes gelesen hat. Proust, der Homosexuelle, der Egozentriker, der Snob, der Hypochonder; Proust, der Asthma- und Ödipuskranke, der Verschwender, der elegante Weltmann erst, der vernachlässigte Eremit danach – man hat in zahllosen Feuilletons darüber gelesen. Es geht diese Pseudo-Kenntnis des Menschen Proust – vom Autor sei vorläufig noch gar nicht gesprochen – sehr weit, so daß eine deutliche Gefahr besteht, es könnten die zahlreichen Fragmente der Proust-Legende die Proust-Realität überwuchern. Ganz knapp sei darum hier notiert, was uns über die Person dieses Schriftstellers, bezogen auf sein Werk, ein exemplarisch autobiographisches, als wissensnötig, wissenswürdig erscheint. Meine selektive Methode kann angefochten werden; ich verfahre da, unbekümmert um Einwände von romanistischer Seite, nach bestem Gewissen und einem, wenn auch gewiß nicht besten, so doch nicht unerheblichen Wissen.

So will mir denn erscheinen, daß es für Lebensgefühl und Lebenslauf Marcel Prousts von einschneidender Bedeutung war, daß er als christlich getaufter, jüdischer Mischling geboren wurde und aufwuchs. Der Vater, Adrien Proust, Mediziner, Universitätsprofessor und angesehene Persönlichkeit im wissenschaftlich-öffentlichen Leben Frankreichs, entstammte einer provinziellen Bürgerfamilie. Er war ein solider, mit sich, seinem Lande, seinem Volk und der hochbürgerlichen Klasse, in die er hineinwuchs, in Frieden lebender Mann. Von ihm hatte der Sohn Marcel – was? Hélas, weder die pyknisch-stämmige Statur noch des Lebens ernstes Führen! Vielleicht aber die Land- und Bodenständigkeit, das, was sich zusammenfassen läßt in dem Begriff *Combray* (Illiers im Département Eure-et-Loir): die starke Gebundenheit an eine heimatliche Landschaft, die Achtung vor der Rang- und Klassengesellschaft der Dritten Republik, die Proust auch als Kritiker der Sozietät nicht verlor; das sichere Gefühl für Bienséance, Manieren, Diskretion, wohl auch das Verständnis für die kleinen Leute und die Hochachtung vor der nachweisbaren bürgerlichen Arbeitsleistung, die am Ende einer der Gründe war dafür, daß der junge Schlingel und Aristokraten-Anbeter trotz schwerster gesundheitlicher Behinderung später eine Arbeit vollbrachte, die man konventionellerweise »titanisch« nennen mag, der man aber vielleicht gerechter wird, wenn man einfacher von einer schweren und großen spricht.

Und vom Mütterlein? – Ach nein, keinerlei Frohnatur. Madame Adrien Proust, née Jeanne Weil, war eine ernste, sogar tragische Frau. Sie, die ihrem Gatten ein bedeutendes Vermögen in die Ehe mitgebracht hat, so daß der Sohn während mancher Jahre eine Existenz führen konnte, die man heute als die eines Playboys bezeichnen würde, war sparsam, bis zum Ende beunruhigt um die Zukunft des Lieblingssohnes Marcel, strenge noch in ihrer Verzärtelung des Kindes, das, so lange sie lebte, niemals so recht zum Mann hat heranwachsen wollen. Mme. Proust war eine hochgebildete, etwas schwerblütige Jüdin voll Stolz und Trauer, und sie vererbte dem Sohn ein paar der Klischeevorstellung widersprechende, gleichwohl charakteristische Züge der jüdischen Rasse: Geistigkeit in eigentümtümlicher Verbindung mit gesellschaftlichem Ehrgeiz, Güte, die aber sehr wohl mit Selbstsucht sich paaren kann; vor allem aber die – in ihrem Falle freilich durch strikte Disziplin gebändigte – Nervosität derer, denen Wurzeln zu schlagen man verwehrte. Sie war schön als junges Mädchen, später als Frau etwas zu massig, und die äußeren Züge ihrer Stammeszugehörigkeit traten mit den Jahren stärker hervor.

Die Mutter Marcel Prousts war entschieden eine sehr weitgehend an die französische Kultur assimilierte Jüdin. Es hat sie aber das Bewußtsein ihres Judentums niemals verlassen: dieses Bewußtsein hat sie ihrem Sohne, ohne es eigentlich zu wollen, eingepflanzt, so daß der Knabe, der in Illiers dem katholischen Gottesdienst regelmäßig beiwohnte, der Jüngling, der um den Faubourg St.-Honoré, das Aristokratenviertel, warb, der Schriftsteller, der die gotischen Kathedralen Nordfrankreichs mit zärtlicher Liebe beschrieb, uns dennoch auf höchst eindringliche Weise als ein jüdischer Mensch entgegentritt. Damit meine ich nicht nur, daß Marcel Proust entgegen seinen aristokratischen Freunden zur Zeit der Affäre Dreyfus ein entschiedener »Dreyfusard« war, nicht nur, daß er in der Person des jungen Bloch in der *Recherche* uns eine der köstlichsten und charakteristischsten Judengestalten der Weltliteratur vermittelte, nicht einmal nur, daß er in einem der Briefe an seine Mutter sehr unerwartet schreibt: »il y a beaucoup de ›unsere Leute‹ ici«. Ich meine etwas schwer Greif- und noch schwerer Definierbares, vielleicht die befremdende Mischung aus Anmaßung und Furcht, aus eleganter Lebenssicherheit und tiefankernder Lebensangst, vielleicht auch nur die bis in die Groteske gehende Ambition, sich ausgerechnet an die Herrenklasse von gestern, den Adel, zu assimilieren – am Ende aber etwas ganz anderes: nicht mehr und nicht weniger nämlich als das, was Thomas Mann in der Josephs-Tetralogie die »Gottessorge« nennt, und was bei diesem Kind des bürgerlichen neunzehnten Jahrhunderts als zugleich metaphysische und physische Unrast sich kundtut.

Niemals verließ mich auch beim Studium der Biographie und der Suche nach dem Mutter-Sohn-Verhältnis das Gefühl, daß die Beziehung der vornehmen und kulturell verfeinerten Mme. Jeanne Proust zu ihrem schönen, melancholischen Sohn das der jüdischen »Mamme« zu ihrem gescheiten und begabten, ein wenig kranken und ein wenig faulen »Jüngl« war. Freilich geht die Problematik diedieser Beziehung weit über die des verzogenen Knaben zu seiner ihn hätschelnden Mutter hinaus. Hier liegt – und jeder auch nur vage in psychoanalytischen Kategorien Denkende wird es bestätigen – der exemplarische Fall eines unerledigten Ödipuskomplexes vor. Die Odyssee des Dichters, von den erschreckend egozentrischen und rücksichtslosen Briefen des kleinen Marcel bis zu den homoerotischen Qualen des großen Proust, ist ein Ödipus-Drama größten und tragischsten Stils. Die Mutter, die in der *Recherche* vereint ist in den Gestalten von Mutter und Großmutter, war bis zu ihrem Tode (sie starb, als Proust 35 Jahre zählte und außer ein paar Kleinigkeiten noch nichts veröffentlicht hatte, jedenfalls als ein *raté,* ein Gescheiterter, hat angesehen werden können) – die Mutter war die eigentliche Bezugsperson seiner Existenz. Zu sagen, er habe sie »abgöttisch geliebt«, wie die übliche Formel lautet, wäre geradezu grotesk. Denn war das noch Liebe, dieses in der Korrespondenz mit ihr uns tief verstimmende Insistieren auf der eigenen defizienten Physis, diese oft ärgerlich drängenen Geldforderungen eines, der nun absolut mit Geld nicht umzugehen weiß, die kalten, verhaltenen Vorwürfe, weil für Bequemlichkeiten seines Alltags nicht hinlänglich Vorsorge getroffen ward, die ewigen, in fast befehlshaberischem Tone erteilten Aufträge, dahin einen Brief zu schaffen, nach dorthin gesellschaftliche Fäden zu knüpfen, ein Diner für Freunde zu geben, ein Medikament herzuschaffen? Madame Proust, das war sehr wohl die Mutter, ohne deren Gutenachtkuß der Kleine im Beginn der *Recherche* nicht hat einschlafen können: das war aber auch die Großmutter, um deren Todesqualen der Erzähler sich wenig kümmerte, weil er Liebessorgen und mondäne Vepflichtungen hatte.

Diese Mutter steht, verwandelt, schließlich auch im Mittelpunkt einer der schrecklichsten und quälendsten Szenen des ganzen Werkes: Mlle. Vinteuil, die Tochter des Komponisten Vinteuil, vergnügt sich mit ihrer lesbischen Geliebten. Auf ihrem Nachttisch steht das Bild des Vaters, der sie zärtlich und aufopfernd liebt. Sie fordert die Freundin, in deren Armen sie liegt, auf, das Bildnis des Vaters zu profanieren. Es geschieht. Dem Erzähler, wollen wir ihm glauben, graut. Dem Leser aber graut tiefer, denn er glaubt dem Erzähler seine Empörung über das skandalöse Vorkommnis nicht. Das ist – rückübertragen auf das biographische Element der Mutterbindung – nun schon viel mehr als Ödipuskomplex, mehr auch als gewöhnliche Haßliebe. Ein tief Unheimliches tut sich da auf: ein Abgrund, in dem es böser und gefährlicher aussieht als in den sadomasochistischen Orgien des Monsieur de Charlus im Band *Sodom und Gomorrha.* Das Thema »Proust und seine Mutter« ist auch heute noch, nachdem eine dem letzten Detail von Leben und Werk nachspürende Sekundärliteratur vorliegt, unausgeschöpft und unausschöpfbar.*

Was sollte uns noch biographisch als Ausgangspunkt dienen, den Zugang zu Marcel Proust zu finden? Blättere ich in der um mich versammelten Literatur, erfaßt mich Bangnis, schließlich Verzagen. Worüber hat man denn nicht schon geschrieben, mehr oder weniger gescheit, mehr oder weniger gründlich! Marcel Proust und das Asthma, Marcel Proust und die Musik, Proust und die Zeit, Prousts Moral, Bergson und Proust, Proust und die Malerei, der Schlüsselroman Prousts, der Idealismus Prousts, Prousts Landschaft. – Man gibt es auf, ist eher geneigt, wie aussichtslos das Unternehmen auf den ersten Blick auch erscheine, den ganz eigenen mühseligen Weg zu gehen. Irre ich mich nicht, dann ist für Prousts Existenz als Mensch und Schriftsteller neben den oben schon angedeutet skizzierten Umständen – der halbjüdischen Abstammung, der pathologischen Mutterbeziehung, der erotischen Umkehrung – sein gestörtes Verhältnis zu Geld und Besitz überhaupt entscheidend, das seinerseits wieder rückführ-

* Nach dem zweiten Weltkrieg erschien in Frankreich sogar ein Buch *(Briand: Le secret de Marcel Proust)*, das die These aufstellte, es sei hier von »inzestuöser Bindung« zu reden, nicht ausreichend, denn der Inzest sei konsumiert worden. Die Behauptung war schlecht belegt und unhaltbar, so daß die Studie denn auch bald aus der Zirkulation verschwand. Ich erwähne sie hier nur, um einen Begriff davon zu geben, in welches Dickicht von Irrungen, Wirrungen, Qualen, erlittenen und zugefügten, wir geraten, wenn wir der Beziehung Prousts zu seiner Mutter nachzugehen uns anschicken.

bar ist auf ein Grundproblem der bürgerlich-kapitalistischen Ordnung seiner Zeit.

Ich sagte schon, daß Proust, als seine Mutter nach einem mit wahrhaft römischen Stoizismus getragenen, schweren Leiden die Augen schloß, ihr als ein Gescheiterter, als ein rechter Taugenichts hat erscheinen müssen. Dieser Schöpfer des, wie ich überzeugt bin, großartigsten Romanwerks unseres Jahrhunderts hat sich erst nach dem Tode der Mutter, als Mann von 35 Jahren an eine ernsthafte Arbeit gemacht, von der er freilich auch dann im mindesten nicht dachte, sie würde ihn je ernähren können. Er wuchs – denn in der Tat »wuchs er auf« bis zu seinem 35. Lebensjahr – als ein am Rande der Aristokratie herumstreunender Parasit der Gesellschaft heran. Er hat das Geld, das er niemals selbst verdient hat – denn die kurze Tätigkeit in der Mazarin-Bibliothek zählt ebensowenig wie die gelegentlich und nur durch umständliches gesellschaftliches Intrigieren möglich gewordenen Veröffentlichungen kurzer und recht unbedeutender Texte, ebensowenig schließlich wie die Niederschrift des postum erschienenen Romanfragmentes *Jean Santeuil* – er hat, sage ich, das Geld, das er niemals zu erwerben gezwungen war, für das er nie, und auch bei der Niederschrift des magnum opus nicht, gearbeitet hat, auf skurril-verschwenderische Weise ausgegeben. In seinem Werk ist von Geld so wenig die Rede wie von irgendwelcher Berufsarbeit, denn die Protagonisten sind Besitzende und es ist ihr elegantes Vorrecht, als Faulenzer, Ästheten, Erotiker die Welt, die *ihre* im doppelten Wortsinne, da sie in ihr lebten und sie besaßen, zu bestehen. Sein Leben aber, das Leben eines reichen Mannes, war stets von Finanzproblemen belastet. Als Knabe, Jüngling, junger Herr, mußte er kleine und größere Summen den Eltern aus der Tasche locken. Als Mann fühlte er sich ständig vom Ruin bedroht, jammerte

hierüber zügellos, wußte dabei nicht einmal um den Umfang seines beträchtlichen Vermögens.
Die gestörte, weil zugleich bürgerliche, aristokratische und bohemehafte Beziehung zu Geld und Besitz ist nur zu einem Teil interpretierbar aus seiner allgemein neurotischen Verfassung: zum anderen aber ist sie die soziale Krankheit einer Bourgeoisie, die schon im Begriffe stand, die gesellschaftliche Position des Adels einzunehmen, aber noch nicht des Adels ahnungs- und rücksichtslose Selbstverständlichkeit im Nichtstun sich erworben hatte. Man war reich, war es aber nicht von Gottes Gnaden, erlaubte vielmehr sich den Reichtum nur dann, wenn man das Geschäft der Ausbeutung der arbeitenden Klassen seinerseits arbeitend im Schweiße des bürgerlichen Rafferantlitzes besorgte. Marcel Proust, der vermögende Arztenssohn, vor dessen Horizont nichts lag, was er als knechtische Arbeit wohl würde betrachtet haben, faulenzte schlechten Gewissens, so wie andere junge Hochbourgeois auch. Wenn er den Umgang der Adeligen suchte, aller dieser Bibesco, Montesquiou, de Greffulhe, Fénelon, dann war dies, so möchte ich meinen, die Flucht nach vorne und nach oben des hinlänglich verfeinerten Bürgers, der aber sein träges Raffinement als solcher – das heißt: mit dem belasteten Gewissen des halb und halb der leistungsethischen Ideologie tributären Bourgeois – mehr erlitt als entwickelte.
Wider das bürgerliche Elternhaus rebellierte larmoyant unter fortwährender Beschwörung seiner (echten) physischen Misere der junge Snob, der sich von dem schlichten Haus in Illiers-Combray geistig (und schließlich erfolgreich auch faktisch) nach dem Schloß Réveillon-Tansonville schlängelte. Als aber Vater und Mutter tot waren, der Knabentrotz keinen Widerstand mehr fand, machte der bürgerliche Leistungsethiker sich an die Niederschrift

der *Recherche.* So verschränkten sich individuell-psychologische Bedingungen mit objektiv-sozialen: Prousts elitäres Bewußtsein, von dessen zahlreichen Aspekten einer der Egotismus war, konnte kein Substrat finden und mußte an sich selbst verzweifeln, weil die Bourgeoisie als Herrenklasse sich niemals ideologisch konstituierte, vielmehr ihr Partikulares für ein Allgemeines ausgebend, sich als »die Welt« und den Bourgeois als »den Menschen« verstand. Prousts bürgerliches Weltgefühl dagegen stieß sich, in der doppelten Erkenntnis sowohl der Vulgarität des Bürgertums als auch seiner oppressiven Funktion, an der Gesellschaft, der es verpflichtet war, so daß die Weigerung, die große Weigerung oder, wenn man will, die Neurose samt der zu ihr gehörigen sexuellen Sonderheit als einziger Ausweg offenstand.

Das Leben – ein Traum?

Worin, so kommen wir endlich zur entscheidenden Frage, nachdem wir uns hinweghalfen mit ein paar Andeutungen über den Menschen Proust – worin liegt das völlig Singuläre, Uneingeholte und wohl auch Uneinholbare seines Romanwerkes *Auf der Suche nach der verlorenen Zeit?* Auch in diesem Interpretationsbereich wird mir kaum mehr gelingen als da und dort ein Hinweis, da ich mich doch nicht einlassen kann auf eine Pseudo-Wissenschaftlichkeit, die den Mund voll nähme mit Zitaten aus den ungezählten vorliegenden Untersuchungen; da ich von Stilanalyse, klassischer oder modern strukturaler, hier so wenig halte wie von der orthodoxen Entschlüsselungsmethode, welche Prousts Hauptbiograph George D. Painter sich angelegen sein ließ. Worin also? Vergegenwärtigen wir uns diese – in der deutschen Übersetzung vorliegenden – sieben Bände. Versuchen wir nun experimentellerweise in wenigen Sätzen zu sagen, was in diesen Büchern erzählt wird.

So gut wie nichts, erklärten damals die an solide Romanhandlungen gewohnten Leser, einschließlich jener Lektoren, die Prousts Werk zunächst abzulehnen neigten. Futilitäten. Ein Knabe kann keinen Schlaf finden, weil die Mutter nicht zum Gutenachtkuß an sein Bett kommt. Ein Knabe verliebt sich in ein kleines Mädchen und wartet vergebens auf dessen Brief. Ein Jüngling macht Straßenpromenaden, um einer Herzogin zu begegnen, deren Aufmerksamkeit er erwecken möchte, vielleicht, weil er sie als Frau begehrt, gewiß, weil sie eben Herzogin ist. Ein Mann schließt seine Geliebte ein, um ihrer sicher zu sein und erleidet nach ihrem frühen Tode alle ausdenkbaren Eifersuchtsqualen, weil er erfährt, daß sie ihn mit einer lesbischen Freundin betrog. Ein anderer Mann – Swann – steht nachts vor den dunklen Fenstern des Hauses seiner Maitresse, hinter dessen Fassade sie ihn hintergeht. Er dringt nicht ein; es kommt zu keinem Eclat, er wird die Wahrheit niemals wissen, weil er sie nicht wissen will. Eine alte Frau in der Provinz führt ihrer Familie die wohldurchstudierte Komödie ihrer Krankheit vor, die gleichwohl sehr reell ist und an der sie denn auch stirbt. Irgendwer wird irgendwo nicht eingeladen und leidet darunter. Irgendwo lädt irgendwer jemanden nicht ein, um leiden zu machen. Ein masochistisch-homosexueller Hocharistokrat läßt sich von einem armen Teufel von männlicher Hure auspeitschen. Ein schon dem Grabe zugesprochener Herzog verfolgt seine schon angejahrte Geliebte, deren schwindende weibliche Reize keinen Rivalen mehr interessieren, mit der Eifersucht eines lodernden Jünglings. Ein Diplomat führt endlose, subtil-blödsinnige Reden. In einer Gemäldegalerie stirbt ein berühmter Schriftsteller an Urämie.

»Was frommt dies alles uns und diese Spiele?« fragt man mit Hofmannsthal. Ja, was soll es? Es ist so viel und so wenig wie das Leben selbst, das nur selten seine Handlungen kunstvoll knüpft, das kaum je uns »Persönlichkeiten« (im Sinne der »Persönlichkeit« des Mynheer Peeperkorn) zuführt, das sich verflüchtigt vor unseren Augen, aufgeht in einem ungegliederten Stimmenrauschen, in bilderwirrigen Überblendungen, das Leben selbst in seinem Glanz und seiner Armseligkeit, seiner schrecklichen Unordnung, gegen welche »höhere Ordnung« einzusetzen nichts als ein Spiel ist, mit Kommen, Gehen, Vergehen, so daß am Ende im Schlußband *Die wiedergefundene Zeit* entgegen des Autors eigener Absicht und Hoffnung das Ereignis der Vergangenheit, dessen die Erinnerung habhaft zu werden glaubt, so gut ist als wär' es nie gewesen.

Die Größe der *Recherche* ist nicht die Dichtung-Verdichtung der Wirklichkeit, sondern ihre *Auflösung*. Der traumhafte Charakter der Existenz, die Traum ist in ihrer Flüchtigkeit und nicht geballter Kafka'scher Albtraum, noch strukturiert-visionärer Traum eines Joyce, ist die Entdeckung Marcel Prousts. Doch wollen wir uns recht verstehen: wenn hier von Traum gesprochen wird, dann meint dies nicht, es habe der Romancier in diesem Riesenwerk auch nur einen Augenblick lang gerade jene Tagesrealität, die unser aller intersubjektiv mittelbare Gewißheit ist, aus den Augen verloren. Es findet keine bewußte Transformation der Realität in Sprache statt. Der Traum ist kein Sprachraum. Er ist auch nicht der Traum träumerischer Gestalten, denn was da insektenhaft kriecht und fliegt, das sind kleine und kleinste Leute, führen sie auch allenfalls die höchsten Adelstitel, meskine Figuren, die über ihr physisches Elend sich so wenig erheben wie über ihre ärgerlichen Eitelkeiten und mondän berechnenden Intentionen. Der Traum ist nicht Prousts Traum, sondern die Widerspiegelung der sich selbst in all ihrem Jammer träumenden Realität.

Ich will versuchen, nicht ins Ungenaue zu geraten, spüre, dies niederschreibend, daß schon die Gefahr mir droht, ziehe mich zurück, gebe die ganze Traumhypothese dran, trachte aufs Einzelne, ohne auf schöne Allgemeinbegriffe mich zu stützen, will das, was hier im Annäherungsversuch als »traumhaft« bezeichnet wurde, beschreiben. Statt von Traum hätte ich besser von der Unwirklichkeit des Wirklichen sprechen sollen, wenn dies nur auch nicht wieder so ein lässiger Ausdruck wäre, oder von der durch Proust exemplifizierten Unmöglichkeit, im Roman über die Realität Verbindliches auszusagen. Werfen wir einen Blick auf Prousts Gestalten, um uns dessen inne zu werden.

Die Menschen bei Proust werden nicht beschrieben. Da und dort wird ein Blick, ein Ausdruck, ein Kleid, die Art einer Haltung, eines Ganges uns angedeutet, aber eine umfängliche Abschilderung der Personen, wie wir sie im klassischen Roman kennen, ist nicht vorhanden. Proust hat – als erster großer Epiker – erkannt, es sei unstatthaft, *sein* Anschauen (und innerhalb dessen einen bestimmten räumlichen Winkel und einen zeitlichen Moment) für das Anschauen schlechthin zu halten. Was hätte es etwa für einen Sinn, den eleganten Swann zu zeichnen, wo doch im Verlaufe der Erzählung klar wird, daß dieser Swann nicht nur von verschiedenen Mitspielenden je anders gesehen wird, sondern daß, darüber hinaus, die gleichen Personen im Abrollen der Zeit ihren Freund Swann aus ganz unterschiedlichen Perspektiven wahrnehmen. Die einen sagen etwa: Nun, er ist nicht eigentlich hübsch, wenn Sie so wollen, aber er hat Schick: dieser Haarschopf, dieses Monokel ... Und andere: Er ist nicht positiv häßlich, wenn Sie so wollen, aber er ist lächerlich: dieser Haarschopf, dieses Monokel ... Da erübrigt es sich, nein, da verbietet es sich für den Erzähler, Haarschopf und Monokel zu veranschaulichen und ästhetisch zu bewerten, denn der Erzähler ist nur er selber und nicht die »anschauendeWelt«, die es nicht gibt, da sie doch allzuviele, allzu different beobachtende Augen hat.

Was für die optische Wahrnehmung und Beurteilung gilt, ist in noch weit höherem Maße verbindlich für die soziale Gruppierung der Figuren. Bleiben wir der Einfachheit des Beispiels wegen weiter bei Swann. Diesen ist er der modisch kultivierte Dandy des Jockey-Clubs, der mit dem Prinzen von Wales frühstückt und um dessen Gesellschaft Herzoginnen und Hoheiten werben; jenen aber ist er ein absonderlicher Kauz, der sich zu gewissen Stunden des Tages mit Regelmäßigkeit in einer Patisserie einfindet, weil dort ein Mädchen serviert, das ihm gefällt. Bei der Verschiebung der Perspektiven spielt als Agent des Werdens und Vergehens das unheimliche und durchaus unergründliche Faktum der *Zeit* seine destruktive Rolle. Swann – um noch bei ihm auszuharren – hat in den hohen Tagen seiner Präsenz die Herzogin von Guermantes fast täglich besucht. Nur ein paar Jahre nach seinem Tode wird Swanns Tochter Gilberte, die seinerzeit nicht akzeptiert wurde, weil ihre Mutter als nicht gesellschaftsfähig galt, unter ihrem neuen Namen de Forcheville bei den Guermantes eingeführt. Das junge Mädchen erwähnt Swann, ihren Vater, erinnert daran, daß das herzogliche Paar ihn doch gekannt habe. Gekannt? Gewiß doch. Aber es ist *Zeit* vergangen. Und distanziert nennen der Herzog und die Herzogin nun den einstigen intimen Freund einen »trefflichen Mann«, als wollten sie ihn »für die Stellung eines Gärtners« empfehlen.

Die Größe der *Recherche* sagte ich, sei nicht Verdichtung,

sondern Zerlösung der Wirklichkeit. Man kann die Formulierung auch variieren. Die Leistung dieses Autors besteht in der Sichtbarmachung der Unerkennbarkeit. Niemand vor ihm, kaum einer nach ihm hat eine solche Mühe aufgewendet, Realität dichterisch nicht zu suggerieren, sondern zu erkennen. Und bei keinem anderen wurde das schließliche Scheitern des vorgenommenen Unternehmens zu einem vergleichbaren künstlerischen Triumph. Proust hat geglaubt, es könne ihm gelingen, eine Wirklichkeit, die sich ihm als Präsenz stets entzogen hatte, in der Erinnerung zu konstituieren und zu festigen. Gerade aber das Erinnern, und zwar das unmittelbar spontan gelebte Erinnern, *»le souvenir«*, stellt sich am Ende im abschließenden Band *Die wiedergefundene Zeit* als ein geisterhaftes Irren und Verirren heraus. Waren die Menschen, die der Erzähler gekannt hat, jemals Wirklichkeit gewesen? Der Leser, der nach den letzten Seiten des letzten Bandes nun dem Gesamteindruck nachspürt, zweifelt daran. Wer war Odette? Die Dame in Rosa, kleine Kokotte mit großer Zukunft? Die in der Bourgeoisie sich ihren Platz erobernde Gemahlin Swanns? Die Gräfin von Forcheville, Geliebte des nunmehr total senilen und pathologisch eifersüchtigen Herzogs de Guermantes, die als solche par alliance jetzt in der Hocharistokratie naturalisiert ist? Jede einzelne. Alle zusammen. Keine von ihnen. Es hat keine Odette gegeben, keinen Monsieur de Charlus, keinen Bloch, keine Madame Verdurin. Die *Zeit,* le *Temps,* was Proust da und dort mit Großbuchstaben schreibt, um dem Wort Wucht und Magnifizenz zu geben, hat mit ihnen gespielt, hat sie verwandelt, verborgen, enthüllt und wieder neu verschleiert, so daß gegen sie, diese Zeit, weder die Erinnerung aufkommen kann, noch die Gewohnheit, *l'habitude,* die gleichfalls da und dort mit großen Anfangsbuchstaben zu stehen kommt.

Das, was man das Proust'sche Raum-Zeit-Kontinuum genannt hat – die Wirklichkeit im Erinnern des Gewesenen – es ist in Wahrheit ein temporalspatiales Diskontinuum, ein hoffnungsloses Chaos, das zum Kosmos sich nicht ordnen läßt, ohne daß durch Entfremdung ihm Gewalt angetan würde. Die Größe Prousts wird kenntlich in seiner Niederlage vor dem Werk, das er sich vornahm. Er selbst, ein Ich, das nichts war als das Mach'sche »Bündel von Empfindungen«, war zu weit fortgeschritten in der Erkenntnis der Unerkennbarkeit, als daß er hätte zurückfinden können zur Naivität des »Jetzt und Hier«, des »So-ist-es-gewesen«, war zu tief vorgedrungen in die Wirklichkeit, als daß er Wirklichkeit noch hätte formen können. Werfen wir für einen Moment nur einen Blick hinaus von Prousts Gegenwärtigkeit in die Epoche, die für ihn ferne Zukunft war und Gegenwart ist für uns, dann erkennen wir, daß *er* es war, der die Omnipotenz und Omniszienz des Erzählers in Frage gestellt hat, daß er als erster nur Mutmaßungen anstellte über seine Gestalten, daß mit ihm die Ungewißheit des Erzählers begann, die heute methodische Scheidemünze der Romantechnik ist. Nur freilich, bei ihm war, was später als Konstruktion und Experiment sich hervortat, reine und unverwandelte Erfahrung. Er hat erzählt und im Erzählen die Entdeckung gemacht, wie schwer dies ist. Jedennoch, niemals hat er aus der Schwierigkeit, die Wahrheit zu sagen, eine methodische Ästhetik gemacht: dies hebt ihn ab von seinen Nachfahren, will sagen, allen jenen, die systematisch erst nur mutmaßen über das zu Erzählende, danach das Erzählmaterial, die Sprache selbst, als Medium der Mit-teilung in Frage stellen, und schließlich, da also die Sprache für sie nur eben noch Sprache ist und nichts sonst, sie als autonom setzen und, in den Strukturen des Bezeichnenden sich verlierend, das Bezeichnete preisgeben.

Die Hilflosigkeit Prousts vor der Wirklichkeit war also keine Methode, sondern gelebtes Dasein. Sie hatte ihre pur individuell-psychologischen Wurzeln, denn dieser um die Realität bemühte Erzähler trat gleichsam hautlos der Welt gegenüber; ein allerverletzlichster seelischer Apparat von beispielloser Empfindlichkeit verfiel schutzlos, ohne Geborgenheit in einem kompakten, seiner selbst gewissen Ich allen Reizen, mit denen die Welt ihn attackierte. Der allergische Asthmatiker, der er klinisch war, sofern wir Versicherungen von medizinischer Seite Glauben schenken wollen, war zugleich in seiner Psyche wirklichkeits-allergisch: die bloße Existenz der Außenwelt verursachte ihm geistig-seelische Atemnot, so wie der Duft einer Blume, der Staub im Zimmer körperliche Asthmaanfälle herbeiführten. Er war nicht nur »ausgesetzt auf den Bergen des Herzens«, wie das einst bei Rilke geheißen hatte, sondern ausgeliefert einem hochempfindlichen Nervensystem. Dies war – und hier verschränken sich wiederum individuelle psychophysische Dispositionen mit dem Objektiv-Gesellschaftlichen – die Nervenverfassung des seine Kondition überschreitenden Bürgers, der die überkommenen, auf Leistung und Akkumulation finanzieller Mittel basierenden Normen der bürgerlichen Existenz verliert. Dieser Normenverlust war zugleich Ich-Verlust: darum des Erzählers Hypersensibilität, die am besten aufgegriffen wird durch die französische Metapher *»avoir les nerfs à fleur de peau«*, zu deutsch etwa: die Nerven schutzlos an der Hautoberfläche haben.

Vergleiche mit Gestalten der deutschen Literatur drängen sich auf, und namentlich kommen mir in den Sinn Hanno Buddenbrook und Tonio Kröger. Nur daß, der da »Ich« sagt in der *Recherche*, nicht aus der freien Hansestadt Lübeck kommt, dem wohltemperierten Städtchen deutschen Handelsfleißes, sondern aus der Metropole Paris, wo die

Versuchungen und Gefahren einen äußersten Intensitätsgrad erreichen, und daß, des weiteren, Hanno Buddenbrook und Tonio Kröger zwar heimatlos wurden in der bürgerlichen Welt, aber den vergleichsweise modesten Versuch unternahmen, das Bürgertum gegen die Künstlerschaft einzutauschen, während der Erzähler Proust sich hybrisch hinaufschwang in die Noblesse, wo es tödlich scharf zugeht, von den schroff-beleidigenden Reden, die ein Monsieur de Charlus gegen gesellschaftlich untergeordnete Personen führt, bis zu den Duellen, denen man im Ernstfalle sich zu stellen hat. Die Schwäche der Hanno und Tonio war darum (und abgesehen von allen individuellen Konditionen) eine sanft-elegische, während die des Erzählers uns als eine kapriziöse, gereizte, sich gelegentlich in Aggression konvertierende erscheint, gegen die kein Kraut gewachsen ist, auch nicht die Flucht in Disziplin und »Haltung«. Nicht zu vergessen ist schließlich auch hier ein objektiv-gesellschaftliches Moment, das die Verschiedenheiten der erwähnten, einander zeitgenössischen deutschen und französischen Décadents von einander trennt. Hanno und Tonio, das waren nordisch-lateinische Mischlinge, befanden sich in einer nicht immer bequemen, im ganzen aber doch erträglichen gesellschaftlichen Lage. Proust aber, den wir im Erzähler erkennen, war Halbjude und dies zur Epoche der Dreyfus-Affäre, und er war, darüber hinaus, nicht wie Tonio oder der Held des *Tod in Venedig* von sublimierten homoerotischen Versuchungen bedrängt, sondern war praktizierender Homosexueller in des Begriffes deutlichstem Sinne.

Prousts Verletzlichkeit und seine Wehrlosigkeit haben freilich auch beigetragen dazu, daß er – um den Vergleich noch einmal weiterzuführen, aber auch zu beenden – im Gegensatz zum Schöpfer der Hanno und Tonio ein *sozialer* Romancier war, vielleicht als solcher bedeutender als andere, wie etwa Martin du Gard, die literarhistorisch dieser Kategorie subsumiert werden. Nicht daß soziales Pathos, sozialer Protest sein Werk getragen hätten, im Gegenteil: durchaus erscheint der Autor uns als ein Mann, der mit der gesellschaftlichen Struktur im Einverständnis lebt, seine Reden, wo es allenfalls am Rande um Klassenprobleme geht, sind eher erbaulich als aufrüttelnd, so wie er ja auch der Homosexuellenfrage tarngewandt sich würdig moralisierend vernehmen läßt. Sein Werk ist sozial: aber nicht in seinen Intentionen, sondern in seiner Existenz. Proust ist kein Kritiker der Gesellschaft, der von der Plattform grundsätzlich kritischer Einstellung aus spricht. Er ist nichts als der getreue Registrator dessen, was gesellschaftlich sich abspielt, aber diese Sachtreue ist dann anklägerischer als vibrierende Proteste es sein könnten.

Man denke beispielshalber an die Identifizierung der Haushälterin Françoise mit ihrer Herrschaft, die ein gültiges Exempel der Entfremdung der dienenden Klasse ist und von der vielleicht eine verblüffend kurze, wenn auch luftige Brücke führt zu den Verbrechen, die Genets »Bonnes« an ihren Dienstgebern verüben. Oder man erinnere sich der Mannshuren im Hause Jupiens —: wurde irgendwo anders die Entselbstung des Proletariats schreckerregender aufgewiesen? Proust zeichnete die seelische Vulgarität der Bourgeoisie — repräsentiert u. a. durch das Ehepaar Dr. Cottard — mit der gleichen, fast naturwissenschaftlichen Objektivität auf wie die naive Arroganz der Aristokratie oder die in Höflichkeitskälte sich rettende Vereinsamung eines Kellners. Wenn es auch nirgendwo ausgesprochen ist, so kann man doch deutlich in der possessiven Eifersucht des Erzählers ein Wesensmerkmal bürgerlicher Besitzmentalität erkennen. Und — soferne wir für einen Augenblick vom Werk uns ab- und der Biographie zuwenden dürfen – waren nicht die geradezu lächerlich enormen Trinkgelder, die Proust Laufjungen und Hotelportiers zu geben pflegte und in denen man meist nicht mehr sah als eine Eigentümlichkeit seiner Person, Ausdruck der Schuldgefühle eines Bürgers, der die Lebensformen seiner Klasse zwar nicht bewußt in Frage stellte, sie aber nicht mehr als selbstverständlich übernahm?

Im Leben so gut wie im Werk war Proust das eindrucksvollste Beispiel dafür, wie gesellschaftliche und individuell-phänomenologische, um nicht direkt zu sagen: persönlich-metaphysische Problematik einander durchdringen. Bewußt gestaltete er freilich nur das Persönliche, das er für ein »Ewiges« gehalten haben mochte und das vielleicht in der Tat überzeitliche Geltung hat. Das Verhältnis des Menschen zu der in ihm wirkenden und ihn zum Tode hinführenden Zeit, das polyphon im letzten Band der *Recherche* zusammengefaßt wird, ist möglicherweise tatsächlich transsozial: die Beschreibung etwa der altgewordenen Gesichter einstiger Freunde, die der Erzähler beim Empfang der Princesse de Guermantes wiedererkennt und doch nicht mehr erkennt, erscheint mir als eine über alle gesellschaftlichen Kontingenzen hinausgehende, die Grundkondition des Humanen ergreifende Darstellung des Gelebten. Desgleichen sehe ich in seinem vergeblichen Bemühen, die Kirchtürme von Martinville (Caen) hinter den geschlossenen Augendeckeln sich zu vergegenwärtigen, die Glücksgefühle zu beschreiben und aufzuhellen, die ein optisches Erlebnis ihm bereitete, ein Wesensproblem des Rezipierens von Wirklichkeit, das uns geradewegs in die uferlose Komplexität einer Metaphysik der Sinne führt. Der eigentümliche Mangel an Weltvertrauen, der in dergleichen Erlebnissen liegt, kann rechtens interpretiert werden zugleich durch die neurotische Verfassung dieses Dichtergemüts und durch die soziale Bedingung eines von seinen inneren Kontradiktionen seelisch bis zum Zerreißen angespannten kulturellen Großbürgertums. Es ist aber – und hierin liegt letztens wohl die eigentliche Größe Prousts – möglich, über solchen Szenen (Erinnerungserlebnis beim Geschmack des »Madeleine«-Gebäcks, Ergriffenheit über die Schönheit der Kirchtürme, Ent- und Verfremdung des Menschen durch das bloße Zeitigen der Zeit) soziale sowohl als auch individuell-psychologische Fakten beiseite zu lassen und sich einer Anzahl von Fragen gegenüber zu finden, auf die es Antworten nur noch im Bereiche der spekulativen Metaphysik gibt, weil sie *metaphysische Fragen an uns sind*.

Oder täusche ich mich? Verfalle auch ich der Verlockung, das Bürgerlich-Partikulare für ein Universelles zu nehmen und von jenen »ewigen Menschheitsproblemen« zu sprechen, die es nach der Überzeugung strikt gesellschaftsphilosophischer Denker nicht gibt? Ich glaube nicht, aber ich habe längst den Mut verloren, nicht zuletzt dank der Lehren Prousts das, was ich glaube oder nicht glaube, für ein Wissen auszugeben. Wir müssen ja am Ende auch nicht in dieser unserer Zeit, deren Beschleunigung uns gründlich alle Illusionen über immerwährende Gültigkeit von Kunst- und Denkwerten ausgetrieben hat, im Opus Marcel Prousts das »Ewige im Menschen« schaudernd erkennen. Gewiß ist nur dies: So wie wir dastehen, in und mit dieser Epoche, die auch heute noch, ganz wie in den Tagen Prousts, eine spätbürgerliche ist, können wir nicht auskommen ohne ihn. Er ist unsere Sache und wir dürfen als die seine uns erkennen, seien wir gleich auch keine Herzöge, Prinzessinnen, Großbürger.

Rund siebzehn Jahre, von 1905 bis knapp vor seinem Tode im Jahre 1922, hat Marcel Proust an seinem Oeuvre gearbeitet. Er hat sich als leidender Mensch zurückgezogen aus der Welt, die er unter soviel Aufwand von Kräften mondän erobert hatte, in abgedichtete Zimmer, in denen er äußerlich verwahrloste, inmitten von Manuskriptblättern, umgeben von Medikamenten, Schlafmitteln, die er verschlang, Aufpeitschpillen, die ihn dem Halbschlummer wieder entrissen, im Dunst der fast ununterbrochen in großen Mengen hinuntergespülten Tassen brühheißen Kaffees, betreut nicht mehr von seiner Mutter, nur noch von der Haushälterin Céleste, den Freunden schon entfremdet: er suchte sie nicht als Präsenz, nur noch als Erinnerungsschatten, die ihm höheren Realitätsgrad zu haben schienen.

Ja, er war während vieler Jahre auf der Suche nach der verlorenen Zeit, auf den Spuren der erloschenen Jahre. Er schrieb *Die wiedergefundene Zeit*. Aber kann man wiederfinden, was man niemals besaß? Die nicht aufgreifbare und darum auch nicht wiederzufindende Zeit – dies wäre wohl der entsprechende Titel des monumentalen Epos gewesen, das er uns hinterließ. Er hat ein jahrhundertprägendes Werk vollendet und stand, sterbend, doch mit leeren Händen da. Leer sind auch unsere Hände, wenn wir die letzten Seiten der *Recherche* umblättern; denn dann haben wir ja erfahren, daß allerwegen die Welt sich uns entzieht, als Gegenwart so gut wie als Erinnerung. Doch ist diese Leere unser kostbarster Besitz. Wer sie nicht kennt, weiß nichts von einer Welt, die Wille ist und Vorstellung, die unser Ich bündelt, das wir so wenig uns aneignen können wie der Erzähler die Kirchtürme von Martinville und die kleine Melodie von Vinteuil.

DIE WELT DES LEIDENDEN MENSCHEN

Hinweis auf zwei Bücher von Herbert Plügge

Es ist das allgemein akzeptierte Geschick wissenschaftlicher Bücher, daß sie niemals über den Kreis der fachlich Vorgebildeten hinausdringen. Mit den Arbeiten, auf die ich hier hinweisen will – und Hinweis ist ganz präzise zu verstehen, denn zu einer gültigen kritischen Einschätzung ist der Nichtmediziner in diesem Fall kaum berufen –, verhält es sich nicht ganz so. Sie sind fachwissenschaftlich und sind es doch nicht; von einem Arzte geschrieben, gehen sie den Arzt an, in erster Linie, aber doch nicht nur ihn; denn es sind Werke, die sich ebenso wie an den Arzt auch an den Leidenden richten. Die Krankengeschichten, die Herbert Plügge da und dort nacherzählt, sind Geschichten und Geschichte des leichter oder schwerer Kranken, den sie betreffen und der sie kaum ohne Betroffenheit lesen wird. Absicht des Autors mag es gewesen sein, beizutragen zur *moralischen* Erziehung des Arztes; es wird aber auch der Patient, ja sogar der Gesunde als ein stets im Schatten der drohenden Krankheit Stehender alsbald sein Zögling.

Alles in allem – und ich bediene mich gerne eines Klischees, wo es doch für einmal auf seinen ursprünglichen Sinn zurückweist – gehen diese von einem Fachmann geschriebenen, in einem fachwissenschaftlichen Verlag erschienenen Bücher den Menschen an.

Der Verfasser ist Internist und Neurologe, Ordinarius für Innere Medizin in Heidelberg und Direktor der dortigen medizinischen Universitäts-Poliklinik. Die hier zur Rede stehenden Bücher *Wohlbefinden und Mißbefinden* und *Der Mensch und sein Leib* (beide im Max Niemeyer Verlag, Tübingen) kreisen aber nicht eigentlich um klinische Fachprobleme. Plügge geht es um die Befindlichkeit der Kranken, nicht um einen Befund. Was er beschreibt: mit einer außergewöhnlichen Präzision, die noch die feinste Nuance erfaßt und in sehr reiner sprachlicher Form wiedergibt – das ist nicht die Krankheit als ein naturwissenschaftliches Phänomen, sondern die Welt des leidenden Menschen. Gleich einem anderen der wenigen Ärzte in unserer Zeit, die von der Medizin nicht nur zur Psychologie, sondern darüber hinaus zur Phänomenologie vorstießen – gleich Viktor von Weizsäcker bemüht er sich um die *Einführung des Subjekts in die Pathologie.* »Wir halten«, so schreibt er kritisch in einem Aufsatz des Bandes *Wohlbefinden und Mißbefinden* – »wir halten den objektiven Befund für das Eigentliche, das Wichtige, dem wir uns verpflichtet fühlen. Der objektive Befund ist die vermeintliche ›Wahrheit‹. Wir neigen zu der Ansicht, Befinden könne trügen, der Befund jedoch nicht. Die objektiven Befunde seien es, die unser Wissenssubstrat ausmachen, der subjektiven Seite dagegen komme keine bestimmende Bedeutung zu; ja, im Idealfalle sei sie entbehrlich... Ganz so einfach liegen nun aber die Dinge nicht... Das Befinden ist nicht nur der eigentliche Zugang zum Patienten, der daraufhin einer objektiven Untersuchung unterzogen wird, sondern darüber hinaus ist eine Definition der wissenschaftsverbindlichen Normen ohne Heranziehung des Befindens unmöglich.«
Plügge kreist dann das Faktum des »Befindens« als ein auch im strengen Sinne medizinisches auf *phänomenolo-*

gischen Wegen ein: er bemüht sich um eine medizinische Existenzerhellung. Seine Methode und sein wissenschaftstheoretischer Ansatz sind der denkbar deutlichste Widerspruch gegen die im Entstehen begriffene Computer-Medizin. Der Körper ist für ihn keine *res extensa,* sondern zugleich Ich und Welt des Menschen, beziehungsweise das Medium, durch das der Mensch Welt hat und Welt ist (»*Le monde se fait à travers de mon corps*«, Merleau-Ponty).

Merleau-Ponty ist nicht der einzige Phänomenologe, der bei Plügge wiederholt zitiert wird. Der Verfasser verdankt Forschern und Denkern wie Viktor von Weizsäcker, Sartre, Gabriel Marcel, F. J. J. Buytendijk, O. F. Bollnow, W. Szilasi zahlreiche Anregungen. Am Grunde seiner medizinisch-philosophischen Schau liegt die erkenntnistheoretische Grundüberzeugung der Phänomenologie, daß die strikte Subjekt-Objekt-Trennung unstatthaft, ja, daß sie unmöglich ist. Darum ist für Plügge einerseits das »Objekt« (der Körper) nicht Gegenstand, sondern im Husserlschen Sinne »Lebenswelt«; und zum anderen gibt das Subjekt mehr her als »Subjektivität« im herkömmlichen Verstande, mehr auch als die Psychologie darüber uns verraten könnte: nämlich die gelebte Wirklichkeit des Menschen, die das Objekt anpeilt, umgreift und zu der durch methodische Reflexion der Weg freigelegt wird.

Die theoretischen Grundlagen sind freilich nicht das Wesentliche der Untersuchungen Plügges. Vor allem: es sind nicht sie, die die Lektüre dieser beiden Bände so ungewöhnlich packend machen, daß man den Essays mit einer Spannung folgt, als läse man psychologische Romane. Denn schließlich: hier spricht der Arzt vom Menschen, vom leidenden Menschen, und was er von ihm zu sagen weiß, überbordet weit den Rahmen phänomenologischer Theorie. Unter den Titeln der einzelnen Beiträge, die sich schließlich zu einer Einheit zusammenfinden, seien als besonders wichtig erwähnt: *Über Herzschmerzen, Der Allgemeinzustand des Schwerkranken, Über das Befinden von Kranken nach Herzinfarkt, Über den menschlichen Raum, Über das Verhältnis des Ichs zum eigenen Leib.* Hinter all diesen Aufsätzen steht des Verfassers ernste Aufforderung, »das Subjekt in seiner Existenz als handelndes, empfindendes und seine Krankheit mitgestaltendes ernst zu nehmen«.

Diesem »Subjekt« – das eben mehr ist als Subjekt und sich auch nicht in die Kategorien der Psychologie spannen läßt, da vom »Gelebten« (le vécu) nicht abgesehen werden darf – begegnen wir in seiner mannigfaltigen Leidensgestalt. Da ist der Herzkranke: er »hat« in komplizierter Erlebnismodalität plötzlich ein Herz, was vordem, in den Tagen der Gesundheit, nicht der Fall war. Der schmerzende linke Arm, für den er früher die Ausflucht in die Selbstdiagnose »Rheumatismus« gefunden hat, wird nun ein Bezeichnendes: »das Ganze des Körpers bleibt trotz eines schmerzenden Armes weitgehend intakt. Nun aber, da den – äußerlich gesehen, lokalisierbaren – Schmerz ein unheimliches Gefühl begleitet, etwas Unbestimmtes dazutrat, der Schmerz in Momenten der Spannung und Erregung auftrat, fühlt der Patient sich richtig krank, im Inneren, in der Tiefe, an einer Stelle, die die Mitte des Lebens selbst war, an einer Stelle, von der man nicht mehr absehen kann«. Mit dem Schmerz des Herzkranken, ein Herz »Habenden« verändert sich seine Welt – und einleuchtend wird hier, wie sehr Bewußtsein tatsächlich im Sinne Merleau-Pontys *»conscience engagé«* ist, wie sehr die Welt Welt ist *»à travers de notre corps«*. Der Herzkranke findet, es sei die Welt ganz falsch eingerichtet, alle Gegenstände seien zu hoch angebracht, daß man sich mühselig nach ihnen strecken muß, oder zu tief,

so daß man sie nur sich bückend erreicht, wobei dann der Körper Last wird und die Welt »lästig«. Alle Stiegen sind zu hoch und zu steil, die Beine werden schwerer und unförmig von Minute zu Minute, die Straße wird unebener von Meter zu Meter. Und da ist der Schwerkranke: über seinem Bild liegt »eine gewisse Trauer. Er fragt nicht mehr. Er erkundigt sich nicht nach der Diagnose, nicht nach der Prognose, ja oft nicht einmal nach seiner Familie.« Seine welthaften Beziehungen schrumpfen: er »verläßt allmählich, im Vollzuge kaum bemerkbar, seinen Körper *nach innen*. In diesem Vorgang verwandelt sich der Leib, indem er immer mehr zurückbleibt, zur Hülle«.
Mit diesen Beschreibungen erhellt Plügge eine Zone, von der er sagt, daß innerhalb ihrer »Subjektives und Objektives noch ungeschieden vereinigt sind, ehe der dualistische Zugriff das Lebendige als beseeltes Körperliches in Objektives und Subjektives zerlegt und für andere Aspekte reif und frei macht«. Es ist die Welt der Phänomene, und die Methode, mit der wir uns dieser Welt nähern können, ist zwangsläufig eine phänomenologische.

Naturwissenschaftlich ausgerichtete Laien und Mediziner werden natürlich die Frage stellen, ob nun eigentlich aus all diesen minuziösen Schilderungen von Befindlichkeiten irgendein greifbarer Nutzen (bezogen auf Diagnose und Therapie) am Ende herauskomme. – Ich habe keinerlei Qualifikation, hierauf zu antworten. Was ich dazu sagen kann, reicht nicht hinaus über das persönliche Bekenntnis eines, der nur auf populärstem Niveau medizinisch gebildet ist. Doch erscheint mir dies als gewiß: Dem Kranken (und wer kann sich schon so guten Glaubens seiner »vollkommenen Gesundheit« rühmen?) wird durch die Lektüre der Arbeiten Plügges seine Existenz transparent, er gelangt zur »Ichfindung« im wörtlichen Sinne: er findet sich in den Beschreibungen dieses Arztes und Philosophen wieder. Über das Lustgefühl solcher Identifikation hinaus, das als Lust der Erkenntnis (die aber nicht mit objektivistischer *Kenntnis* parallel laufen muß) einmal philosophisch analysiert zu werden verdiente – über dieses Lustgefühl hinaus gelangt der Patient vielleicht mit Hilfe der Bücher Plügges zur Erkenntnis seiner Krankheit als einer »Situation«, die im existentialistischen Verstande den Selbstentwurf zuläßt, ja fordert. Dies war es, was ich oben unter »moralischer Erziehung« des Patienten verstand.

Und der Arzt? Auf die Gefahr hin, von Medizinern streng in meine Schranken verwiesen zu werden, wage ich die Überzeugung auszusprechen, daß auch er der moralischen Schulung durch den Phänomenologen bedarf. Der objektive, naturwissenschaftliche Sachverhalt, der sich als meine, des Patienten, Krankheit manifestiert, ist nur *ein* Aspekt: der andere ist meine Welt, meine »Krankenwelt«, in die den Arzt einzuführen es mich verlangt – was immer solche Einführung schließlich für den therapeutischen Verlauf ergeben möge.

»Für den Arzt ist ein Faktum der Tod, sonst nichts«, heißt es an einer Stelle bei Karl Kraus. Natürlich sind Sterben und Krankheit »Fakten«, sie sind aber nicht nur das, richtiger gesagt: ihre Faktizität ist nicht vollkommen erfaßt, wo nicht in die »Welt« der Kranken eingedrungen wird. In seinem Aufsatz »Über die Anamnese« schreibt Plügge: »Mit der Anamnese wird zugleich schon behandelt«. Wenn dies richtig ist – und meinem Laienverstand will es durchaus einleuchten –, dann ist es aber für den Aufbau einer sachentsprechenden Therapie entscheidend, *daß der Arzt richtig fragt.* Und diese richtige Fragestellung ist, so scheint mir, erst möglich, wenn der Arzt sich an meine

Krankenwelt, an meine Befindlichkeit moralisch engagiert.
Wahrscheinlich gibt es gegen das hier Vorgebrachte ärztlicherseits wesentliche Einwände. Ich wollte ja auch nur verweisen auf zwei Bände eines im Stillen wirkenden Autors, der mir mehr über mich selbst erzählt hat als mancher weithin berühmte Philosoph oder Psychologe.

DIE WÖRTER GUSTAVE FLAUBERTS

Über Jean-Paul Sartres *L'Idiot de la famille*

»Als Gustave im Jahre 1821 zur Welt kommt, regiert seit sechs Jahren Ludwig XVIII., und die Klasse der Großgrundbesitzer hat sich zum großen Teil rekonstituiert: sie wird in der Epoche der Restauration während fünfzehn Jahren die industrielle Entwicklung bremsen; diese bleibt in der ersten Hälfte des XIX. Jahrhunderts erheblich hinter der Englands zurück. Desungeachtet behauptet und verbessert sogar die Bourgeoisie häufig ihre Positionen. Die beiden feindlichen Klassen – Großgrundbesitzer und Bürgertum – gelangen zu einem scheinbaren Einverständnis und finden ein sehr provisorisches Gleichgewicht dank der Zollpolitik, an der sie beide Interesse haben und die sie der Regierung aufzwingen: man wird also zugleich gewisse Manufakturen (Eisen, Stahl, Textilien) und alle Agrarier gegen die ausländische Konkurrenz schützen. Zwischen der aufsteigenden Klasse der Bourgeoisie und der niedergehenden Schicht der Großgrundbesitzer konnte es sich nur um einen Kompromiß handeln; aber diesen hatte die Bourgeoisie nötig, da sie gehandikapt war: durch ihre numerische Schwäche einerseits, durch das Proletariat andererseits. Bei der Volkszählung von 1826 findet man unter der Gesamtzahl von 32 Millionen Einwohnern ungefähr 22 Millionen, die direkt oder indirekt von der Landwirtschaft leben ...«

Dieses Panorama der Epoche ist auf Seite 62 von Sartres Flaubert-Biographie zu lesen. Wer es überfliegt, hat den Eindruck, es handle sich hier um eine klassische, vom Marxismus inspirierte Lebensbeschreibung. Man denkt an Georg Lukács und sagt sich: Nun ja, da werden also die materiellen Bedingungen im Frankreich dieser Zeit aufgewiesen und aus diesen wird der Autor wohl die Psychologie des Bürgersohnes Gustave Flaubert abzuleiten versuchen.

Von der Biographie als Phänomenologie

Der Eindruck trügt. Mit nichts haben wir es weniger zu tun als mit schlichter marxistischer Literaturdeutung. Was Sartre uns auf den mehr als zweitausend enggedruckten Seiten seines Flaubert-Werkes vorlegt, das erst ein Anfang ist – denn zwei weitere, ebenso umfangreiche Bände sollen noch folgen – ist etwas völlig anderes. Was? Ich könnte mit eigenen Worten das Exorbitante, um nicht zu sagen: das Extravagante des Werkes nicht besser charakterisieren, als es Pierre-Henri Simon, Mitglied der Académie Française, in einem Satz seiner Besprechung in *Le Monde* getan hat:

»Diese zweitausend gedrängten Buchseiten, die Flaubert, dem ›Dummkopf der Familie‹, von seiner Geburt bis zu seinem 26. Lebensjahr folgen, dieses Prosagebirge, dieses pyrenäenhafte Massiv von Kritik, wo die hochgelegenen, gewundenen Täler gespickt sind mit soziologischer, psychologischer, marxistischer, psychoanalytischer Gelehrsamkeit, wo wir zu steilen Gipfeln hinaufgeführt werden, auf denen die Ideologie die literarische Landschaft teils erhellt, teils verschleiert, wo der Geist eher von einem Schwindel erfaßt wird angesichts des dialektischen Panoramas, als daß er das Land sinnend beschauen könnte – ich möchte zuerst sagen, daß sie, die beiden Bände, mir Achtung abnötigen.«

Die Metaphern sind gut gewählt. Auf eigene Hand möchte ich sie noch ergänzen durch die Feststellung, daß es sich hier um eine Arbeit handelt, die durch keine der uns vorgegebenen Kategorien charakterisierbar ist. Eine Dichterbiographie? Nein, denn der Verfasser setzt die gründlichste Kenntnis des Lebenslaufes Flauberts ebenso voraus wie die seiner Dichtungen. Ein Zeitgemälde? Gewiß nicht, denn auf weiten Strecken vergißt man, daß hier eine in ihre Zeit eingebettete Erscheinung besprochen wird, über den scharfsinnigsten Analysen: etwa des Lachens, des Spiegel-Erlebnisses, des Sprechens, des Zeremoniells, des Dichtertums. – Eine Psychoanalyse also, die die Gestalt des realen Gustave Flaubert nur aufgreift, um an ihr allgemeine Phänomene und deren psychologische Deutung zu exemplifizieren? Auch das nicht; denn nicht nur haben sich aus dem psychoanalytischen Lager bereits Stimmen erhoben, welche Sartres Methode als unfreudianisch denunzieren, sondern wir finden gerade in jenen Teilen, die sich mit der Neurose befassen, rein existentialistische und phänomenologische Gedankengänge wieder, die an den frühen Sartre gemahnen, der viel von Husserl und Heidegger, aber so gut wie nichts von Freud oder Marx wußte.

Die hier zu besprechende Arbeit ist, wie mir scheint, ein Unternehmen völlig neuer Artung und auch in der zeitgenössischen Philosophie beispiellosen Ranges. Was Sartre schrieb, das ist ein *Bildungsroman* in des Wortes vielfältiger Bedeutung: Roman, der die Heranbildung eines Menschen beschreibt; Roman, der die wesentlichen Bildungselemente der Epoche zusammenfaßt; Roman schließlich, der vom Leser eine hohe Bildung im Sinne von Präsenzwissen erfordert. Unser Autor, der kein bürgerlicher Intellektueller mehr sein will, sondern ein Mann der Praxis und Diener der Revolution, hat mit diesem hochgradig elitären, ja esoterischen Werk in gewissem Sinne seine jüngsten Schriften über den *Intellektuellen und die Revolution* dementiert. Was man die »Massen« nennt, das ist ausgeschlossen von der Beschäftigung mit diesem Text. Sartre weiß das selbst. Es lag ihm eingestandenermaßen daran, endlich wieder eine Aufgabe zu vollenden. Vergessen wir nicht, wie vieles Fragment blieb: die Romanreihe *Wege der Freiheit*, die Tintoretto-Biographie, schließlich die *Kritik der dialektischen Vernunft*, deren vorgesehener zweiter Band kaum noch erscheinen wird. Wollte Sartre sich mit dem Riesenunternehmen des Flaubert-Werkes ganz bewußt jenseits seiner politischen Aktivität einen persönlichen Freiheitsraum sichern, innerhalb dessen er das sein darf, als was er angetreten: ein bürgerlicher Philosoph?

Sehen wir zu, mit welchen Mitteln er sich der Person seines Unhelden, für den er einst sehr wenig Sympathie aufgebracht hat, zu bemächtigen versucht. Die Kenntnis des Werkes versteht sich am Rande: so wenig Sartres Buch ein literarhistorisches oder literaturkritisches im landläufigen Sinne sein will, so gründlich hat sich doch der Verfasser in die Texte eingearbeitet; kein Nichts-als-Romanist hätte ihn an Akribie überholen können. Aber, natürlich kommt es ihm nicht darauf an. Was er versucht, ist die Lebens- oder besser: die Seinsbeschreibung einer Existenz. Es handelt sich um die – ich gebrauche einen von Sartre selbst geprägten Begriff – »totalisierende« Exploration eines Daseins und Soseins.

Da wäre nun zunächst zu fragen, warum Sartre gerade Flaubert gewählt hat, um an ihm seine totalisierende, d. h. alle Forschungs- und Einfühlungsmittel zusammenfassende und zugleich dialektisch gegeneinander ausspielende Methode zu erproben. Weil Flaubert der erste »moderne« Romancier Frankreichs war, den nicht nur Proust zu seinen Vorbildern zählte, sondern der heute auch von den fortgeschrittenen Verkündern des *nouveau roman* als Ahnherr reklamiert wird? Ich glaube nicht. Sehe ich richtig, dann hat Sartre aus zweierlei Gründen Flaubert sich vorgenommen: zuvörderst aus dem allgemeinen, daß er Schriftsteller war, ein Mann der »Wörter«, für den gewisse Einsichten galten, die Sartre in seiner kurzen autobiographischen Aufzeichnung *Les mots* niedergelegt hat; darüber hinaus aus dem spezielleren, daß wir es in Flaubert zugleich mit einem neurotischen und für die Bourgeoisie typischen Charakter zu tun haben. Kaum ein anderer Schriftsteller hätte Sartre die Möglichkeit gegeben, sowohl marxistische als auch psychoanalytische Forschungswege zu beschreiten und dazu noch eine Phänomenologie zu praktizieren, die an manchen Stellen zur Projektion der eigenen Probleme des Autors wurde. Man hat gesagt, es sei dieses Werk ein *Flaubert par Sartre* und ein *Sartre par Flaubert.* – Ich werde gerade auf diese Eigentümlichkeit noch zurückkommen.

Von der Flucht in die Wörter

Wie also sieht Sartre seinen Flaubert, der im allgemeinen Bewußtsein als ein etwas misanthropischer, von seinen Stilproblemen besessener, die Bourgeoisie und die Dummheit hassender Einsiedler fortlebt! Diese Frage stellen heißt sofort den Titel des Werkes befragen. *L'Idiot de la famille,* der »Dummkopf der Familie« – ist es so, daß Sartre Flaubert in der Tat als einen solchen betrachtet? Ist der Titel nur eine der charakteristischen Sartreschen Überspitzungen? Niemals wurde Gustave Flaubert, jüngerer Sohn des angesehenen Chefchirurgen am Hospital von Rouen, Achille-Cléophas Flaubert, als Familiendummkopf angesehen, weder von den Seinen noch von den Verwandten und Freunden der Familie. Er erlernte mit geringfügiger Verspätung im Alter von sieben Jahren das Alphabet. Dies ist alles. *Wirklich* alles und der Titel nichts als Provokation? Vielleicht geben uns einige Stellen über das Phänomen der Dummheit im Werke Auskunft. Man ist hinlänglich informiert über Flauberts schäumenden Haß gegen bürgerliches Banausentum, gegen leere Redensarten, die er in seinem berühmten Phrasendiktionär gesammelt hat. Bei Sartre nun erfährt dieser Haß eine seltsame Umkehrung: Flaubert haßt das leere Gerede, weil er selbst ihm ständig unterliegt:

»Von Kindheit auf hat Flaubert eine ›überraschende Fähigkeit‹, Gemeinplätze und Dummheit zu erfassen, weil er auf sie lauert und weil er dem Diskurs lauscht, ohne die synthetische Aktivität und die wahren Absichten des Sprechenden in Rechnung zu stellen. Bleibt zu fragen, warum er sich so verhält. Wir wissen schon die Antwort: er ist das, was man aus ihm gemacht hat. Wir wissen, daß er von der Frühgeschichte seines Lebens an in die Passivität eingeschlossen worden war. Damit ist gemeint, daß er in seiner frühen Kindheit jedes affirmativen Aktes unfähig war. Ich habe oben gezeigt, daß er die Gegenseitigkeit, Unterpfand der Wahrheit, nicht gekannt hat, und daß er durch die Indifferenz einer mürrischen Mutter verurteilt wurde, niemals das Terrain des einfachen Hinnehmens zu verlassen. Aus diesem Grunde hat er die Sprache nicht als ein strukturiertes Ganzes von Instrumenten empfangen, das man zusammenfügt und auseinandernimmt, um seine Signifikation zu erzeugen. Er hat sie erfahren als einen unendlichen Gemeinplatz, der sich niemals auf die Absicht gründet, schauen zu machen (faire voir) noch einen Gegenstand zu bezeichnen; der vielmehr eine Art eigener Konsistenz bewahrt, der das Kind besetzt, in ihm spricht, es bezeichnet, ohne daß der Knabe davon Gebrauch machen könnte ... Er ist ganz eingeschlossen in eine Welt, in der die Wahrheit der Andere ist.«

Ich kann nur hoffen, daß die Schwierigkeit dieser Sätze nicht abschreckt und daß nicht der falsche Eindruck entsteht, Sartres Flaubert sei ein bis zur Unlesbarkeit schwieriges Buch. Gewiß: Wir haben es mit keinem leichten Text zu tun; aber ebenso gewiß ist, daß der einmal in die Terminologie eingedrungene und mit den spezifischen Gedankenbahnen vertraute Leser durch eine geradezu spannende Lektüre belohnt wird. – Doch sei zuvor der eben angeführte Satz kurz erläutert, und zwar im Hinblick auf den befremdenden Titel wie auf den hier von Sartre angewendeten Begriff der »Dummheit« – und nicht zuletzt auf das gesamte vom Autor entworfene Flaubert-Bild. Wir werden sehen, daß es sich um eine Schlüsselstelle handelt.

Wenn Sartre von Flaubert als dem »Familiendummkopf« spricht, meint er natürlich nicht des großen Mannes Geistesverfassung im üblichen Sinne. Er meint vielmehr Flauberts gestörtes Verhältnis zur Sprache, das darin besteht, daß für den Dichter die Sprache niemals eigentlich Kommunikation oder, mit Sartres Wort, »Reziprozität« war. Es habe Flaubert keine »Gegenseitigkeit« gekannt, keinen Dialog: er habe die Sprache erlitten, so wie er das Leben nicht als Existenz oder »Ex-sistenz« lebte, sondern leidend erfuhr. So nebenher gibt Sartre hier einen gesellschaftlich bestimmten Begriff von Wahrheit, wenn er sagt, daß deren Unterpfand die Gegenseitigkeit sei. Niemand ist wahr als Subjekt, niemand kann andererseits die Wahrheit des Objektiven erkennen, sofern er nicht in einem Prozeß der Reziprozität mit der Gesellschaft steht. Die Gegenseitigkeit, d. h. die *Wahrheit,* ist für den zu keinem »affirmativen Akt« fähigen, die Wirklichkeit und die Sprache erleidenden Flaubert eine *terra incognita.* Darum – und dies ist für das Verständnis des Buches von einschneidender Wichtigkeit – macht Flaubert nicht autonom etwas *aus dem,* wozu man ihn gemacht hat: er macht nur *das,* wozu man ihn gemacht hat. Mit der Passivität aber, die nach Sartre alles Wesen und Trachten Flauberts erklärt – die zu einer Neurose führt, aus welcher einerseits der Sublimierungsvorgang des dichterischen Werkes, andererseits des Romanciers fälschlich als Epilepsie angesehene Nervenkrankheit erklärt werden kann – hat es die folgende Bewandtnis:

Gustave war Achille-Cléophas Flauberts jüngerer Sohn, folgte mit einem Abstand von neun Jahren dem als brillant betrachteten Bruder Achille, der eigentlicher Erbe des Vaters war, von diesem nicht nur den Vornamen übernahm, sondern auch dessen Profession, die medizinische Wissenschaft, und sogar letztlich die leitende Stellung am Hospital von Rouen. Der Vater, der bei Sartre stets mit deutlich auf autoritäre Oppressionsmentalität verweisendem Unterton »pater familias« genannt wird, hat sich nach anfänglicher Sympathie später von dem Knaben abgewendet: ein Erbe war ja schon da, ein auf konformistische Weise tüchtiger Junge. Der Jüngere war überflüssig, er fühlte sich als »de trop« – und dies um so mehr, als seine Mutter ihm zwar eine pflichtgetreue Beschützung, ja Überbeschützung zuteil werden ließ, aber kaum irgendwelche Zärtlichkeit schenkte. Diese Kondition oder, wenn man will, Prädestination ist die Wurzel von Flaubert Passivität, die ihrerseits wieder sein Verhältnis zu Sprache und Wirklichkeit bestimmte. Hier scheint mir ein interessantes dialektisches Verhältnis zum Protagonisten des Buches *Die Wörter*, dem kleinen Poulou und nachmaligen Philosophen Jean-Paul Sartre vorzuliegen. Bei Poulou verhielt es sich ganz anders. Er hatte keinen Vater, dieser starb bald nach seiner Geburt. Hätte er aber gelebt, was wäre geschehen? Sartre sagt es:

> »Es gibt keine guten Väter, das ist die Regel; die Schuld daran soll man nicht den Menschen geben, sondern dem Band der Vaterschaft, das faul ist. Kinder machen ist ausgezeichnet, Kinder haben, welche Unbill! Hätte mein Vater weitergelebt, er hätte mich mit seiner ganzen Länge überragt und dabei erdrückt. Glücklicherweise starb er sehr früh ...«

Während Poulou das Herzenskind einer ihn idolatrisierenden Mutter wie auch eines in ihn verliebten Großvaters war, ein Knirps, den man flugs zum Genie erklärte und der seine Kindheit in der totalen Inauthentizität dieser Rolle hinbrachte, war Flaubert, wie Sartre ihn sieht, der Überflüssige, dem man gab, was Gesetz und bürgerliches Familienritual gebieten, nicht mehr. Dennoch gibt es eine merkwürdige Parallelität: beider, Poulous und Gustaves, Flucht in die Wörter. Der Mechanismus dieser Evasion war nicht der gleiche: Poulou, das Familiengenie, bemächtigte sich der Wörter, um die Rolle, die man ihm vorgeschrieben hatte, zu erfüllen; Gustave, der »Familiendummkopf«, sucht schützendes Obdach in den Wörtern, um als ein der Realität nicht Gewachsener sich in ihnen und durch sie zu »irrealisieren«, wie Sartre den Vorgang nennt. Die ganz verschiedene Konditionierung der Knaben Poulou und Gustave erscheint plötzlich als unwesentlich, denn hier wie dort waren schließlich Männer da, die das Wort an die Stelle der Wirklichkeit setzten.

»Lange hielt ich meine Feder für ein Schwert: nunmehr

kenne ich unsere Ohnmacht« – so heißt es in den *Wörtern*. Flaubert hielt seine Feder zwar nicht für ein Schwert, er war ja, anders als Sartre, kein politischer Schriftsteller. Aber immerhin war die Sprache für ihn eine brauchbare Rüstung, die ihn gegen die Welt abschirmte. Daß hier etwas vorliegt, was ich oben andeutend »Projektion« genannt habe, erscheint mir als unbestreitbar. Trotz allen offenkundigen Verschiedenheiten, was Herkunft, Anlage und Ziele betrifft, hat doch Sartre in Flaubert sich zumindest streckenweise selbst porträtiert. Seine Annäherungsmethode faßt er zusammen in dem Begriff *Empathie*, einem im Französischen recht ungebräuchlichen Ausdruck für methodische »Einfühlung«. Es liegt auf der Hand, daß er gerade diese Empathie nicht hätte aufbringen können, wäre ihm nicht eine tiefe Verwandtschaft zu dem Porträtierten zu Bewußtsein gekommen und hätte er nicht schließlich dieses Gefühl der Familiarität zum Substrat einer autobiographischen Konzeption gemacht. Flaubert war nicht Sartre: aber Sartre wurde in diesem Buche zu Flaubert, indem er Flaubert zu Sartre machte.

Vom Bildungsroman als »nouveau roman«

Doch sei die von mir angenommene autobiographische Intention noch zurückgestellt. Wenn wir uns dem »echten« Flaubert – was immer das sei – zuwenden, drängt die Frage sich auf, wie denn Sartre zu den Hypothesen über dessen psychische Bewandtnisse in einer Zeit, aus der ja keine Dokumente vorliegen, überhaupt kommen konnte. Wir stoßen da auf ein bemerkenswertes, sogar einigermaßen verblüffendes Bekenntnis. Nachdem Sartre sich ausführlich verbreitet hat über die psychosomatische Kondition des mit Sorgfalt aber ohne Zärtlichkeit behandelten Kleinkindes Gustave und aus dieser Bedingtheit Schlüsse zieht auf Flauberts später hervorgetretene hysterische Fallsucht, sagt er plötzlich:

> »Ich gestehe: es ist eine Fabel. Nichts beweist, daß es sich tatsächlich so verhielt. Und, schlimmer noch, der Mangel an Beweisen – die notwendigerweise besondere Fakten sein müßten – verweist uns, selbst wenn wir fabulieren, auf Schematismen und Allgemeinheiten: meine Erzählung trifft auf Säuglinge zu, nicht auf Gustave im besonderen. Aber was tut's! Ich habe den Bericht zuende führen wollen aus dem einzigen, folgenden Grund: wenn ich mir nämlich ohne den geringsten Verdruß vorstellen kann, daß die wahre Erklärung genau die gegenteilige der von mir erfundenen sei, so weiß ich doch, daß sie unter allen Umständen über den von mir eingeschlagenen Weg gehen und die meinige widerlegen müßte auf dem von mir definierten Terrain: dem des Körpers, der Liebe.«

Das Bekenntnis erscheint mir aus zweierlei Gründen besonders wichtig. Zunächst legt Sartre die Karten offen auf den Tisch und sagt uns, daß sein Flaubert eine Erzählung sei – »mon récit« heißt es im Original. Damit werfe ich einen Blick zurück auf das oben von mir angeschlagene Leitmotiv des *Bildungsromans.* Sartre hat in der Tat mit seinem Flaubert einen Roman geschrieben – in der vielleicht einzigen, heute noch akzeptablen Form. In einem Interview sagte er, man müsse seinen Flaubert lesen wie einen *roman vrai,* was sagen will: einen Roman des Wahren, nicht einen »wahren Roman«. Aber gegenüber dem *vrai* behauptet sich triumphierend der *Roman.* Ein Roman war schließlich auch schon Sartres Werk über Jean Genet, das dieser als Biographie seiner Person nicht besonders schätzte, das aber als philosophisches Zeugnis einen wichtigen Platz in Sartres Schriften einnimmt.

Einst, als er die Romanreihe »Wege der Freiheit« nach dem dritten Band abbrach, hat er auf den *vrai roman* verzichtet. Er fand den Weg zum *roman vrai*, da offensichtlich die schiere Erfindung ihm nicht zu taugen schien für seine Aussagen. Dem Erfundenen mußte Wahrheitscharakter verliehen werden auf zweierlei Wegen: Die Imagination sollte sich hinaufranken an einem Gerüst von Faktenmaterial über eine reale Person; ein bestimmtes psychologisches und soziales Milieu mußte gegeben sein, an dem Psychologie und Soziologie sich erproben konnten. Dazu wollte der Autor durch die konsequente Methode einander bestreitender und zugleich hochbalancierender Reflexionen und Konterreflexionen einen Wahrheitsgrad erreichen, der oberhalb des Anekdotisch-Biographischen liegt und, um einen Lieblingsausdruck Sartres zu gebrauchen, das Denken am Gegenstand *totalisiert.*

Dies ist, um hier ein wertendes Wort einzuschalten, zugleich die Stärke und die Schwäche von Sartres Flaubert. Vor uns steht eine sich hochtürmende Gedankendichtung größten Stils, deren kognitiver Aufwand geradezu erschlägt. Wir brauchen aber nur einen winzigen Schritt zu tun, um uns mit manchen Kritikern zu fragen: Wohnen wir nicht einem Delirium der Interpretation bei? Tun wir, sofern uns Flaubert interessiert, nicht besser, uns an irgendeine, den Gegenstand getreulich abschildernde und vorsichtig deutende Biographie und Werkanalyse zu halten (beispielsweise an das vor zwei Jahren publizierte Buch von Maurice Nadeau *Flaubert écrivain*)? Ich habe die kritische Frage aufgeworfen, um sie aus meiner Sicht sofort zu beantworten: Gewiß, wenn wir eine Einführung in Leben und Schriftstellerei Flauberts suchen und nicht mehr als das. Wollen wir aber ein menschliches Geschick durch das Medium eines Buches erfahren und wünschen wir, die Bilanz des Denkens Jean-Paul Sartres zu ziehen, dann werden wir seinen Flaubert vornehmen – nachdem wir uns vorher an Hand einer konventionellen Biographie informiert haben.

Zurück zum Problem des Wahrheitscharakters, den Sartre seinem Bildungsroman zu geben wünscht. Er hat, so konnten wir feststellen, sein intellektuelles Werkzeug am Thema Flaubert totalisiert. Über die Art dieser Totalisierung ist nun ein Wort zu sagen. Sartre verfügt über ein Instrumentarium, dessen wichtigste Utensilien – neben der dichterischen Einfühlungskraft, der »Empathie« – drei sind: Phänomenologie, Psychoanalyse, Marxismus. Daß die Phänomenologie entschieden den Vorrang hat, ist wohl aus den angeführten Beispielen schon deutlich geworden. Die Psychoanalyse ist nicht die klassische, sie kann es auch gar nicht sein, da der Analysand tot ist und nicht durch freisteigende Assoziationen den Weg ins Unbewußte weist. Sartres Methode hält sich an ein paar Grundbegriffe Freuds, im übrigen vereint sie sich mit Empathie und Wesensschau zu jener nur von diesem Schriftsteller und keinem anderen gepflogenen Existenzanalyse und Existenzfindung, die schon im Werke über Jean Genet so befremdlich wie faszinierend sich hervortat. Was den Marxismus betrifft, so haben gleich nach Erscheinen des Werkes Marxisten Einspruch erhoben: die objektive gesellschaftliche Situation sei nicht deutlich genug herausgearbeitet, der Leser werde immer wieder zurückgewiesen aufs Subjekt, und zwar auf das Subjekt Flaubert und das Subjekt Sartre. Daran mag dies und das richtig sein. Dennoch will mir scheinen, als sei hier eine geradezu exemplarische Synthese von Phänomenologie, Psychoanalyse und Marxismus versucht worden.

Ein Beispiel sei angeführt: es eröffnet Möglichkeiten, an die vor Sartre niemand zu denken gewagt hätte. Er spricht von der eigentümlichen Greisenhaftigkeit Flauberts, die übrigens in einem dialektischen Verhältnis steht zur Tatsache, daß er niemals ganz seiner Kindheit entronnen war. Dieses in einer Trivialbiographie ganz einfach als Morosität und Misanthrophie erscheinende Faktum wird nun »totalisierend«, das heißt mittels einer gegenseitigen Durchdringung von phänomenologischen und marxistischen Interpretations-Elementen beschrieben. Sartre sagt über den 54jährigen Flaubert:

> »Im Jahre 1875, als der Bankrott seines Neffen ihn selbst an den Rand des finanziellen Ruins führte, ist nach seinem eigenen Eingeständnis einer der wichtigsten Aspekte seiner Verzweiflung ein frühzeitiges Altern. Er kommt oftmals in seiner Korrespondenz auf diese vor der Zeit sich einstellende Greisenhaftigkeit zurück und findet gute Formulierungen, deren Züge zu fixieren: Überempfindlichkeit, Abstumpfung, Unfähigkeit, sich hochzureißen, Vorgefühl des nahenden Todes, stummes Versinken in fernen Erinnerungen. All dies ist *wahr,* zweifeln wir nicht daran. Aber wenn wir zurückgehen ins Jahr 1870, zur Kapitulation von Sedan, zur Ausrufung der Republik, dann werden wir bemerken, daß er seine Schande, sein Unglück mit genau den gleichen Worten beschreibt ... Ein Motiv wird sichtbar vor dem Hintergrund aller anderen: Gustave ist ein ›Fossil‹, *es ist kein Platz für ihn in der neuen Gesellschaft.* Und darin vor allem ähnelt er den Greisen, die ihre Epoche überleben ... Gustave betrachtet sich im Jahre 1870 (mit neunundvierzig Jahren) als *gewesen* und darum nicht als *seiend.* Dergestalt verwirklichen die finanziellen Rückschläge von 1875 ganz offenkundig nur das, was fünf Jahre zuvor schon aktuell war.«

Wir sehen, wie Interpretationsmethoden sich ergänzen und damit zu einer spezifischen Einheit werden: das Subjekt wird durch das Medium der Gesellschaft geleitet (also: Flaubert durch die im Entstehen begriffene neue bürgerliche Gesellschaft der Dritten Republik, der er nicht gewachsen ist); die gesellschaftlich-objektiven Tatbestände aber werden wieder zurückgeführt zum Subjekt, in welchem sie als unmittelbar Gelebtes – als »vécu« – in einer Schicht zwischen Bewußtsein und Unbewußtem manifestiert werden (Flaubert erlebt seine gesellschaftliche Entfremdung als frühe Greisenhaftigkeit).

Man wird an dieser Stelle vielleicht eines scheinbaren Widerspruchs gewahr werden. Sagte ich nicht eingangs, es habe Sartre seinen Protagonisten nur bis zu dessen 26. Lebensjahr begleitet? Dies ist richtig und falsch zugleich. Sofern eine chronologische Achse gezogen werden kann, geht sie tatsächlich nicht weiter. Sie wird aber an so zahlreichen Stellen gebrochen, umgebogen, nach vor und rückwärts, daß sie ihrer chronologischen Qualität verlustig geht. Man kann von seinem Stilmittel sprechen und sagen: Hier ist der klassische Bildungsroman zum *nouveau roman* geworden. Sachgerechter ist wohl der Hinweis darauf, daß der Autor in dieser Lebensbeschreibung eine Lebens-Zeit aufbreitet, die der physikalischen Zeit nicht mehr entspricht. Flauberts Existenz lag abgeschlossen vor dem Erzähler Sartre. Dieser destillierte aus dem kompakten Block von Lebenszeugnissen und Dichtungen die spezifische Flaubert-Zeit, die im Bergsonschen Sinne gelebte *durée* eines einmaligen, niemals wiederkehrenden Individuums. Nur scheinbar verfährt er willkürlich, wenn er immer wieder aus Kindheit und Jünglingszeit Flauberts weit hinausgreift in dessen reife Jahre und von diesen gleichsam im Fluge wieder zurückkehrt zu den Nöten des von der Mutter zu wenig Zärtlichkeit empfangenden Kindes. In Wahrheit schaltet er in einem Leben – dem abgeschlossenen Leben Flauberts –, das er sich angeeignet hat, bis daß es am Ende sein eigenes Leben wurde. Und das war es ja in der Tat insofern, als er sich fünfzehn Jahre lang darein versenkte, ein stattliches Stück selbstgelebter Zeit mit Flaubert-Zeit verquickte.

Von der Auferstehung im Wort

Wir haben gesehen, daß Sartre einen Bildungsroman schrieb, zu dessen Helden er, der Kritiker der französischen Bourgeoisie, sich einen Dichter dieser Bourgeoisie erwählte. Der Flaubert, wie er ihn sieht, erscheint durch sein ganzes Leben als Opfer einer mißglückten, bürgerlichen Erziehung, welche die Liebe institutionalisierte, so daß sie am Ende reine Pflichterfüllung war, Pflichterfüllung nicht im Kantschen Sinne, sondern Arbeit zur Erhaltung der bürgerlichen Familienzelle. Die in gewissem Sinne »zufällige« Tragik kam hinzu: Gustave Flaubert war der zweitgeborene Sohn und als solcher gegenüber dem bereits in die Dauphin-Würde eingesetzten älteren Bruder überflüssig. Den Ausweg geben die Wörter: das In-der-Welt-Sein wird für Flaubert zu einem In-den-Wörtern-Sein. Hätte dies aber – und damit sei die Rekapitulation abgeschlossen und ein Schritt vorwärts versucht – schon genügt, aus Flaubert einen Dichter zu machen? Es hat doch wohl müssen das Talent dazukommen, höre ich ausrufen.

Talent: Sartre spricht sehr wenig davon. Vielmehr entwickelt er das, was man Talent nennt, aus der Neurose und deren teilweiser Bewältigung. Das Werk ist gegliedert in drei Hauptstücke: *Die Konstitution,* worin Flaubert inmitten seines familiären und sozialen Milieus psychische Engramme empfängt; danach *Die Personalisierung,* das große Kapitel, welches uns von Flauberts Unterwerfung unter die Gewalt eben dieser Engramme spricht, von seiner Passivität, seiner Flucht, seinen Täuschungen und Selbsttäuschungen; schließlich der 400 Seiten starke letzte Teil *Elbenhon oder die letzte Spirale,* so betitelt in Anlehnung an Mallarmés *Igitur ou la folie d'Elbenhon.* Diesem letzten Teil, einer glanzvollen Darstellung der Flaubert'schen Neurose, haben wir uns nun zuzuwenden. Es handelt sich um eine – vom Standpunkte dessen, was man heute die »Antipsychiatrie« nennt, unternommene – Existenzanalyse der nervlichen Krankheit Flauberts, die als unbewußte Strategie im Kampf gegen die sozial und psychisch feindliche Wirklichkeit gedeutet wird und die es Flaubert gestattet, sich bis zu einem gewissen Grade selbst zu finden und sein Schriftstellertum reaktiv zu konstituieren.

Auslösend ist *La Chute,* der Sturz, der erste große pseudoepileptische Anfall Flauberts. Die Umstände des Ereignisses sind die folgenden: Im Januar 1844 fuhr Gustave mit seinem Bruder Achille, der damals schon wohlbestallter Arzt war, von Trouville nach Rouen. Er selbst lenkte die Kutsche. Plötzlich fiel er bewußtlos zu Füßen seines Bruders in den Wagen zurück. In der Ortschaft Pont-l'Eveque in der Region Calvados hob man den Ohnmächtigen aus dem Wagen. Der Bruder, glaubend, es handle sich um einen Schlagfluß, ließ ihn zur Ader. Bald darauf diagnostizierte man – fälschlich, wie später ganz allgemein und schon vor Sartres Analyse angenommen wurde – den Anfall als einen epileptischen. Soweit die baren Fakten. Wie aber nun Sartre anhand dieses Ereignisses das ganze Lebenspanorama Flauberts aufrollt, ist das faszinierendste Exempel einer zugleich sachgetreuen und in der Spekulation über die Faktizität sich erhebenden biographischen Synthese, das ich jemals antraf. Wie aussichtslos der Versuch auch sei, in wenigen Zeilen einen Eindruck dieser vierhundert Seiten langen Beschreibung eines zugleich äußeren und allerinnersten Vorganges wiedergeben zu wollen, er muß unternommen werden. Hier die Stelle, welche den »Sturz« schildert und ausdeutet.

»... Es ist er (Gustave), der den Fahrer macht. War Achille müde? Hatten sie sich entschieden, abwechselnd zu kutschieren? Oder hat der masochistische Dämon Gustave gedrängt, die Zügel zu nehmen? Tatsache ist, daß er sich nicht darauf beschränkt, sich als träger, gerüttelter Protestler (gegen die Heimfahrt) transportieren zu lassen. Er fordert aktive Komplizität an, zumindest akzeptiert er sie: er will die Verantwortung für diese Heimreise, die er verabscheut, auf sich nehmen ... Während er in der dunklen Nacht das Pferd lenkt, konstituiert er sich, mitten im Entsetzen, als praktisch Wirkender: es scheint ihm, als nehme er die Führung seines Lebens selbst in die Hand, freilich nicht so, wie er es sich wünscht, sondern, im Gegenteil, so, wie es ihm aufgezwungen wird ... Das Ergebnis ist ohne Mühe vorstellbar: im Maße, wie er seinen Körper in einer Willenshandlung instrumentalisiert, übergibt er den passiven Widerstand jenem obskuren, in letzter Tiefe lagernden Teil seines Organismus, der ihm nicht gehorcht, das heißt: der seiner Gehorsamkeit nicht gehorcht. Mit einem Schlage irrealisiert sich nun seine Tätigkeit: er spielt eine Rolle, er tut, als sei er wirksam und entschieden, er spielt, daß er die Kutsche lenke – wohl wissend, daß die Komödie unerträgliche und wahre Konsequenzen haben werde ... Von diesem Augenblick an gibt es keinen objektiven Umstand mehr, den er nicht als *seine Bestimmung* deuten würde. Es ist finster, wie in einem erloschenen Herd, er lenkt als Blinder. Die Totalisierung durch die Bewegung – getragen, lenkt er gleichwohl – nimmt ihre spezifische Bedeutung dadurch an, daß sie die Nacht als ihre Materie sich zu eigen macht; diese Reise durch die Finsternis, gelebt von Flaubert als eine ganze Existenz, wird zum Symbol eines *nächtlichen* Lebens.«

Nur allzu bewußt bin ich mir, daß ein derartiges Zitat kaum eine Ahnung des Werkes vermittelt, dazu befremden muß in seiner außerhalb des Kontextes nur umso frappierenderen phänomenologischen Spekulation. Das Risiko muß eingegangen werden. Ein jeder Text hat sein spezifisches intellektuelles Gewicht: man kann, ja man muß wohl sein Heil gelegentlich in resolut vereinfachenden Aussagen suchen, doch ist es notwendig, da und dort dem Leser das spezifische Gewicht aufzuladen, damit die Simplifikationen nicht zur Fälschung werden, *indem sie etwas leicht machen, was nun einmal schwer ist.*

Der *Sturz* wird von den meisten Flaubert-Biographen als ein relativ triviales Ereignis angesehen. Der Dichter genas ja schließlich von seiner Nervenkrankheit, sie hat ihn nicht gehindert an der Konzeption eins säkularen Romanwerks. Für Sartre jedoch steht *La Chute* als – wie es wörtlich heißt – »unmittelbare, negative und taktische Antwort auf eine dringliche Not« im Zentrum der Biographie. In diesem hysterischen Akt hat Flaubert sich erfunden als den, zu dem man ihn gemacht hat. Er gelangte zwar nicht zur Überschreitung seiner selbst, denn, wie es heißt: »er wählte, zu sein, statt zu existieren, zu haben, statt zu handeln«; aber er erreichte durch die Aufsichtnahme seines Geschicks – er nahm die Zügel bei der nächtlichen Fahrt selbst in die Hand! – annähernd eine gewisse Authentizität, die Eigentlichkeit dessen, der das Spiel der Wörter weiter spielt, nach eigenen Regeln, und sich nicht länger vorgegebenen Sprachstrukturen fügt. Der Sturz ist Tod, Tod des Knaben, und Auferstehung.

Das Wort soll nicht falsch verstanden werden. Auch als

ein Auferstehender bewahrt Flaubert sich seine Neurose, seine Passivität auf. Die Resurrektion hat nichts Triumphales. Sie führt auch nicht in die Praxis hinein, sondern in das Imaginäre, in die Wörter – in das Talent, wenn man will – und dieses hat weniger Gewicht als die Tat. In dialektischer Dynamik wird die »Schrift Neurose und die Neurose Schrift«, wie wir an einer Stelle lesen. Nur daß nach dem *Sturz* – der ein Fall nach unten ist, aber auch als ein Abflug nach oben angesehen werden darf – die Wörter als Produkt der Neurose eine neue Legitimität erhalten, da doch Flaubert die volle Verantwortlichkeit übernahm: in der Nacht von Pont-l'Eveque wurde er endgültig zu dem, der er war. Er spielt als Verlierer, jedoch nach der Regel *Qui perd gagne,* so daß er schließlich in der Tat gewinnt, reif wird für sein Meisterwerk *Madame Bovary.* Sein Geschick ist ein individuelles; als solches aber ist es eingesenkt in die soziale und politische Situation der Zeit, so daß es unter voller Beibehaltung seines individuellen Charakters zum Epoche-Schicksal wird. Auf der vorletzten Seite des Sartre'schen Werkes, welche die Seitenzahl 2135 trägt, deutet der Autor an, daß in den kommenden Bänden die marxistische Analyse gegenüber der phänomenologischen den Vorrang haben wird:

> »Was noch fehlt an dem Punkte, an dem wir angelangt sind, um das Leiden Flauberts vollkommen zu verstehen, so würde ich sagen, daß es zwei Dimensionen sind, die wir eine nach der anderen studieren werden. Zunächst: diese Neurose ist historisch und sozial, sie konstituiert ein objektives, zeitlich lokalisierbares Faktum, in dem sich die Kennzeichen einer bestimmten Gesellschaft – der bürgerlich-französischen zur Zeit von Louis-Philippe – sammeln und totalisieren; als diese werden wir sie im nächsten Band mit anderen vergleichen, um zu erforschen, ob sie nicht einer ganz

bestimmten Art von Verwirrungen angehören, die gerade zu dieser Zeit existierten, aber niemals zuvor. Diese Studie wird uns, wie wir sehen werden, erlauben, uns der künstlerischen Bewegung um 1850 anzunähern.«

Sartre verspricht also, etwas weiterzuführen, für dessen Gelingen ich schon da und dort ein Beispiel habe anführen können: eine theoretisch haltbare Vereinigung von Existenzanalyse und Marxismus, die Funktion des sozialen Elements in der Sphäre phänomenologisch-psychologischer Reflexion.

Von der Wiederkehr des Existentialismus

Ich überlese das hier zu Papier Gebrachte, und Zweifel plagen mich, ob es auch nur eine approximative Vorstellung vom geistigen Volumen des besprochenen Werkes zu geben vermag. Meine Unruhe wird umso stärker, als Sartres Flaubert ja letzten Endes eine Summe der Sartre'schen Philosophie ist und sehr weitgehende Vertrautheit mit seinen früheren Schriften voraussetzt. Wir erinnern uns an sein Jugendwerk *L'Imaginaire,* wenn wir lesen:

»Imaginieren heißt zugleich: ein imaginäres Objekt produzieren und sich selbst zur Imagination zu machen . . .«

Wir denken an die *Kritik der dialektischen Vernunft,* wenn wir auf Sätze stoßen wie diesen:

»(Jede Ideologie) ist der Ausdruck einer Klasse, das falsche Bewußtsein, das sie von sich selbst hat, die mythifizierte Gesamtheit ihrer Projekte, die symbolische Befriedigung ihrer Wünsche und die fundamentale Kriegslist, die sie anwendet, um ihre Klassenfeinde zu demoralisieren.«

Wir stoßen allenthalben aber auch auf Stellen, die uns an *Saint-Genet* gemahnen, an die zahlreichen, in den Bänden *Situations* zusammengefaßten Essays, an die Dramen und die frühen Novellen wie *Kindheit eines Chefs*. Was bedeutet dies für die Rezeption des Werkes? Daß nur jene Leser Sartres letzte Veröffentlichung mit Gewinn aufnehmen werden, die nicht nur die voraufgegangenen Bücher dieses Autors zumindest »im Schnitt« kennen, sondern die ihm darüber hinaus mit jener »Empathie« begegnen, mit der er selbst die Gestalt Flauberts ausformte. Haben wir es doch hier mit einem ganz bestimmten, so und nicht anders strukturierten geistigen Raum zu tun, in dem sich nur wohlfühlen wird, wer willens ist, ihn für begrenzte Zeit zu bewohnen. Das gilt für die Räume aller exzeptionellen und originellen Köpfe, man mag nur den Joyce'schen als Beispiel sich einfallen lassen oder den Heidegger'schen. Und schließlich ist ein Weiteres erforderlich für die Aufnahme dieses Werkes: Sympathie mit dem geistigen Schicksal dieses unermüdlich durch Irrungen und Wirrungen sich vorkämpfenden Autors, der verzweifelt versucht, aus der Eremitage des bürgerlichen Intellektuellen auszubrechen und den Weg in eine Praxis zu finden, die sowohl politisch als auch moralisch ist.

Heißt dies, daß ich selber als Kritiker dem nicht ganz geheuren Zauber dieses monströsen Buches verfiel und diese Hypnose nun auch noch auf andere übertragen will? Ich hoffe nicht. Die nach den gängigen Kategorien als Schwächen geltenden Eigenschaften des Werkes sind mir so offenbar wie irgendeinem beliebigen Leser. Es gibt Wiederholungen, die nicht mehr als Kontrapunktik erscheinen, sondern einfach ermüden. Wir begegnen spekulativen Partien, bei denen man seinen ganzen guten Willen aufbringen muß, um sich nicht ärgerlich zu fragen: Was soll das alles noch mit Flaubert zu tun haben, und selbst wenn: was geht's mich an? Durchaus wirkt die totalisierende Methode Sartres häufig als ein Mangel an kompositorischer Einheit. Die Dialektik von Reflexion und Konterreflexion läßt mehr als einmal aufseufzen, weil man über ihnen das Flaubert-Bild aus den Augen verliert und zeitweise das Gefühl hat, es habe Sartre in diesem Buch sich ganz und gar von seiner Realität entfernt, die sich in der Literatur am überzeugendsten doch immer wieder in lapidarer Zusammenziehung darstellt. Nur frage ich mich: ging es den zeitgenössischen Lesern eines Proust, eines Joyce, eines Musil anders? Waren nicht auch sie irritiert durch das Neue, das sie erregte und ermüdete zugleich?

Mit Absicht habe ich Exempel aus der Literatur gewählt, nicht aus der Philosophie. Sartres Flaubert erscheint mir in erster Linie als ein Roman, freilich als ein episches Werk, das die Brücke schlägt zum Bereich der Philosophie und Anthropologie. Denkendes Erzählen und erzählendes Denken vereinen sich hier zu einer neuen Form schriftstellerischer Aussage, die gute Chancen hat, die Form von morgen zu werden. Im übrigen wird das Werk, wenn erst die beiden nächsten Bände erschienen sind, die Polemik zwischen Strukturalisten und Existenzialo-Marxisten noch einmal neu entfachen. Man merkt es dem Buche an, daß der Autor nicht unbeeinflußt blieb von strukturalistischen Erkenntnissen – allein der häufige Gebrauch des Wortes Struktur fällt gegenüber den früheren Schriften auf. Sehr klar aber zieht Sartre die Grenze zwischen seiner dialektischen Vernunft und der strukturalistischen Metaphysik, wenn er sagt:

»Nur in dem Maße kann der Mensch ›gesprochen werden‹, in dem er selbst spricht – und umgekehrt. Es gibt hier ein dialektisches Verhältnis, das man heute zu vergessen geneigt ist.«

Der Biograph, Romancier, Philosoph Jean-Paul Sartre ist jenseits der Entwicklungswege, die er einschlug, jenseits der marxistischen Wanderjahre und der strukturalistischen Lehrjahre, immer noch der Sartre, den wir kennen seit Jahr und Tag: der nämliche, der vor fast einem Vierteljahrhundert sagte: *Existenzialismus ist Humanismus.* In seinem *Flaubert* haben wir den humanistischen Bildungsroman unserer Zeit. Es ist unmöglich, dies nicht zu sehen, und es ist unstatthaft, es, geblendet von geistesgeschichtlichen Aktualitätsblitzen, übersehen zu wollen.

CHRONISTIN IHRER ZEIT

»Existentialismus in den Wechseljahren« —: so hat ein Kritiker seine Rezension des dritten Memoirenbandes von Simone de Beauvoir *(Der Lauf der Dinge)* überschrieben. Das ist nicht fein. Dafür ist es aber auch nicht geistreich. Man denkt an Tucholsky, der einmal eine Glosse über eine gewisse Art deutschen Esprits geschrieben hat: »Der Bär tanzt«. Doch warum schon eingangs polemisieren? Kein Ende wäre abzusehen. Simone de Beauvoir ist eine Ungeliebte, auch in ihrer Heimat. Es gibt dort genug brillante junge Leute, die entdecken, daß unsere Autorin schlampig schreibt, Reflexionen, Anekdoten und politische Polemiken (»aggressiv« diese und natürlich »ressentimentgeladen«) aufhäuft, daß sie den baren Klatsch wuchern läßt und die Bäume nicht sieht vor lauter Wald. Und da man die Frage nach der Relevanz schon in Frankreich gestellt hat, unter Rezensenten, die ein umfassendes Personenregister nicht nötig hatten — was Wunder, daß man erst in Deutschland, auch wenn man nicht gerade von Wechseljahren schreibt, sich irritiert zeigt?

Es läßt sich vielleicht manches tun, das Mißverständnis zu erhellen, dem Unverständnis Zurückhaltung zu empfehlen: mit sanfter Strenge, wie man so sagt. Denn schließlich, wer diese Memoiren verfaßte, dieses Leben lebte, ist nicht die Nächstbeste. Gefährtin Sartres? Das sagt und rechtfertigt gar nichts. Aber eine Autorin, die mindestens an zwei Stellen meisterhafte Prosa geschrieben hat: in dem Bericht über das Sterben ihrer Mutter (*Ein sanfter Tod,* Rowohlt 1965) und auf den letzten Seiten ihres dritten Memoirenbandes, dort, wo von Alter und Tod die Rede ist. Dieser Epilog sollte künftig in keiner Anthologie der großen Literatur des Jahrhunderts fehlen.

Man kann sagen, das sei zu wenig. Und kann die Frage stellen, was sonst noch bleiben werde aus ihrem umfangreichen Lebenswerk. Wir antworten vorläufig und zögernd: *l'Invitée,* als eines der letzten literarischen Dokumente der Zwischenkriegszeit, und *Le deuxième sexe,* als eine zwar wohl bald überholte, aber gleichwohl noch wichtige Fleißarbeit über den Stand der Frauenemanzipation zur Jahrhundertmitte. Wir antworten nach längerem Nachdenken und im Gefühle der Gewißheit: alle drei Erinnerungsbücher, *Memoiren einer Tochter aus gutem Hause, In den besten Jahren, Der Lauf der Dinge* (Rowohlt 1960/61/66). Sie sind Teil der Chronik einer Zeit, gestaltender Teil auch dieser Zeit selbst.

Simone de Beauvoir fühlt sich nicht als das, was man früher in Deutschland eine »Dichterin« genannt hat. Von ihren Memoiren sagt sie ausdrücklich im Vorwort zum dritten Band »Ich behaupte keineswegs, daß es sich um ein Kunstwerk handelt . . .« Was sie wollte, war nur ein rechtes Leben und honette Arbeit. ›*Simone de Beauvoir ou l'enterprise de vivre* heißt ein eben in Frankreich von Francis Jeanson veröffentlichtes Buch.) Beide Selbstanforderungen hat sie erfüllt bis zum Beispielhaften. Wer darf das von sich sagen? Die Memoiren gehen den Spuren des Lebens nach, berichten von der Arbeit, ohne Schonung, ohne Wehleidigkeit, freilich mit jener Aggressivität, die da pfeift auf Charme und Glätte, da sie Ausdruck der Wahrheit ist, der Faktenwahrheit von gestern und heut, der moralischen Wahrheit von morgen. Simone de Beauvoirs *Wege der Freiheit* führen durch sehr viel Glück und manche Bitternis in ein weites Land – und enden doch in der unausweichlichen Knechtschaft von Alter und Tod.

Im Anfang die jeune fille rangée, das Mädchen aus gutem Hause: bewacht von einer Kinderfrau, der wohl nichts anderes übrig bleibt, als gütig zu sein; schöne, nur manchmal zornige Augen einer geliebten Mama und nachlässige Erziehungshilfe eines Vaters, der begabt ist für die Causerie und unbegabt zum bürgerlichen Erfolg, der ein Adelsprädikat führt, ohne darum der Aristokratie anzugehören; Spaziergänge auf den Champs Elysées, Kirche, Ferienfahrten zu Verwandten in die Provinz: ein Duft von Proust. Das Mädchen aus gutem Hause geht in eine (katholische) Schule, debütiert in der Gesellschaft, heiratet schließlich, dies wohlüberlegt, mit nicht zu wenig und nicht allzuviel Liebe. Dann kommen Kinder und man erwirbt auf dem Père Lachaise eine »concession à perpétuité«, eine Gruft für die Ewigkeit, verdinglichter Tod. Die Lebensgleise scheinen unverrückbar festgelegt und laufen offensichtlich dorthin, wo später der Marschall Pétain stehen wird mit dem grämlichen »Arbeit, Familie, Vaterland«; denn der Vater ist ein Mann, der von der Schuld Dreyfus' überzeugt bleibt, Maurras verehrt, die Ausländer verabscheut.

Aber es geht nicht in Richtung Marschall. Das Mädchen Simone, etwas zaghaft gefolgt von ihrer Schwester Hélène (»Poupette«), springt aus den Schienen. Der entscheidende Bruch und Aufbruch ereignet sich früh: als Verwerfung des Glaubens, der im Beichtstuhl verloren geht, wo der Kleriker dem zwölfjährigen, mystischer Feierlichkeit entgegenbangenden Mädchen gemütlich etwas vorschwatzt. Was später folgt, ist nur die Konsequenz der

Verneinung des religiösen Herkommens. Frühe Verliebtheiten, überschwengliche Mädchenfreundschaft, Universitätsstudium, bei dem man ganz und gar den lieben Gott verlernt und zur perfekten Cartésienne wird, Hörsaal-Kameradschaft mit Merleau-Ponty, Lévi-Strauss, Raymond Aron, erhitzte Gespräche im Café – sie sind nur die notwendigen Folgen einer Befreiung, die im Beichtstuhl begann und in zahllosen Varianten ein Leben ausmachen werden. Entscheidende Auswirkung schließlich, geistiger Schnittpunkt, an dem der Bruch in Aufbruch umschlägt, ist die Bekanntschaft mit dem um drei Jahre älteren Philosophiestudenten Sartre.

Die *Memoiren einer Tochter aus gutem Hause* sind der geschlossenste der drei Erinnerungsbände, ein melancholischer, manchmal naiver, in aller Naivität aber immer luzider bürgerlicher Bildungsroman, vergleichbar den *Memories of a Catholic Girlhood* der Mary McCarthy, weniger geistreich als das Buch der Amerikanerin, dafür geistiger, minder elegant, doch um vieles gediegener. Wie viele Mädchen aus gutem Hause in der ganzen Welt erkannten sich darin wieder!

Aus ironischer Melancholie bürgerlicher Selbstbespiegelung wird wütende bürgerliche Abwehr, als das zweite Memoirenbuch herauskommt: *La force de l'âge,* In den besten Jahren. Die Romanstruktur ist in diesem Werk aufgebrochen, eine neue Weite des Ausschreitens gewonnen im Beginn eines lebenslangen Dialogs mit Sartre, »le petit camarade«. Das Mädchen aus gutem Hause saust über die schräge Rutschbahn und muß abgeschrieben werden von ihrer bürgerlichen Ursprungswelt. Neben dem Fleiß, der geistigen Ordnungsliebe bleibt vom Herkommen nur noch – und wird es für lange bleiben –: die naive Hochachtung vor universitärer Bildung, die Ahnungslosigkeit gegenüber sozialer Problematik und der

Widerwille gegen das garstige politische Lied. Das gilt übrigens auch für den Gefährten. Ein junges Paar steht da vor uns – ein schönes, aber nicht sonderlich elegantes Mädchen und ein exuberanter junger Mensch –, das von Kant sehr viel weiß und von der Volksfront so gut wie nichts, das sich auskennt in der Monadologie, nicht aber in den Umständen, die zum chinesisch-japanischen Krieg führten, das in »Wörtern« lebt und in der Illusion: scribo ergo sum.

Zwei Wunderkinder, zwei Frühvollendete? Eher zwei Musterschüler der Philosophie (»Man hat mich oft einen Musterschüler genannt; ich bin einer«, sagt Sartre in den *Wörtern*), wenn auch keine Musterkinder des bürgerlichen Alltags. Sie haben den von der Gesellschaft verurteilten Kontrakt der freien Vereinigung geschlossen. Das ist der erste Weg in die Freiheit. Über die Liaisons des einen und des anderen triumphiert eine brüderliche Liebe und ein geistiger Dialog. So ist denn *In den besten Jahren* nicht nur die Chronik einer Epoche, sondern auch einer der schönsten Liebesromane, durchströmt von einer spontanen, formlosen und sehr einfachen Poesie, die das Bild der Musterschülerin sprengt. Poesie auch in den Begegnungen der jungen Frau mit Landschaften, Kirchen, alten Gassen, lyrische Gestimmtheit einer Schriftstellerin, die sich nicht schert um formales Gelingen oder Ausgleiten. Ihr kommt es an auf das Glück, das man wie seinen Leibniz erlernt, vielleicht, das man sich aber auch in Freiheit erringen muß, um zu ihm berufen zu sein. »Das Glück« heißt es an einer Stelle, »ist eine weniger allgemeine Berufung, als man glauben würde ...«

Es ist schwer, frei *und* glücklich zu sein, wenn man zeitweilig in jenem Trio lebt, das auch in dem Roman *L'invitée* heraufbeschworen wird. Das Glück ist eine Aufgabe, wenn man immer wieder lange Zeit vom Geliebten getrennt ist. Es fällt nicht vom Himmel, wenn man Romane schreibt, von denen man später mit schlichter Sachlichkeit feststellt, daß sie mediokder waren. Das Glück schließlich wird zum tollkühnen Anspruch, wenn in das Leben aus Fleiß, Arbeit, Liebe die Zeit einbricht, die fürchterliche Zeit des Krieges! Doch soll man den Mund nicht voll nehmen: Simone de Beauvoir gibt in den *Besten Jahren* wohl deshalb die intelligenteste Beschreibung von Krieg und Besatzung in Frankreich, die uns bekannt ist, weil jeder Versuch unterbleibt, sich hinzustellen als die Résistance-Heldin, die sie nicht war. Auch Sartres Widerstandsleistung – bescheiden, nicht zu vergleichen mit der eines André Malraux (aber immerhin hat Sartre damals einen der ersten intellektuellen Widerstandszirkel gegründet) – wird nicht in ein heroisierendes Licht gerückt.

Im zweiten Memoirenband sind wir Zeugen, wie die Freiheit zunächst nur auf zwei Ebenen gewonnen wird; der persönlichen, auf der sie teils eine erotisch loyale, teils aber auch eine subjektiv-egoistische ist, und auf der philosophischen. Die Befreiung von bürgerlicher Konvention gestattet das Experiment freier Liebe und innerhalb dieser die schwierige und fragwürdige Erfahrung des »Trios«. Die philosophische Freiheit, erlernt auf weiten Strecken von der deutschen Phänomenologie, ist die jenes berühmt-berüchtigten »freien Willens«, über dessen Reichweite noch Jahrzehnte danach Sartre mit seinen Freund-Feinden, den Marxisten, diskutieren wird. Was fehlt, ist ein klarer Begriff von *gesellschaftlicher* Freiheit: sie bedeutet zunächst nur, daß man die Faust des Besatzers vom Nacken schüttelt. Nur undeutlich wissen am Morgen der Befreiung Frankreichs die beiden Schriftsteller, was sie in den Jahren der Zwischenkriegszeit versäumten und um was es künftig gehen wird. Von Sartre als dem Autor der *Nausée* und der *Mouches* und des philosophischen Hauptwerkes *L'Etre et le Néant* fällt der Ruhm (Simone de Beauvoirs erster Roman *L'invitée* erregt sofort Aufmerksamkeit) auch auf die Weggenossin – doch ist er zunächst nur die sensationelle Kalamität der »existentialistischen Welle«. Die Totalisierung von Sartres Philosophie, will sagen: ihre Verifizierung in und an der politischen Realität, wird mißlingen. – Davon handelt der dritte Memoirenband.

Er ist das unruhigste, zerfahrenste, aber zeitgeschichtlich wichtigste Werk der Trilogie. *La force des choses* (gar nicht glücklich übersetzt mit *Der Lauf der Dinge*) ist übermächtig. Simone de Beauvoir gibt sich keine Mühe, den Leser freundlich zu stimmen. So wird es ein Kinderspiel, das Bild, das sie von sich selbst hastig entwirft, zum Zerrbild zu verzeichnen. Da sie mitten im Streit steht, der oft ein Streiten wird, ist sie, wie ihre Gegner sie wollen: polemisch, im Zorn um sich blickend, unduldsam, zerrüttet von Ressentiments.

Das Glück wird immer schwieriger, die Freiheit immer unkenntlicher. Literaten-Geschwätz blüht tropisch in diesem Band, der teilweise die »Mandarins« (Rowohlt, 1955) umklammert und erhellt, so wie der vorangehende die *L'invitée* verdoppelte. Zank mit Koestler, Bruch mit Camus und Merleau-Ponty. Wirklich nur Geschwätz? Doch wohl etwas mehr: nämlich die mit radikaler Aufrichtigkeit notierte geistige Auseinandersetzung innerhalb Frankreichs Linker, die ungelöst blieb und deren Unordnung und Leid bis heute Unruhe stiften in einem problematischen Europa. Der streitbare, manchmal gehetzte Ton versteht sich aus den Umständen der Jahre 1944 bis 1962. Es gibt Angriffe, die komisch sind und über die sich hinweggehen läßt mit einem Achselzucken, so wenn der Sowjetschriftsteller Fadejew Sartre einen »schreibenden Schakal« nennt oder wenn ein kommunistischer Journalist versichert, Simone de Beauvoir habe in ihrer Jugend nackt in einer Kaschemme auf einem Faß getanzt. Andere Auseinandersetzungen sind bitterer: die mit Camus etwa, der sich zum Humanitäts-Olympier hinaufsublimiert, oder die mit Merleau-Ponty, der sich schließlich in phänomenologische Spekulationen einspinnt.

Was man hurtig die Ressentiments der Simone de Beauvoir nennen mag, sind im Grunde die Qualen, die ein von sich selbst betrogenes geschichtliches Gewissen sich bereitet. Schließlich – da diese Überlegungen nun einmal jenen apologetischen Charakter annehmen mußten, den ihr Verfasser lieber vermieden hätte – bleibt ein immer wieder gegen alle Erinnerungsbände, aber vorzüglich gegen den letzten erhobener Vorwurf zu entkräftigen: Simone de Beauvoir habe achtlos ihre Erinnerungen wie in eine Truhe gestopft, in der man nutzloses Zeug aufbewahrt; politisch Wichtiges stehe neben persönlich Nebensächlichem, philosophische Reflexionen befänden sich in allzu dichter Nachbarschaft mit den Bagatellen des Literaten-Alltags. Ich habe eine starke Neigung, der Autorin gerade diese atemlose Achtlosigkeit, die sich fühlbar macht bis in den vom Argot gezeichneten Stil hinein, hoch anzurechnen. Die Wirklichkeit fällt in uns wie Regentropfen. Wir arbeiten und denken nach, und dann laufen wir über die Straße um Zigaretten. Wir unterzeichnen ein Manifest und gehen am gleichen Abend ins Kino. Festgehalten im Film der Realität, überschneiden sich die Ereignisse, wie der Zufall des Alltags sie uns zuwirft. Was recht war bei Joyce oder meinetwegen bei Dos Passos, es sollte nicht mißbilligt werden in einem Werk, das bewußt sich aussetzt dem ungeordneten Ausströmen von Reminiszenzen. Simone de Beauvoir spart nicht Raum aus für ihre Gedanken, um sie in feierlicher Anschirrung am Halfter vorzuführen.

Das Wesentliche tritt bei solchem procedere am Ende nur um so plastischer hervor: Frankreich zwischen 1944 und 1962. Versuch, gescheiterter, die Linke im Zeichen der Résistance zu einigen. Kalter Krieg, blutige Entkolonisierung, der Putsch der Generale, Tortur in Algerien. Das persönliche Drama der Verfasserin (wie ihres Gefährten, doch das gehört auf ein anderes Blatt) besteht im parallelen Lauf der sozialen und politischen Bewußtwerdung mit tiefer Enttäuschung. 1949 spricht sie zum erstenmal vor einem Publikum, das kein bürgerliches ist, nähert sich gemeinsam mit Sartre dem Marxismus, weil sie mit ihm erkannt hat, daß sie beide jahrzehntelang im sozialen Vakuum des philosophischen Idealismus gelebt hatten: und schon beginnt in der Arbeiterschaft der lange währende Prozeß des Ideologieverzichts. Sie will die Welt in ihrer Totalität ergreifen: und ihr Zugriff kommt zu spät.

Das fördert nicht das Einverständnis mit dieser besten aller möglichen Welten. Doch schärft es das Gefühl für Ungerechtigkeit, intensiviert das Mit-Leiden mit allen, die im Dunkel stehen: verprügelten Arabern, heimatlosen Juden, hungernden Lateinamerikanern. »Angesichts eines Kindes, das stirbt, hat die *Nausée* kein Gewicht« hat Sartre gesagt. Auch Simone de Beauvoir sieht Kinder, die vor der Zeit dem Tod gehören. Und sie fühlt vor ihnen ihr eigenes Werk nicht gewichtiger als das einer Nathalie Sarraute. Niemals aber wird über der Enttäuschung die Bitterkeit zur Verbitterung. Es bleibt die Freude an Menschen und Dingen, der Wunsch nach Glück; ». . . es ist des Menschen Recht auf Erden, da er doch nur kurz lebt, glücklich zu sein . . .« Wie hätte wohl eine Frau, von der man das Klischee der verstandeskalten Intellektuellen zugleich mit dem einer politikschnaubenden Megäre in Umlauf gebracht, zur Mitte der Vierzig in einem um 17 Jahre

jüngeren Mann eine leidenschaftliche Liebe erwecken können?
Erst am Ende, auf den letzten Seiten des dritten Memoirenbandes, seinen schönsten, die wesensmäßig zusammengehören mit dem *Sanften Tod* der Mutter, dröhnt dumpf der Gong der Verzweiflung: das Altern steht im Begriffe, zum Alter zu werden. Nun ist das Leben nur noch, was es war, schon erstarrt zur Essenz. »Eines Tages habe ich mir gesagt: ich bin vierzig Jahre alt«, schreibt sie, »Als ich mich von diesem Staunen erholt hatte, war ich fünfzig.« Hier scheitert eine Philosophie, nicht an ihrer Unzulänglichkeit, sondern weil es eine Philosophie des Lebens und Handelns ist, die niemals dem Tode Raum gewähren wollte. Wer alt wird, kann sich nicht mehr entwerfen. Die Existenz, die der Essenz voranging, ist kaum noch aufzugreifen, denn der unerbittlich heranrückende Tod, das »Falsche« (»Le faux, c'est la mort«, sagt Sartre) vernichtet jeden Ansatz zum Entwurf, verrammelt die Wege in die Freiheit. Die Vergangenheit, »fort, für immer fort und ganz vergangen«, wie es einst bei Hofmannsthal hieß, ist steinerne Gegenwärtigkeit. Man könnte den Tod begraben im Linnen des Ruhmes, wie es der Knabe Poulou-Sartre versucht hat. Simone de Beauvoir ist zu aufrichtig und zu gescheit, und sie weiß, daß die Zukunft jenen jungen Frauen gehört, die ihr sagen: »Sie erinnern mich an meine Mutter« – und ihr mit dieser Zukunft auch die Welt stehlen.
Die Enttäuschung, die sie im letzten Satz des letzten Erinnerungsbandes ausdrückt ». . . ich entdecke mit Bestürzung, wie sehr ich geprellt worden bin«, hat nichts mehr zu schaffen mit politischer Frustration. Es ist die große Geprelltheit, vor der wir alle stehen werden und über die diesem oder jenem der Priester mit der Hostie hinweghelfen mag. Doch soll der Ausklang der Memoiren, so sehr

er dichterisch und menschlich überwältigt, uns nicht vergessen machen, was diese drei Bände wirklich bedeuten: Chronik der Zeit, Paraphrase zu Sartres Werk, Kommentar zum eigenen, Autobiographie, der man den Titel geben möchte, mit dem vor Jahr und Tag Heinrich Mann ein Buch überschrieb: »Ein ernstes Leben«.

IM DICKICHT DER ZEIT: SIMONE DE BEAUVOIR

Vor wenigen Monaten erschien in Frankreich der vierte und vorläufig letzte Memoirenband von Simone de Beauvoir *Tout compte fait* (in freier Übersetzung zu deutsch ungefähr: *Alles in Allem*). Wie so häufig in den letzten 10 Jahren, sobald ein Buch dieser Autorin herauskam, war auch diesmal wieder die kritische Aufnahme höchst vielfältig. Da ist zunächst ein gewisser Respekt, den selbst die Gegner zollen: Die Franzosen haben ein ausgeprägtes Gefühl für nationalen Besitz, und da nun einmal Simone de Beauvoir seit mehr als zweieinhalb Jahrzehnten sich neben ihrem Gefährten Jean-Paul Sartre auf der geistigen Szene Frankreichs bewegt, wurde sie zu einer Sache dieser auf ihr Prestige stets empfindlich bedachten Nation; etwas wie Denkmalschutz wird ihr zugestanden. In diesen Respekt mengte sich jedoch auch diesmal beharrliche, insinuierende Aufsässigkeit. Es handelt sich um das vertrackte Faktum, daß hier die französische Bourgeoisie in einer Autorin ein Kind der eigenen Rasse und Klasse erkennt, für das sie allerwegen eine gewisse Zärtlichkeit in Reserve hält; daß aber zugleich dieses Kind, da es doch offensichtlich ein ungeratenes ist – *une brébis galeuse* – gezüchtigt werden muß durch Ironie, Hohn, Verachtung.

Eine Rezeption in diesem Sinne bedeutet zunächst einmal: auch dieses letzte Buch ist, wie alle Werke Simone de Beauvoirs, selbst ihre schwachen wie etwa der Roman *Die schönen Bilder*, buchhändlerischer Erfolg, da die Bourgeoisie, die züchtigt, auch ihrerseits gezüchtigt werden will. Bis zu einem gewissen Grade ist diese Autorin das personifizierte schlechte Gewissen der herrschenden Klasse ihres Landes. Unzweifelbar erkennt diese Schicht in ihrem Spiegel sich wieder, auch dort wo er ein Zerrspiegel ist; denn der Zerfall der bürgerlichen Wertordnung ist in Frankreich genau soweit gediehen, daß das Bürgertum sich zu seinen Traditionen nur noch unter der Voraussetzung einer – allerdings niemals bis in ihre letzten Konsequenzen durchdachten – Selbstkritik bekennen zu können glaubt. Simone de Beauvoirs vierter Memoirenband, darin sie von ihrem und Sartres Engagement an die Neue Linke berichtet, von ihrem radikalen Feminismus, aber auch wiederum von den Problemen des Alters und selbstverständlich, wie gewohnt, von mancherlei nur ein gewisses Paris interessierenden Literaturklatsch, ist »im Gespräch«. Kein schlechter Moment also, um für die deutsche Leserschaft ein Bildnis dieser Schriftstellerin versuchsweise zu entwerfen.

Gewisse Schwierigkeiten stellen sich da dem Portraitisten sofort in den Weg. Als Beispiel sei nur die eine angeführt: Mme. de Beauvoir trat unmittelbar nach dem Kriege aus den Trümmern der Vergangenheit Frankreichs hervor und war, wiewohl selbst niemals an irgendwelchen ins Gewicht fallenden Widerstandsaktionen beteiligt, bestrahlt vom Mythos der Résistance, dem Sartre in einer existentialistischen Philosophie, einer Philosophie der Freiheit und der Tat, eine ideologische Rechtfertigung *post festum* verliehen hat. Dieser Mythos war für Frankreich eine nationale Sache. Er war das für Deutschland keineswegs, und allein diese Tatsache bedingt schon eine gewisse Fremdheit oder Befremdung der potentiellen

Porträtsbeschauer vor dem Bildnis. Hinzu kommt, daß Simone de Beauvoir, wiewohl ihre Bücher in alle wichtigen Sprachen übersetzt wurden, Kind und Trägerin eines bis zum Provinzialismus gehenden französischen Bildungsgutes ist. Ihre Kenntnis der englischen, amerikanischen, deutschen geistigen Szenerie ist gering. Nicht ohne eine gewisse Belustigung wird der deutsche Leser in ihren Memoiren auf jene Stelle stoßen, in der sie mit naivem Stolz erklärt, sie beschäftige sich eben mit wichtiger moderner deutscher Literatur und ihre Lektüre umfasse die Autoren Hauptmann, Kellermann, Sudermann — als ob die drei irgendetwas gemein hätten außer der Endung ihrer Namen.

Aber vielleicht macht gerade die Schwierigkeit den Reiz der Porträtzeichnung aus: Hier ist eine weltberühmte Frau, die zugleich eine große Unbekannte ist. Eine Frau, die als *Gestalt* nicht eigentlich wahrgenommen wurde, wiewohl sie wie kaum eine andere alle Karten offen — allzu offen, wie man schon gesagt hat — auf den Tisch legt. Ein großer Teil ihres Oeuvres hat unverhohlen und untransformiert autobiographischen Charakter. Damit meine ich nicht nur die nunmehr vierbändige Konzeption ihrer Memoiren, sondern auch andere Werke: den Roman *Sie kam und blieb,* darin sie das schwierige Unternehmen einer Liebe, die sie mit einer anderen Frau hat teilen müssen, nachzeichnete; den sehr schönen, ja ergreifenden Bericht vom Sterben ihrer Mutter *Ein sanfter Tod;* den großen Roman *Les Mandarins,* der autobiographisch die hohe Zeit des französischen Existentialismus dokumentiert; die zu wenig beachtete Erzählung *Das Alter der Vernunft,* die im Novellenband *Die zerbrochene Frau* zu finden ist — eine Paraphrase zu ihrer persönlichen Altersproblematik, welche sie subjektiv auf den letzten Seiten des dritten Memoirenwerkes abhandelt, und die objektiviert als Thema ihres mit Information fast überlasteten Werkes *Das Alter* erscheint. Die Biographie dieser bis zur Indiskretion hartnäckigen Autobiographin, die den Leser in ihre Privatgemächer einläßt, woselbst sie ihre Affären hatte – mit dem amerikanischen Romancier Nelson Algren, als reife Frau mit dem jungen Publizisten Claude Lanzmann – ist nun in groben Strichen nachzuzeichnen, wobei das aus den Texten der Autorin bekannte Detail zu ersetzen ist durch kritische Reflexion.

Wenn es oben hieß, sie sei »das schlechte Gewissen der französischen Bourgeoisie«, dann ist dieser Satz dahingehend zu ergänzen, daß sie dieses schlechte Gewissen auch *hat*. Ihre politisch-philosophische (beziehungsweise politosophische) Existenz wird erst aufgeschlüsselt, sobald wir erkennen, daß ihr ganzes Trachten dahin ging, das »Mädchen aus gutem Hause«, das sie war und als das sie sich im ersten Teil ihrer Memoiren ironisch-ausdrücklich bezeichnet hat, zu überwinden. Was immer heute an ihren Schriften irritierend erscheinen mag: der universitäre, in der Materialanhäufung fast erschreckende Fleiß, wie ihn die Musterschülerinnen der Schule und des Lebens zu haben pflegen, und zum andern der sich zum Paroxysmus hinaufsteigende Radikalismus ihrer Stellungnahmen in Fragen der Emanzipation des (wirklichen oder von ihr imaginierten) Proletariats oder der Frau – all dies wird uns verständlich aus dem Konflikt der Bürgerstochter, welche die Bourgeoisie verabscheut.

Gleich Jean-Paul Sartre, der als junger Mensch die Existenzanalyse des Bürgertums in der Erzählung *Die Kindheit eines Chefs* vollbrachte und damit eine kathartische Handlung vollzog, hat Simone de Beauvoir nicht aufgehört, in ihren Schriften jenes Bürgertum, zu dem sie doch eine gewisse sentimentale Beziehung stets bewahrte, intellektuell bloßzustellen und zu *demoralisieren.* Der Konflikt der Bürgerstochter oder des Bürgersohnes mit dem Milieu der Herkunft ist ein durchaus klassischer: er kann ausgetragen werden mit den Mitteln der Ironie (wie bei Thomas Mann) oder mit den Waffen der Auflehnung (wie bei Heinrich Mann). Sartre und Simone de Beauvoir wählten, aus Gründen des Temperaments wie auch aus den Gegebenheiten ihrer Epoche heraus, die Revolte. Wie häufig gerade bei Mme. de Beauvoir diese Revolte eine blinde war, werden wir sehen.

Im Anfang also die *jeune fille rangée,* das Mädchen aus gutem, wenn auch, wie die Autobiographin selbst immer betont, verarmtem Hause. Der Vater, der ein Adelsprädikat führte, ohne darum der Aristokratie anzugehören, war offensichtlich ein Konformist mit Charme, ein guter Ehemann, durchdrungen von der Bürgerwahrheit, daß die Frau ist, wozu der Mann sie macht, ein zärtlicher, wenn auch nicht genügend fürsorglicher *pater familias,* Anwalt ohne übermäßig erfolgreiche Praxis. Man soll das Wort »verarmt« oder »ruiné«, wenn es von der französischen Bourgeoisie gebraucht wird, nicht allzu tragisch nehmen – auch Proust, erinnern wir uns, sagte sein Leben lang, er sei »ruiné«, was ihn aber nicht gehindert hat, im »Ritz« zu logieren und bei »Weber« zu dinieren. Nun, im »Ritz« zu wohnen hätte Monsieur de Beauvoir sich nicht leisten können, aber so sehr ruiniert war er wieder nicht, daß er nicht seinen Töchtern Simone und der jüngeren »Poupette«, der nachmaligen Malerin Hélène de Beauvoir, eine ausgezeichnete Erziehung hatte angedeihen lassen können. Nicht einmal als die Ältere das nach Brotlosigkeit ungut riechende Studium der reinen Philosophie wählte, wurde protestiert. Simone de Beauvoir genoß alle Vorteile der Bürgerlichkeit (einschließlich des vor dem Schopenhauerschen Laster der Langeweile schützenden

Umstands, daß es nicht allzu üppig bestellt war ums Haus) und keinen der Nachteile. Sie sagt es im letzten Band ihrer Erinnerungen sehr deutlich: weder ihr Vater noch ihre Mutter, die sie sehr geliebt hat und der sie das schöne Buch über den unsanften »sanften Tod« übers Grab hin nachsandte, waren, wie das heute heißt, »repressiv«. Dies waren sie allenfalls abstrakt, in ihrer Eigenschaft als Bürger, nicht aber in ihrer realen Existenz.

Auf der *Ecole Normale Supérieure,* dieser merkwürdig-versteinerten, höchst elitären und überaus französischen Institution, begegnete die 1908 Geborene dem nun drei Jahre älteren Jean-Paul Sartre. Die Würfel hätten anders fallen können. Man kann sich ausdenken, daß das sehr schöne, hochgescheite junge Mädchen sich an einen anderen Kameraden der so ungewöhnlich mit Talenten bestückten Generation angeschlossen hätte; an den damaligen Freund und nachmaligen intimsten Feind Sartres, den Soziologen Raymond Aron, an den Schriftsteller Paul Nizan, an Merleau-Ponty. Mit sicherem Instinkt wählte sie unter den Begabten das Genie. Es war ein Glück, daß sie, die aus ihrer Glücksentschlossenheit eine ganze Philosophie gemacht hat, Glück hatte. Die damals geschmiedete Gemeinschaft hielt den Stürmen zweier turbulenter Privatexistenzen und einer aus den Fugen geratenen Epoche stand: noch heute arbeiten, wie seit Jahr und Tag, Simone de Beauvoir und Sartre allnachmittäglich im gleichen Appartement, einmal in seinem, dann in ihrem. Die Lebensgemeinschaft wurde zur Geistes- und Arbeitsunion.

Ein beliebtes Gesellschaftsspiel der Kritik war es stets, zu fragen: Wie hätte diese Schriftstellerin sich geistig und politisch entfaltet, wäre sie damals nicht Sartres Gefährtin geworden, sondern die eines anderen, vielleicht eines konservativen *normalien*? Sie selbst hat wiederholt dazu Stellung genommen, in ziemlich leidenschaftlicher Form übrigens: Die Frage allein sei schon Ausdruck männlicher Arroganz; der Mann sei unfähig, sich die Frau anders vorzustellen denn als getreuen Spiegel seiner selbst! Und sie hat beharrt darauf, daß sie unter allen Umständen ihren Weg gegangen wäre – einen Weg, den man mit der Metapher »von rechts nach links« annähernd bezeichnen kann. Und damit kommen wir zu einem recht entscheidenden Punkt. Wenn ich sage »von rechts nach links«, dann meine ich natürlich nicht, daß die beiden erschreckend fleißigen jungen Leute der Zwischenkriegszeit je wirklich politisch rechts gestanden wären. Sie waren nur *politikfremd.* Sie hatten, gleich vielen anderen auch, vor dem zweiten Weltkrieg vage Volksfrontsympathien gehabt, das war aber auch alles. Echte Kinder ihrer Klasse, ihres Landes und dessen Erziehungssystems, das auf eine mystifizierende Weise »literarisch« und »humanistisch« orientiert ist, dazu beide Fachphilosophen, wußten sie alles über Descartes und Leibniz, aber so gut wie nichts über Gewerkschaftsprobleme und die aus Süden und Osten herüberdrohende Gefahr des Faschismus.

Doch wie komme ich überhaupt dazu, hier im Plural zu sprechen? Es ist einfach: Wie heftig Simone de Beauvoir sich auch gewehrt habe gegen den in der Tat etwas albernen Titel der *Grande Sartreuse* – ihre Biographie, die geistige und die an äußeren Lebensdaten erkennbare, ist unlöslich verknüpft mit der Existenz Jean-Paul Sartres. Ohne Zögern wage ich die Behauptung: Hätte er selbst mehr von Politik verstanden, wäre auch die Kameradin früher zu politischem Bewußtsein erwacht. Andererseits will ich und muß jedermann ihr zuerkennen, daß sie als Moralistin ganz gewiß dem Freunde nicht gefolgt wäre, wenn dieser andere Wege eingeschlagen hätte. In ihren Memoiren gibt sie zu verstehen, daß zur Zeit, als Sartre

Kriegsgefangener in Deutschland war, ihr Gerüchte ans Ohr gekommen seien, nach denen Sartre sich zu einer gewissen »collaboration« mit den Deutschen geneigt zeige. Und sie fügt hinzu, daß sie, hätten die undeutlichen Nachrichten sich bestätigt, dem Gefährten die Freundschaft aufgekündigt hätte. Wir haben alle Ursache, ihr das zu glauben. Auf Schleichwegen wäre sie nicht an Sartres Seite geblieben: auf vielen Irrwegen aber hielt sie mit dem Freunde Schritt.

Vor einigen Monaten sah ich Simone de Beauvoir und Jean-Paul Sartre, wie sie in Brüssel, im unbarmherzigen Weißlicht der Fernsehlampen, nach einem von Sartre gehaltenen Vortrag den Kongreßpalast der Europäischen Gemeinschaften verließen – zwei ältere, müde Menschen, deren vorsichtige Gangart etwas Rührendes hatte, wenn man sie nämlich vergleicht mit dem metaphorischen »Sturmschritt des Geistes«, der beiden immer noch das Tempo vorschreibt. Unwillkürlich dachte ich zweieinhalb Jahrzehnte zurück, als ich das Paar nach dem Kriege in der gleichen Stadt zum erstenmal gesehen hatte. Was damals Zukunft gewesen war, sich wollende, wählende, erfindende *Existenz* im Sartreschen Sinne, es war nun schon Vergangenheit: ein unabdingbares Sein, aus dem es kein Entrinnen gibt, *Essenz*, die fürderhin unabänderlich bleiben muß. Und gerade Mme. Beauvoirs Geschick, das ja bei weitem nicht so ins Große hineinragt wie das des Kameraden, gab mir Stoff zu einem traurigen Nachsinnen. Es wurde mir bewußt, wie in einem anderen Verstande als sie es gemeint haben mochte, als sie zum Abschluß ihres dritten Memoirenbuches dies notiert hatte, sie in der Tat »geprellt« worden ist. Inmitten eines äußeren Erfolges, der nicht nur die kurzlebige *Mode* des Existentialismus der Nachkriegszeit überdauert hat, sondern in schöner Stabilität noch heute wie ein guter Stern über ihr steht, wurde sie gleichwohl Zeuge des Zusammenbruchs fast aller ihrer gesellschaftlichen Visionen und Utopien. Die Revolution, von der sie gehofft hatte, daß sie als eine reife Frucht der Résistance in Frankreich gleichsam vom Baume der Geschichte fallen müsse, hatte sich nicht ereignet; die Sieger im Kampf um ein neues Frankreich wurden nicht die rasch ermüdenden Helden des Widerstandes, sondern die flinken, cleveren Technokraten.

Enttäuscht wurden aber auch die Hoffnungen, die Simone de Beauvoir gemeinsam mit Sartre in die Entwicklung der diversen Sozialismen beziehungsweise Kommunismen gesetzt hatte. Der zähe Kampf mit und um die Kommunistische Partei Frankreichs, von der beide sich nicht völlig hatten isolieren wollen, da sie doch glaubten, diese Formation repräsentiere den Willen des Proletariats und damit »le sens de l'histoire«, endete nach zahllosen Peripetien mit einem totalen Bruch, der zugleich die Verurteilung ohne Berufung der UdSSR war. Ungarn 1956 – das war ein Schlag gewesen, der mit verzweifeltem guten Willen zur Weltrevolution und ihrer sich als solche darstellenden Trägerin, eben der Sowjetunion, eben noch hinzunehmen war. Prag 1968: damit war das Faß dann voll. Was Ernst Fischer mir einmal wörtlich in einem Brief schrieb, das mußten auch Sartre und Simone de Beauvoir empfunden und gedacht haben: »Von diesem Lande sind nur noch Mondlandungen und Großmachtwahn zu erwarten«.

Auch die Utopien eines Sozialismus in der Dritten Welt lagen bald als zerschellte Illusionen am Boden. Algerien war nicht der Funke gewesen, der nach Frankreich hinüberzündete, ja es hatte dieses Land nichts hervorgebracht als einen großarabischen, theokratisch unterström-

ten Nationalismus. Kuba, wohin beide mehrmals gereist waren und wo sie einen brüderlichen Sozialismus im Entstehen glaubten, hatte unter dem Druck dessen, was Sartre das »Praktisch-Inerte« nennt, sich zu einer Art UdSSR en miniature entwickelt, zu einem Lande mit undurchsichtigen Hexenprozessen und einer allgegenwärtigen Polizei. Und China? Simone de Beauvoir hatte nach ihrer ersten China-Reise in den frühen fünfziger Jahren das begeisterte Buch vom *Langen Marsch* geschrieben. Sie hat nach dem Aufflammen der Revolte von 1968 den Maoisten in Frankreich ihre Unterstützung verliehen. Ich will gar nicht wissen, wie ihr in diesem Augenblick zumute sein muß, da in Peking Tschou En-lai die Kaiserin des Iran mit allen Ehren empfängt und es nicht fehlen läßt an Huldigungen der »fortschrittlichen« Politik des Schahinschah – des gleichen Mannes, gegen den Maoisten in Westeuropa zu protestieren gewohnt sind.
Gewiß, Simone de Beauvoir ist nicht die schwärmerische politische Romantikerin, als die man sie oft genug von interessierter Seite hingestellt hat. In ihrem Memoirenband *Tout compte fait* schreibt sie hinsichtlich ihrer Stellung zu den Maoisten ausdrücklich: »Ich kann keinen blinden Glauben in das China Maos haben ...: Ich bin nicht so naiv zu glauben, daß sie morgen ihre Revolution machen werden und der Triumphalismus mancher unter ihnen erscheint mir kindisch.« Aber dann meint sie eben doch, daß diese Nachfolger der Generation, die im Mai 1968 um ein Haar de Gaulle aus dem Sattel seines Rosinante-Rosses gehoben hätten, dem sozialistischen Gedanken jenes frische Blut zuführten, ohne das nicht einmal Aufstände möglich sind. Sie glaubt es oder hofft es – ich weiß nicht zu unterscheiden, wo der Glaube aufhört und die schiere Hoffnung beginnt – nicht zuletzt aus Zorn und Enttäuschung über die Politik der Kommunistischen

Partei Frankreichs, die sie gemeinsam mit Sartre als »opposition respectueuse« bezeichnet (nicht ohne deutlichen Anklang übrigens an Sartres Bühnenstück *La putain respectueuse,* das man in Deutschland stets falsch »Die ehrbare Dirne« statt richtig »Die ehrerbietige Dirne« übersetzt). Die KPF ist in den Augen Simone de Beauvoirs, Sartres und ihrer maoistischen Freunde zur Dirne geworden, die sich dem Kapitalismus in selbstverleugnerischer Loyalität ausliefert und ihm als Draufgabe noch feile Ehrerbietung vor die Füße legt.

Nun freilich: Zorn und Enttäuschung sind schlechte Ratgeber, wo es um politische Analyse als Voraussetzung für politische Aktion zu gehen hat. Und es ist möglich, ja es erscheint mir als wahrscheinlich, daß Simone de Beauvoir wird erkennen müssen, wie nicht nur ein »blinder Glaube« an Maos China, sondern auch eine blinde Hoffnung auf das revolutionäre Potential der westeuropäischen Maoisten zu einem sowohl geistigen als auch politischen Debakel führen. Ich bin nicht sicher, ob sie nicht noch einmal – und dann mit deutlichem Bezug auf ihre politische Tätigkeit seit Mai 1968 – wird notieren müssen, sie entdecke voller Bestürzung, wie sehr sie geprellt worden ist.

Man soll das Bildnis dieser Schriftstellerin aber nicht abrunden, ohne jene Züge zu akzentuieren, die sie als eine um ihre Emanzipation kämpfende *Frau* kennzeichnen. Wir wollen in all dem manchmal schrillen und zu den lächerlichsten Absurditäten sich hinaufsteigernden Geschrei um die Frauen-Befreiungs-Bewegung nicht vergessen, daß es nicht Betty Friedan oder Kate Millet oder Germaine Greer sind, denen wir die zugleich umfassendsten und radikalsten Darstellungen der *condition feminine* verdanken, sondern daß *sie* es ist, Simone de Beauvoir. Vor mehr als dreiundzwanzig Jahren hat sie das damals heftig umkämpfte Werk *Das andere Geschlecht* publiziert, jene bislang umfassendste anthropologische, historische und soziologische Studie, die in den fünfziger Jahren das vereinfachende, aber nicht ganz unzutreffende Wort vom »Klassenkampf der Frau« in Umlauf brachte. Als junges Mädchen hatte sie immer wieder zu ihrer Empörung ihren Vater sagen hören, die Frau sei stets nur das, was der Ehemann aus ihr mache. Nun modifizierte sie diesen Satz im Sartre'schen Sinne und gab der Welt zu verstehen: »Nicht darauf kommt es an, was der Mann aus der Frau macht, sondern darauf, was sie aus dem macht, zu dem er sie gemacht hat.« »Niemand wird als Frau geboren, man *wird* zur Frau.« Womit gemeint ist, daß alle Züge, die gemeinhin als »spezifisch weiblich« gelten, kein unveränderliches Programm der Natur sind, sondern das Ergebnis einer gesellschaftlichen Entwicklung, die auf einer Unterdrückung der Frau durch den Mann ebenso beruhte wie auf der Ausbeutung der besitzlosen Volksmassen. Man hat, manchmal vehement, manchmal larmoyant, gegen diese These protestiert, nicht nur von männlicher Seite. Gelegentlich haben auch Frauen sich dagegen erhoben und, wie die belgische Schriftstellerin Suzanne Lilar, Simone de Beauvoir vorgehalten, sie verrate gleichsam die Frau, indem sie sie ihrer natürlichen Authentizität beraube.

Desungeachtet darf man sagen, daß der Kampf für die Befreiung der Frau ihr den einsichtigsten und bedeutendsten Erfolg im Felde der gesellschaftlichen Wirklichkeit eingebracht hat. Ihre Grundgedanken haben sich, sei es in ihrer originalen Form, sei es modifiziert oder sogar verzerrt, in den zwei Jahrzehnten seit Erscheinen des Werkes in Westeuropa und in den USA in vollem Umfang durchgesetzt. Dies war nicht zuletzt darum der Fall, weil sie, im Gegensatz zu manchen ihrer Epigoninnen, ihre feministischen Forderungen auf der soliden Basis einer theoretisch durchformulierten Philosophie – der existentialo-marxistischen – zu stellen wußte; und natürlich auch, weil gerade in diesem Falle sie einer Bewegung das Wort führte, die der Ausdruck eines echten, längst vorhandenen Mißbehagens und schreiender sozialer Ungerechtigkeit war. Anders gesagt: Ihre Thesen von der Ausbeutung des Proletariats können im Lichte reformistischer Sozialtheorien als Fehleinschätzungen erscheinen; ihre Interpretation der weiblichen Kondition als Produkt eines schweigenden und durch Phraseologien mystifizierend verschleierten Repressionsmechanismus sind unangreifbar. Seit 1970 hat sie sich denn auch in vorderster Linie in der internationalen Frauen-Befreiungs-Bewegung betätigt, wobei sie, im Gegensatz zum Mythos, den man um sie aufgebaut hat, ein durchaus *mäßigendes* Element ist. Sie verstößt nicht den Mann mit der historischen Rolle, die er innehatte; gegen die von ihrem eigenen polemischen Furioso mitgerissenen Frauenrechtlerinnen führt sie innerhalb der Diskussion um die Emanzipation der Frau das cartesianisch-vernünftige und menschlich versöhnliche Wort.

Es gibt sogenannte Banalitäten, die auszusprechen nicht nur erlaubt, sondern geboten, ja unerläßlich ist. Wenn ich zurückblicke auf Dasein und Wirken dieser Schriftstellerin, deren öffentliche Existenz ich seit 1945 »aus nächster Ferne«, wie François Bondy das in einem Buchtitel so hübsch genannt hat, getreulich verfolge, wenn ich die Epoche überschaue und die Rolle, die sie in dieser sich zuschrieb, dann bleibt es mir nicht erspart zu sagen, daß ich samt allen Zeitgenossen ihr Dank schulde. Simone de Beauvoir stand stets auf der rechten Stelle, wenn diese auch nicht immer zugleich die richtige war. Ihre Arbeiten waren ein leidenschaftlicher Dienst am Leben. Eine Passion für Gerechtigkeit tat sich darin kund, die, wie könnte das auch anders sein, sie oft zur Ungerechtigkeit getrieben hat; eine Parteinahme für das Humanum, die unvermeidlicherweise in wilde Parteilichkeit da und dort hat übergehen müssen; eine tiefe Entschlossenheit, beizutragen zum Geradebiegen einer verdrehten Welt. Ob sie für die Armen und Elenden eingetreten ist (auch ohne darauf zu achten, daß diese vielleicht so elend gar nicht mehr waren); ob sie das Altern erst als Skandalon zornig anklagte, danach mit ruhigerer Stimme für das Recht und die Rechte der Alten sprach; ob sie gegen die Diskrimination der Juden sich erhob oder gegen die der Araber — stets stand sie im Dienste einer Utopie, ohne die keine würdige Existenz denkbar ist.

BEGEGNUNGEN MIT ELIAS CANETTI

Hier muß ja nicht mehr präsentiert werden: was vor zehn Jahren noch ein geheimes Losungswort war, ist heute Teil des zeitgenössischen Geistesinventars. Canetti, in seiner Zeit und gegen sie stehend, ist eine Präsenz, vielleicht ein Ruhm, gewiß schon ein Thema für Dissertantenmühen. Deutschland hat diesen aus Bulgarien stammenden Wahlösterreicher, der seit Jahr und Tag in London lebt, aufgenommen und an sein Herz gedrückt. Büchner-Preis, Ehrungen anderer Art, Anhängerschaften möglicherweise. Aber es wird Deutschland ihn nicht liebevoll erdrücken, dazu ist er zu sehr einem Raum jenseits der geographischen Räume verhaftet: ich meine, dem Bereich des freiwaltenden, den »Strömungen« seinen Tribut verweigernden Geistes.
Wo Vorstellung überflüssig ist, mag die Erinnerung sich aussprechen; wo die gelehrte Abhandlung guten Gewissens anderen überlassen werden darf, soll der Subjektivität ihr Recht werden. Denn, was mich angeht, so habe ich diesen Schriftsteller genannt, lang ehe der Kulturbetrieb von ihm Besitz ergriff. Die erste Begegnung, die eine ganz einseitige war, liegt so tief in der Lebensferne, daß ihre Konturen sich vor dem schwächer werdenden Auge verwischen. Es war in Wien, soviel ist gewiß. Aber in welchem Vortragssaal, welchem Jahre? 1935? 1936? Canetti, ein gedrungen gebauter junger Mann mit übermächtigem Löwenhaupt und scharfer Brille, las aus dem noch unver-

öffentlichten Roman, der unter dem Titel *Die Blendung* heute das Entzücken der Eingeweihten ist. Damals hieß das Buch *Kant fängt Feuer,* ein fulminanter Titel. Hätte ich zu verfügen, ich würde der *Blendung* ihren ursprünglichen Namen zurückgeben und würde den Sinologen, Professor Kien, guten Gewissens wiederum mit Kant ansprechen, denn ein »Kopf ohne Welt« war wohl auch der kleine Herr aus Königsberg, der die Metaphysik in ihre Schranken weisen wollte und ihr dennoch nicht unwiderruflich die Gefolgschaft aufkündigte.

Kurz nach Erscheinen des Buches in einem österreichischen Verlag las ich dann die greuliche Geschichte des Privatgelehrten, der sich von einem blöden, fetten Weibsstück in Besitz nehmen und zerstören ließ, so daß ihm, der einer mysterischen *Macht* unterlegen war, nur noch das reinigende Feuer blieb, das seine Riesenbibliothek und ihn selbst verschlang. Ich las das Buch im Kontext Österreich: mir war es etwas, das herausgestiegen kam aus den Tiefen der österreichischen Hintertreppen-Dämonie, die einen Kafka nicht nur, sondern auch einen Musil hervorgebracht hatte und vor allem: den Karl Kraus, in dessen, wie man so sagt, »satirischen« Szenen aus den *Letzten Tagen der Menschheit* die Ungeheuerlichkeit, die da kommen sollte, schon präkonzipiert war. Der Kraussche Greißler Vinzenz Chramosta und der sadistische »gute Vater« Canettis sind Blut eines Blutes und haben dies und das zu tun, beide, mit dem vermaledeiten mythischen Fresser, der schon sich aufgemacht hatte, die Welt in sein mahlendes Maul zu stopfen.

Glaubte ich an das Bestehen und Überstehen dieses exzeptionellen Romans? Es wäre glatte Lüge, zumindest freundliche Selbsttäuschung, wenn ich jetzt Ja sagte. Ich sah in diesem Buch das Wetterleuchten der Menschheitsdämmerung, in der Österreich stärker und panikerwekkender erbebte als irgendein anderes Reich. Um aber die ganze Wahrheit zu sagen: Ich sah auch in Musils scharfer und Kafkas eiskalter Prosa nichts anderes, sah nationale oder sogar lokale Phänomene dort, wo später die Geistesgeschichte erwiesen hat, daß Erscheinungen im Weltmaßstab sich hervorgetan hatten.

Lange Zeit sollte ich vom Namen Canetti nichts wieder vernehmen. Erst nach dem Kriege, vielleicht um 1947, las ich, ausgerechnet im amerikanischen »Times«-Magazin, eine im pseudoironischen Standard-Stil dieses Periodikums geschriebene, verdeckt lobende Rezension der eben erschienenen englischen Ausgabe der *Blendung: Auto da Fé*. Die Begegnung mit diesem Namen war mir nur geisterhaft. Ich kam von weither, heraufgestiegen aus einer Unterwelt. Canetti, sein Förderer und Freund Broch, den ich auch vage gekannt hatte, Musil, Kafka – was sollte mir all das? »Was frommt das alles uns und diese Spiele«, die wir zwar nicht »groß«, aber doch in einer gar nicht mehr spielerisch-anmutsvollen Art einsam waren, was sollte es uns, den Überlebenden? Das »Überleben« war hier ein anderes als das später von Canetti gedeutete, ein Überstehen mit schlechtem Gewissen. Man drückte sich durch die Zeit, die ganze Ambition war, zu vergessen und vergessen zu werden. *Tiens*, Canetti, dachte ich. Den gibt's also noch. Auch er hat überstanden. Mag er sich ruhig verhalten – und im übrigen viel Auflageglück für die englische Ausgabe! Noch immer begriff ich nicht – denn ich war anderswo, bei Sartre, Camus, Merleau-Ponty –, daß das Canetti-Kraus-Kafka-Musil-Brochsche Österreich *mehr war* als Österreich. Gedanken, bestimmt, die Welt zu erschüttern, waren dort gefaßt worden. Ich war zu weit weg, als daß ich es hätte begreifen können. Und legte das »Time«-Magazin zum übrigen.

Jahre. Und eines Tages *Masse und Macht*. Hier war nun

etwas ganz Neues und Unerhörtes. Aus Visionen war eine Anthropologie geworden, die ohne Referenzen an andere Gedankengebäude in voller Selbständigkeit sich entfaltete. Begriffe, die in der philosophisch-anthropologischen Tradition keine Wurzeln hatten, rückten nicht ohne Gewalttätigkeit an mich heran: der triumphierend »Überlebende«, eine »Masse«, von der weder Le Bon noch Ortega y Gasset noch die modernen amerikanischen Soziologen sich etwas einfallen ließen. Die Meuten – Jagdmeute, Kriegsmeute, Vermehrungsmeute – bedrohten mich, der ich Massen und Meuten und Überlebende in der Unterwelt erfahren hatte. Das war kein wissenschaftliches Buch, wenngleich es auf profunde mythengeschichtliche Kenntnis sich berufen durfte. Es war auch kein im herkömmlichen Sinne philosophisches Werk, da es die philosophische Fachterminologie mied wie die Pest, die sie am Ende wirklich ist. Hier war ein Vorhaben, wie ich es selbst zu eben dieser Zeit und in ganz anderem Zusammenhang das »vertikale Denken« genannt hatte: einer horchte nach innen, blickte in die Welt seiner Visionen und deutete in freier Wahl, dank vor allem seines metaphorischen Genies, den Menschen und die Welt. Mühelos stellte ich die Verbindung her zum Canetti der *Blendung,* den ich einst gekannt hatte; denn die *Macht* und die *Masse* (und wäre diese nichts gewesen als die Masse der Bücher des Professors Kien und die Fleischmasse seiner scheußlichen Therese) waren schon im Mittelpunkt dieses Werkes gestanden. Die österreichische Dämonie war mit *Masse und Macht* welthaltig geworden: ich verstand, daß dieses Buch eines der großen Zeugnisse der Epoche war.

Dann geschah es, daß gerade die Redaktion dieser Zeitschrift mich bat, ich möchte doch, wenn ich einmal nach London käme, Canetti aufsuchen und dann vielleicht etwas über ihn und sein Werk schreiben. Der Stern begann ja schon zu leuchten: nicht nur *Masse und Macht* wurden von den Kreisen, auf die es ankam, beachtet; auch Canettis Theaterstücke wurden aufgeführt und mit Aufmerksamkeit aufgenommen. So saß ich denn eines dunklen herbstlichen Nachmittags in Hampstead Canetti gegenüber. Das Gespräch war zeitlich begrenzt, denn mein Partner mußte am selbigen Abend noch verreisen. Ich erinnere ein ziemlich kahles Zimmer, Dämmerlicht, babylonische Büchertürme, einen sehr großen Schreibtisch, einen knapp mittelgroßen, aber mächtig gewachsenen Mann, dessen Löwenhaupt von dermaleinst ins Überdimensionale gewachsen zu sein schien. Ich erinnere den Eindruck außerordentlicher Vitalität, die sich physisch mitteilte, aber auch verbal manifest wurde, wenn mein Gegenüber nämlich in einem eigentümlich persönlichen Ton sagte: »Ich *hasse* den Tod« – als sei der Tod ein Jemand, als könne der Haß wirksam werden wider ihn. Ich lauschte aufmerksam, denn auch ich, der ich den Tod nicht haßte, sondern eher angstvoll herbeisehnte, war auf meine Weise mit unser aller Endgeschick befaßt. Der Abschied, dem ein kurzer Briefwechsel folgte, war herzlich. Zu meiner Canetti-Arbeit kam es nicht. Ich hätte, um diesem Werk gerecht zu werden, es noch einmal Stück für Stück genau durchackern, hätte anstreichen, exzerpieren müssen, mich verhalten wie der Gelehrte, der ich nicht bin. So konnte ich nur aus der Ferne mit Sympathie den Aufstieg eines Namens, einer Gedankenwelt verfolgen und mich freuen, wenn öfter und öfter in Zeitschriften, auf Buchumschlägen und im Funk der Name Canetti mir begegnete.

Schließlich fügte eine freundliche Koinzidenz es, daß wir beide zur gleichen Zeit als außerordentliche Mitglieder in die Berliner Akademie der Künste gewählt wurden.

Seitdem trifft man sich ziemlich regelmäßig. Es kommt auch immer wieder zu kurzen, aber intensiven Gesprächen, und ich weiß, daß wir einander einmal von der Überlegenheit des je für uns bedeutendsten Romanciers über den je anderen zu überzeugen suchten: Canetti stand für Musil, ich für Thomas Mann. Die Zeitmeinung hatte er in diesem Punkte eher für sich, und ich focht für meinen Meister wohl nur ein kleines Rückzugsgefecht. Auch stritt ich ohne rechten Elan, weiß nicht genau warum, vielleicht aber, weil ich mir des Höhenunterschiedes zwischen Canettis anthropologischer Konzeption und meinen eigenen logischen Todes-Spintisierereien bewußt war. So verhielt und verhalte ich mich, wann immer es Divergenzen unserer Meinungen gibt – und es gibt sie stets in großer Zahl – als bescheidener Lump.
Der ist bescheiden zwar, aber auch kritisch. Wird Canettis Werk »bleiben« – was immer man darunter verstehe in einer Epoche, welche mehr und mehr das Schreiben nur noch vom Tage her und für den Tag zuläßt? Keine Ahnung. Nur dies glaube ich: die grandiosen anthropologischen »Jagdszenen« dieses Denkers werden grandios dann gewesen sein, wenn von Ihnen weiter zeugende Denkimpulse ausgehen. Um ganz präzise zu sein: Es gibt philosophische Leistungen, die in sich und für sich bedeutend sind, gleichgültig, ob sie durch Weiterwirken von der Geistesgeschichte ratifiziert werden. Zwei Beispiele aus ganz verschiedenen, sternweit voneinander entfernten geistigen Welten: Schopenhauer ist tot – »abgetan«; und nicht einmal, daß, was er lebte, stah'n bleiben wird, ist gewiß. Sein Werk aber ist, abgetan oder nicht, eine große geistige Ausführung in sich selbst und kraft seiner selbst. Von Carnaps Buch *Der logische Aufbau der Welt* wird kaum noch gesprochen, aber wer es liest, muß redlicherweise sagen, daß diese denkerische Kraftentfaltung imponiert. –

Wie aber stünde es, um das frappierendste Gegen-Exempel anzuführen, um Freud, wenn nicht die geistesgeschichtliche Wirkung ihn auf alle Zeiten hinaus als einen der Großen legitimiert hätte? Es ist klar: er wäre samt seiner Libido, seinem Ödipuskomplex, seinem metaphorischen Aufbau der Person aus Es, Ich, Über-Ich nur eine *kostbare Seltsamkeit.* Der Fall Canetti liegt ähnlich. Viel hängt hier vom Richtspruch der Geschichte ab. Wird diese Canettis Werk bewahren wie die Schriften von Freud, von Marx?

Ich hasse den Tod nicht und habe wenig Lust, noch lange zu leben. Aber ich bin neugierig. Gerne würde ich wissen wollen, wie in vierzig Jahren der Zeitgeist über einen von mir so verehrten Autor urteilen wird.

DIE LEUTE VON WINTERSPELT

Es mag ja sein, daß ich hier besonders engagiert bin, weil nun eben die Region um Winterspelt, Prüm, St. Vith, Malmédy, Hemmeres die meine war. Dort nämlich überschritt ich im Januar 1939, ohne Papiere, ohne Geld, von Menschenschmugglern aus Elsenborn geführt, die Grenze, die das Dritte Reich von Belgien trennte. Ich kenne die Gegend, la Haute Fagne, die Schnee-Eifel, die ich wahrhaftig im tiefsten Schnee durchstapfte. Ich wußte noch nichts, konnte noch nichts wissen von den Schlachten, die sich abspielen würden in diesem Raum, der Ardennen-Offensive Rundstedts, von McAuliffs »nuts«, das heute zur Folklore von Bastogne gehört. Nichts hatte ich gehört von »Landsern« noch von GIs, nur die Wörter Gestapo, Dachau, Buchenwald waren mir geläufig und schmeckten bitter auf der Zunge. Inzwischen freilich bin ich durch die Lehre der Geschichte gegangen. Ich kenne sie alle wie meine eigene Wohnung: die Belgier der »Ostkantone« Eupen-Malmédy, die Khaki-Soldaten der Befreiungsarmee, so halbwegs auch die Deutschen der Aachener Region. Und bin also vertraut auch mit den Leuten von Winterspelt. Anderschs Gestalten – mir ist, als wären sie in meinem Leben gewesen, lange bevor sie aus dem Roman heraustraten in eine Welt, die, lächerlich genug, die literarische Frage stellt, ob sie denn auch wirklich »gestaltet« seien. Welche Torheit! Das geht ja alles weit hinaus über Literatur: es ist Wirklichkeit, meines Lebens grobgewebter Stoff, den ich abtaste, zu erfahren, wer ich war und heute sein muß.

Ich lasse mich denn nicht einschüchtern von des Majors Dincklage guter, einer schweren Arthrose abgetrotzter Haltung, nicht von Wenzel Hainstocks schwebend zwischen Tapferkeit und heiloser Phrase stets bedrohter politischer Virilität. Ich bin nicht hoffnungslos verliebt in Käthe Lenk, wiewohl sie mir nicht übel gefällt in ihrem schwarzen Pullover, dessen Ausschnitt die gebräunte, sehr frische Haut dem Blick freigibt. Frische Haut: aber das war einmal, denn nun ist Käthe Lenk 54 Jahre alt, spricht kaum noch deutsch (sie wurde Mrs Kimbrough), hat mit den Jahren die Frische der Haut und der Intelligenz eingebüßt.

Ja, die Leute von Winterspelt sind mit mir. Der Autor hat ihre Schicksale offen gelassen, »ziemlich unbekümmert«, wie Thomas Mann die Frage nach dem Überleben eines den Stahlgewittern seinen »Lindenbaum« entgegensetzenden Castorp. So kann man sich denn dieser Menschen bemächtigen, sie kommen aus einem zum Weiterdichten geschriebenen Buch, und wer da spielerisch-ernst die Fortsetzungsarbeit vollzieht, muß in Gottes Namen nicht seinerseits ein Dichter sein.

Sagte ich, es blieben die Geschicke offen, verlören sich in einer Zukunft, die unsere Gegenwart ist? Es gilt das nicht für alle. Denn Dr. Schefold ist tot. Der Soldat Reidel (kein Nazi-Soldat, nur ein durch Gemeinheiten der Gesellschaft gemein gewordener armer Schuft) schoß ihn über den Haufen. Er gibt mir zu denken. Dieser große, korpulentgraziöse Mann, der Liebeserfahrungen nur mit Gemälden hat, ist mir in seiner Handlungsweise nicht ganz verständlich, was weder gegen ihn noch seine Bilder etwas aussagt, wovon ich aber nicht loskomme. Da kam er als

»arischer« Emigrant 1937 nach Belgien, hatte als Kunstexperte von Rang Verbindung zu belgischen Kreisen, zu jenen übrigens, die ich gut kenne und von denen ich weiß, in welchem Lager sie standen. Warum fand er über sie nicht den Weg in die Widerstandsbewegung? Warum entdeckte er nicht eines der Maquis, die es in den Ardennen gab, unweit von Hemmeres, wo er im Niemandsland hauste? Warum spielte er als Grenzgänger ohne präzise Direktiven der alliierten Geheimdienste auf eigene Faust den Spion? Er war wohl das, was man weltfremd nennt, der arme Dr. Schefold, und so fiel er, getroffen von den Stahlmantelgeschossen des Reidel aus der fremden Welt. Er muß irgendwo zwischen Winterspelt und St. Vith sein Grab haben. Ich komme häufig, angefahren aus der Haute Fagne, in diese Gegend. Will mich nach seiner Grabstätte umsehen. Es ist zu spät, für immer, ihn zu verstehen.
Aber Major Dincklage, mit und in ihm kenne ich mich aus, wiewohl ich niemals deutscher Soldat oder Offizier oder gar Ritterkreuzträger war. Er war doch einer von den martialisch-schick uniformierten Herren, denen ich zwischen 1941 und 1943 im deutschbesetzten Westen auf Schritt und Tritt begegnete. Korrekt, so daß die dummen Franzosen und Belgier gleich sagten: mais ils sont gentils, les boches! Ich sehe ihn in der Métro, wo er trotz seiner schmerzenden Hüfte einer älteren Frau seinen Platz anbietet. Ich höre im Café, wie er leise mit Kameraden über das Pack spricht, das er verabscheut, gegen das er aber nicht aufsteht. Wie konnten Sie Ihr Ritterkreuz tragen, Dincklage, während andere mit dem gelben Stern sich an die Mauern drückten? Ich weiß, Sie senkten die Augen, wenn Sie ihrer ansichtig wurden. Sie blickten weg von den grauen Hausmauern mit den kalkweißen Anschlägen der Kommandantur, die wortökonomisch von Geisel-

erschießungen berichteten. Sie dachten nach und taten dennoch ihren Dienst. Sie litten – aber wie tief, wie schmerzhaft? – und viel zu spät planten Sie die unausführbare Idee, Ihren ohnehin verlorenen Truppenkörper in amerikanische Gefangenschaft zu überführen. Ich möchte meinen, möchte hoffen, daß Sie fielen, das war die einzige Art für Ihresgleichen, mit einiger Würde die Szene zu verlassen. Aber ich kann nicht schwören darauf. Möglich, daß Sie sich erschossen, da doch Ihr Spiel ernst wurde. Es mag aber auch sein, Sie übernahmen nach der Währungsreform die Ziegelei Ihres Vaters in Meppen (Emsland). Und Winterspelt und Käthe Lenk, die Ihre Geliebte war, wurden bleicher in der Erinnerung, und die Amerikaner, mit denen Sie Kontakte suchten, waren nun sowieso die Schlächter von Vietnam, so glich alles sich aus, und kein Träger des Führerrocks mußte noch schamvoll zu Boden blicken. Sie haben, wenn Sie nicht gefallen sind, sich nicht die konventionelle Kugel durch den Kopf jagten, Zeit für Lektüre, Dincklage. *Winterspelt.* Sie haben kein Recht, das Buch ärgerlich wegzuschieben. Es mag Sie verfolgen durch Ihre Nächte wie Banquos Geist.
Käthe Kimbrough, geborene Lenk. Da also Haut und Geist die Frische längst verloren haben, sind Sie nur noch »a nice lady«. Sie wählten 1972 McGovern, während Ihr Gatte, der Ex-Captain, Anwalt nunmehr in Atlanta, angesehen, auch anständig, aus Widerwillen gegen jegliche Politik überhaupt nicht mehr an die Wahlurne trat. Sie wollten immer nach Lincolnshire in England, wo es besser und menschlicher zu leben ist trotz der Krise; aber Ihre Tapferkeit, von der Sie nichts mehr wissen, verschlug Sie durch die deutschen Linien zu den Amerikanern, denen Sie als Landgenossin nun auch zugehören, die USA assimilieren so leicht. Stets hatten Sie eine gewisse Neigung, nicht viele Umstände zu machen, wenn

ein halbwegs akzeptabler Mann warb. In Ihrem zweiten, dem amerikanischen Leben aber wurde alles aufgesogen, was gleichsam Ihre Lebensfeuchtigkeit ausgemacht hat. Jetzt trocknen Sie ab, Käthe Lenk. Ob Sie es wollen oder nicht: Sie sind Teil der silent majority. Deutschland, der Krieg, der Haß, das Leid haben Frauen Ihres Schlages gut getan, haben die Krusten der bürgerlichen Gesellschaft aufgebrochen, so daß sie »bedworthy« waren. Sie kennen das Wort, aber mögen es nicht leiden. Sie können eben gerade noch demokratisch wählen und dann und wann mit Ihrem Mann, der auch schon recht müde ist von den verwickelten Rechtsfällen, die er zu entwirren hat, und den Jahren, die auf ihm lasten, über »women's lib« diskutieren. Sie tun es nur, um sich noch zu unterscheiden von den Damen, die Sie einladen müssen. Ich frage mich, ob Sie es nicht bei Wenzel Hainstock, dessen Steinbruch-Klause Sie verließen, um in Dincklages Bett zu schlüpfen, besser hätten.

Bei Wenzel Hainstock? Welch ein Unsinn. Sekundenlang vergaß ich, daß er ja ein sehr alter Mann ist. Er steht im neunten Jahrzehnt, ist nicht mehr eisengrau, sondern schlohweiß, nicht mehr der kleine, kräftige Turm, der er war, vielmehr schon alterszittrig, wenn auch erfreulich luzide. Sie könnten an seiner Seite nur noch seinen Tod abwarten, was noch langweiliger wäre als »a lawyer's wife« in Atlanta, Georgia, zu sein. Auch ist er seelisch übel dran, der Alte, seit er nicht mehr glaubt, es sei die Sowjetunion das Vaterland der Werktätigen, und nicht mehr Marx zitiert. Ja, die Genossen haben ihn zerbrochen, den Wenzel, mit weit fürchterlicherem Druck noch als damals Hitler. Er räsonniert, queruliert, redet sich überm Schnaps heiß gegen die bärtigen Systemveränderer, die ihm womöglich noch fremder sind als die unentwegt Sowjetgläubigen, die es — lachen Sie nicht, Mrs

Kimbrough! – auch in Deutschland noch gibt. Der Wenzel Hainstock hat sein Leben gründlicher verloren als der »faschistische Major« Dincklage: diesen schirmen – sofern er nicht gefallen sein sollte – seine Bildung und sein Besitz ab gegen den Ansturm einer unerträglichen Zeit; er, Hainstock, aber ist verlassen von allen guten Geistern. Er denkt viel an Sie, Mrs Kimbrough, geb. Lenk, so vor dem Einschlafen, wenn er das alte Herz wie einen spitzen Stein spürt. Er wird es nicht mehr lange machen, der Wenzel. Sie sollten sich um seine Anschrift bemühen. Er war der schlechteste nicht im Raume Winterspelt, nein, er war der Beste, ich stehe dafür ein, besser als Dincklage sowieso, aber besser auch als Kimbrough und dessen germanistisch beflissener Vorgesetzter Wheeler, der nichts mehr veröffentlicht, seit er den Deutschen im Felde begegnete.

Leute aus Winterspelt: Denkspielerei einer späten Abendstunde. Doch ist ihr Ergebnis vielleicht brauchbar als Zeugenschaft dafür, daß die Gestalten leben – und gewiß nicht nur für den, der ihre Zeit kannte und den Raum, in dem sie sich bewegten. Wer sie nicht sieht, hört, ertastet, mache sich selber verantwortlich. Und wer nicht begreift, daß es sich hier um den wesentlichsten Roman aus dem Zweiten Weltkrieg handelt, der habe so viel Einsehen, sein kritisches Handwerkszeug zu überprüfen.

MORBUS AUSTRIACUS
Bemerkungen zu Thomas Bernhards *Die Ursache* und *Korrektur*

Man korrigiert den Irrtum des Lebens, indem man dessen Spuren vernichtet: so hielt es in Bernhards Roman *Korrektur* (Suhrkamp 1975) der aus Österreich stammende, in England wirkende Biologe Roithammer, der für seine geliebte Schwester einen »Kegel« erbaute, ein »blasphemisches« Wohngebäude inmitten eines wohl nächst Salzburg gelegenen Waldes, in dem die Frau aber nicht das von ihrem Bruder für sie erhoffte »höchste Glück« fand. Sie starb daran. Worauf auch Roithammer, über dessen Geschick uns ein Ich-Narrator, eine Art von Serenus Zeitblom, berichtet, sich auf einer Waldlichtung erhängte. Vorher hatte Roithammer sorgsam wichtige Aufzeichnungen so radikal zusammengestrichen, daß von ihnen nichts mehr übrig blieb, hatte auch verfügt, daß das fatale Gebäude in den Besitz des österreichischen Staates kommen solle, unter der Bedingung freilich, daß dieser es *verfallen* lasse. Tod ohne Verklärung. Negation, die nichts Positives mehr enthält. »Nichtung des Seins«, nicht jedoch um eines Projekts willen, sondern für eben *das Nichts als Nichts.*

Hinter der Figur des sachlichen und zugleich irrsinnigen Roithammer steht, ich zweifle nicht daran, die Gestalt Ludwig Wittgensteins. Roithammer baute ein Haus für seine Schwester: so tat es Wittgenstein. Wittgenstein überließ ein Riesenvermögen seinen Geschwistern: nicht anders verfuhr Roithammer aus Altensam. Roithammer führte ein Leben spartanischer Abstraktheit; dies war die äußere Existenz Wittgensteins. Roithammer war Österreicher, in England lehrend: genau wie Wittgenstein. Wir werden auf die Problematik des Österreichertums noch zurückkommen. Soweit nur, was sich aussagen läßt über Handlungsverläufe, die keine sind. Fernerhin alsogleich über Werk und Wert.

Man kann fragen: Was gehen mich diese eintönigen Wortgeräusche an, diese monomanischen Repetitionen, diese aus nichts als Spracharmut und schriftstellerische Not zur Tugend des Kunstmittels trickhaft aufgehöhten Häufungen gleicher und immer wieder gleicher Wörter, die sich verlieren in einer defizienten Grammatik? Was gehen mich diese dem Nichts zustrebenden Nichtmenschen an? Man kann so fragen: ich tue es nicht.

Oder man beteuert: hier ist die äußerste Grenze des sprachlich noch Möglichen, die verbale Vermittlung eines Quasi-Nichts, des Todes nämlich, und der Auflösung zum Nichtseienden hin, erreicht: hier spricht der Mensch am Rande des Nicht-mehr-Sprechen-Könnens, kommt die Wittgenstein'sche Grenze alles Sagbaren, hinter der nichts mehr steht als das »Mystische«, in Sichtweite, wird der schon kaum seiende Mensch an der Schwelle des totalen Nichts gestellt und haftbar gemacht. Womit Bernhard das Anti-Kunstwerk kat exochen geschaffen habe, das einzige, das dieser Zeit noch gemäß sei. – Man kann es sagen: ich sage es nicht.

Worauf ich hingegen beharre, ist das mir unmittelbar einleuchtende Faktum, daß Thomas Bernhard dem *morbus austriacus* erliegt, einer Krankheit zum Tode, über deren *Ursache* er uns in dem also betitelten Erinnerungsbuch (Residenz-Verlag, Salzburg 1975) hinlänglich Aufklärung gibt. In dem mir vorliegenden schmalen Band, einem Werk von außerordentlicher Bannungskraft, wenngleich auch diese ermüdet, zum Widerspruch herausfordert, bin ich gesonnen, *mehr* zu sehen als die Selbstdarstellung eines Menschen, anderes als ein Literaturwerk im üblichen Sinne, anderes auch als die bloße Weheklag' über die Leiden eines Knaben. Ich kann dieses Werk nur im *Kontext ›Österreich‹* lesen, erfahren und als Erfahrenes wiedergeben, kann in ihm nur das Pathogramm des *morbus austriacus* sehen, dem Trakl, der engere Landsmann Thomas Bernhards, so gut, beziehungsweise so schlimm erlag wie Kafka, wie Joseph Roth, wie Ernst Weiß und Otto Weininger. Aber das österreichische *taedium vitae* ist bei Bernhard nicht sublimiert wie bei Hofmannsthal, noch konvertiert in Sehnsucht nach großer Reichsvergangenheit wie bei Roth, noch auch in metaphysischer Symbolik gespiegelt wie bei Kafka. Es bricht als erschreckende Gereiztheit hervor aus einer verstörten Seele, einem die Proportionen nicht mehr wahrnehmenden Kopf.

Der Menschenschlag der Voralpenlandschaft des Landes Salzburg ist widrig, kein Zweifel. Er ist heimtückisch, schmeichlerisch, grausam und von jenem fermentierenden Charme, der jeden Widerspruch mit Duliöh-Gelächter auffängt. Der Verfasser dieses Beitrags, aufgewachsen im Salzkammergut, ist nicht übel placiert, Verständnis zu haben für die aufgestaute Wut, die sich da Luft macht. Die triviale, darum aber nicht minder gültige Frage, ob es denn *gar so schlimm* sei und ob die Menschen in der Corrèze oder in Surrey oder in der Toscana um so viel besser seien, daß es berechtigt ist, Stadt und Land Salzburg (zum Brandmalerei-Idyll gemacht bei Karl Heinrich Waggerl, zum Reiseprospektglanz herabgewürdigt durch die österreichischen Politiker, zur Café-Bazar-Gemütlichkeit verniedlicht seitens der ausländischen Besucher und insbesonders vergangenheitsseliger Ex-Österreicher aus New York und Tel-Aviv) – die Frage also, ob es erlaubt ist, dieses Land und dieses Volk so hinzustellen wie Bernhard es tut, wird sich, trivial oder nicht, dem Leser auf die Lippen drängen.

Da heißt es zum Beispiel:

> »Hätte ich nicht diese letzten Endes den schöpferischen Menschen von jeher verletzende und verhetzende und am Ende immer vernichtende Stadt, die mir durch meine Eltern gleichzeitig Mutter- und Vaterstadt ist, von einem Augenblick auf den andern, und zwar in dem entscheidenden, lebensrettenden Augenblick der äußersten Nervenanspannung und größtmöglichen Geistesverletzung hinter mich lassen können, ich hätte, wie so viele andere schöpferische Menschen in ihr und wie soviele, die mir verbundene und vertraute gewesen sind, diese für diese Stadt einzige bezeichnende Probe auf das Exempel gemacht und hätte mich urplötzlich umgebracht...«

Und weiter:

> »Alles in dieser Stadt ist gegen das Schöpferische, und wird auch das Gegenteil immer mehr und mit immer größerer Vehemenz behauptet, die Heuchelei ist ihr Fundament, und ihre größte Leidenschaft ist die Geistlosigkeit, und wo sich in ihr Phantasie auch nur zeigt, wird sie ausgerottet... Meine Heimatstadt ist in Wirklichkeit eine Todeskrankheit...«

Sagen wir zunächst nur: Thomas Bernhard empfand sie als eine solche; wir müssen ihm glauben. Wollen wir die Tirade auf schlichte Fakten reduzieren, dann können wir feststellen, daß der Dichter dort als Gymnasiast zuerst in einem von nationalsozialistischer Gemeinheit, danach (ab 1945) von katholischer Stumpfheit und gleichfalls auch Gemeinheit beherrschten Internat untergebracht war, daß er die späte Kriegs- und unmittelbare Nachkriegszeit dort zu überstehen hatte, erst den Bombenangriffen der Alliierten, danach dem Hunger ausgeliefert, daß er zum einzigen Freund seinen in Traunstein in Bayern lebenden Großvater mütterlicherseits hatte und zur einzigen Erlabung sein Geigenspiel, das er in einer Aufbewahrungskammer für Schuhe übte und das niemals den orthodoxen Forderungen seines Geigenlehrers entsprach. – Dergleichen ist übel. Es ist traurig. Es ist sogar schrecklich. Es steht aber – sofern wir uns an die Faktizität halten – in gar keinem Verhältnis zur Weheklag' und Anklag', die Bernhard im reißenden Fluß seiner sich im Aberwitz und grammatikalischer Uferlosigkeit verlaufenden, dabei, hierauf ist zu beharren, eigentlich *wortarmen* Sprache vorträgt, ausschüttet, so daß wir von jenem monotonen »Getöse« betäubt werden, von dem im Roman *Korrektur* die Rede ist.

Nun freilich: wieviel bedeuten Tatsachen? Und was besagt es, wenn wir erkennen, daß Bernhard alle Proportionen verliert, so etwa wenn er von den Bombardements Salzburgs spricht, die am Ende, verglichen mit denen deutscher Städte, so fürchterlich wieder nicht waren, oder wenn er den Internatszwang als das absolute Inferno darstellt, als welches die Mehrzahl auch »schöpferischer« Menschen es kaum würde verspürt haben? Die Fakten statistischen, quantitativ normsetzenden Charakters meinen nur wenig. Der Autor lebt in der Hölle: und diese sind ihm nicht nur »die Anderen«, sondern auch er *selber*. Also doch ein Pathogramm? Gewiß. Zugleich aber auch mehr – und damit komme ich zurück auf den *morbus austriacus*, der über die Person Bernhards hinaus ein objektiver, gesellschaftlicher und politischer Sachverhalt ist, wenn immer man auch annehmen mag, daß der Autor eben diesen Sachverhalt auf hocheigentümliche Weise

vermittelt. Seine Wortmusik, die klingt, als übe ein Geiger sich wiederholende, streng dissonante Doppelgriffe, wird der österreichischen Realität gerechter als der von ihm geliebte und immer wieder evozierte Mozart. Man vergegenwärtige sich, will man Bernhard und seine Mitkranken verstehen, die Situation eines Landes, das es niemals gab: Österreich war ein Mythos. Es war das »Kakanien« Musils und das phantastische Panoptikum des Paris von Gütersloh. Es war niemals politische Realität. Die k. u. k. Monarchie war eine historische Verlegenheitslösung des Hauses Habsburg. Die erste Republik war eine Erfindung der Entente. Die zweite, schon einigermaßen eingeübte, aber noch immer prekäre, hängt im Kräfte-Parallelogramm der Weltmächte. Das Land ist träge Bequemlichkeit und falscher, eitler Glanz, für den nichts kennzeichnender ist als jene ärgerlichen Festspiele in eben der von Bernhard gehaßten Stadt Salzburg.
Hier ist einzuhalten und zu fragen: Ist da wirklich nur hochkarätiger Haß aufzufinden? Natürlich nicht. Der *morbus austriacus* ist nicht reduzierbar auf Aggression. Anders gesagt: der Todestrieb überwiegt, aber er löscht den Eros nicht aus. Man kann krank sein vor Widerwillen gegen dieses Land, wenn man ihm angehört. Aber man hört nicht auf, es auf eine vertrackte Art zu lieben. Bernhard erlebt Salzburg und Österreich durchaus als »Heimat« in seinem an äußeren Ereignissen armen, an Reaktionen auf die Ereignisarmut aber überreichen Buch. Er weiß sehr wohl, daß Stadt und Land Salzburg, wo man neben Ungarn und Schweden mit der höchsten Selbstmordrate aufwarten kann, *schön* sind, daß diese Schönheit keine Erfindung österreichischer Fremdenwerbung, sondern eine den Menschen – und zumal den dichtenden Österreicher – ergreifende ist. Da aber Österreich und namentlich das Grenzgebiet um Salzburg als Landschaft,

Stadtbild und Heimat sozusagen im Leeren hängen – denn: was sind sie? deutsches Land? österreichisches? – baumelt man mit ihnen in einem geisterhaften Raum, der politisch, gesellschaftlich, national nicht definierbar ist. Sehr genau beschreibt der Autor, mit welch taschenspielerischer Hurtigkeit das wackere Salzburger Volk von einem Tage auf den anderen seine nazibraune Farbe mit altösterreichisch katholischem Tiefschwarz übermalte. Das Inferno-Internat der Nazis, wo man hatte singen müssen »Es zittern die morschen Knochen«, wurde nach dem Zusammenbruch des Dritten Reiches als katholische Erziehungsanstalt weitergeführt. Wo vordem das Hitlerbild gehangen hatte, breitete jetzt der Crucifixus seine Arme aus.

> »Der jetzt jeden Tag und also annähernd dreihundertmal im Jahre geschluckte und verschluckte Leib Christi war auch nichts anderes gewesen als die tagtägliche sogenannte Ehrenbezeugung vor Adolf Hitler (...) und der Verdacht, daß es sich jetzt im Umgang mit Jesus Christus um das gleiche handelte wie ein oder ein halbes Jahr vorher noch mit Adolf Hitler, war bald bestätigt«,

schreibt Bernhard. Und wenige Seiten darauf heißt es, es könne in diesem Lande, dieser Stadt über Nacht wieder der Nationalsozialismus den Katholizismus ablösen, alle Voraussetzungen seien gegeben.

Aus zwiefachem Grunde erscheint mir die Lektüre der Jugenderinnerungen oder erinnernden Alp- und Voralpenträume Bernhards als unerläßlich. Zuvörderst darum, weil man hier in der Tat die *Ursache* dafür erkennt, daß dieser Schriftsteller nicht etwa nur ein »düsterer« ist, wie es jedermann sagt, vielmehr ein Mensch und Autor, der mit Tod und Wahnsinn Umgang hat, gleich dem Gelehrten Roithammer aus dem Roman *Korrektur*, gleich

Wittgenstein, gleich auch seinem engeren Landsmann Georg Trakl. Danach: um vertraut zu werden, so gut es eben geht, mit einem kleinen, seine Persönlichkeit noch immer vergebens suchenden Lande, das überquillt und stets überquoll von außerordentlichen Begabungen.

MICHEL FOUCAULTS VISION DES KERKER-UNIVERSUMS

Wer Michel Foucault kennt und sich an ein neues Buch von ihm heranwagt, der weiß im voraus: er läßt sich auf ein Abenteuer ein. Faszination und Irritation werden ihn abwechselnd mitreißen und abstoßen. Der 1926 geborene Denker wurde noch vor einem Jahrzehnt in Frankreich neben Lévi-Strauss, Jacques Lacan, Louis Althusser als einer der »vier Großen des Strukturalismus« betrachtet. Seither hat sich herumgesprochen, was Jean Piaget von ihm gesagt hat: daß er nämlich ein »Strukturalist ohne Strukturen« sei; überdies hat er selbst in Interviews wiederholt dagegen protestiert, daß man ihn auf den Strukturalismus festlege.

Was ist nun in der Tat dieser Philosoph, Psychologe, Ideenhistoriker, dieser Rebell gegen einen höchst ungesunden Menschenverstand, dieser Verächter der cartesianischen Vernunft und Verleugner des bürgerlichen Humanismus? Nennen wir ihn mit seinen eigenen Worten einen *Archäologen des Wissens*, dann kommen wir der Essenz seines Forschens und Spekulierens gewiß am nächsten, obgleich sich schon an dieser Stelle jene Irritation einstellen wird, von der ich eben sprach – läßt doch *Archäologie des Wissens* uns sofort ahnen, daß wir es hier mit einem Autor von teilweise höchst willkürlicher Terminologie zu tun haben, dessen Privatsprache erlernt werden muß, ehe der Versuch unternommen werden kann, seinen überaus sinuösen Denkwegen nachzugehen.

Allerdings ist hier in Parenthese anzumerken, daß dieser Denker in *Frankreich* seit Jahren schon kein geistiger Aventurier mehr ist. Ganz im Gegenteil: Michel Foucault, Lehrer am Collège de France, gehört heute zum stehenden Inventar der französischen Repräsentanz. Sein »Diskurs« hat in seinem eigenen Lande alles Erregend-Skandalöse verloren, ja er ist sogar bereits leicht verstaubt, in den Augen der Jüngsten zumal, die bereits andere Gurus haben, wie etwa Jean-Paul Dollé, Jean-Marie Benoist, Jean Baudrillard – lauter Namen, von denen ich zu prognostizieren wage, daß man sie über kurz oder lang in Deutschland mit dem gleichen etwas trunkenen Entzükken nennen wird, das heute junge deutsche Foucault-Diszipel befällt. Längst ist es ja so, daß in diesem durch seinen beängstigend rapiden intellektuellen Szenenwechsel immer wieder verblüffenden Land nicht nur Marx und Freud verworfen werden, dies gehört nachgerade schon zum *bon ton,* seit Jean-Marie Benoist sein Pamphlet *Marx est mort* schrieb und Deleuze-Guattari mit ihrem *Anti-Ödipus* hervortraten, sondern daß auch vieles, was sich im Umkreis des so benannten »Strukturalismus« bewegt, nicht mehr als eigentlich »subversiv« gilt. Die atemberaubende Fliehkraft des philosophischen Denkens in Frankreich treibt die geistigen Ereignisse, soviel ich sehe, grob vereinfacht gesprochen in zwei entgegengesetzte Richtungen. Einerseits ist es so, daß der bei Foucault angelegte Irrationalismus sich (wie in den Heidegger-Paraphrasen von Dollé) täglich radikaler gebärdet; andererseits ist da und dort auch schon ein Pendelausschlag zu verzeichnen, und zwar zurück in Richtung Julien Benda, also zu einer statischen Philosophie des Absoluten, sowie zum Einspruch eines neuen und geläuterten common sense. Zum erstenmal seit einem Jahrzehnt konnte man kürzlich einen solchen in *Le Monde* vernehmen, wo im Namen eben dieses common sense ein vehementer Angriff gegen den bislang sakrosankten Roland Barthes vorgetragen wurde.

Zurück zu Foucault. Ich habe seinerzeit, nach Erscheinen der Originalausgabe seines Hauptwerkes *Die Ordnung der Dinge* (und als erster in deutscher Sprache) den Vergleich mit Oswald Spengler gewagt. Heute, fast ein Jahrzehnt danach, bekenne ich mich immer noch zu dieser Parallele. Gleich Spengler kommt Foucault von Nietzsche her. Wie jener lehnt auch er radikal den Gedanken eines linearen Fortschritts der Menschheit ab. Foucault spricht von epistemologischen Schichten, Spengler von Kulturkreisen: der Unterschied ist kaum mehr als eine Frage der terminologischen Präferenz. In einem Punkt allerdings – und der ist wesentlich genug – stehen diese beiden Kulturphilosophen in unversöhnlichem Gegensatz: Spenglers *politische* Option war eine klar konservative bis reaktionäre, Foucault ist ein Rebell – nicht nur gegen die bestehende Ordnung, sondern ganz offensichtlich gegen Ordnungen überhaupt. Mit dieser Feststellung stehen wir schon mitten in dem hier zu besprechenden Werk *Überwachen und Strafen – die Geburt des Gefängnisses* (Suhrkamp 1976).

Dieses Buch ist, gleich der Schrift über die *Geburt der Klinik* und der *Geschichte des Wahnsinns im Zeitalter der Vernunft*, nicht nur Kulturphilosophie, sondern protestierendes Pamphlet. Foucaults Protest ist, um es mit Rilke zu sagen, ein »Gebet für die Irren und die Sträflinge«. Aber er ist kein frommes Gebet, vielmehr ein Hiob'scher Aufschrei der Empörung, und er richtet sich nicht an Gott, kaum an die Menschen; er ist ein höchst einsames Exerzitium. Als solcher sollte er verstanden werden. In der Tat entspricht er ja einem Trend: Gott ist tot – wir wissen das spätestens seit Nietzsche. Der *Mensch* – im Sinne des

Menschlichen von Antike und Renaissance – gab ebenso den Geist auf: so proklamierte es Lévi-Strauss und erhärtete es Foucault in der *Ordnung der Dinge.* Der Fortschritt war ein kapitalistisches Verdunklungsmanöver, der bürgerliche Humanismus mitsamt seinem Sprößling, dem sozialistischen, eine Mystifikation. *Was bleibt?* Seit Jahr und Tag erteilt Foucault in seinen Schriften die Antwort: einerseits eine »Archäologie des Wissens«, die nur mit dem Problem der je und je sich von Grund auf verwandelnden »Episteme« befaßt ist, und andererseits eine neue, dem alten homo sapiens entfremdete *anarchistische Anthropologie.* Für diese letztgenannte ist sein jüngstes Buch beispielhaft und zugleich beispiellos. Foucault setzt ein mit einer gewaltig dissonanten Raffung von Tönen – mit der folgenden Beschreibung eines Strafaktes:

> »Am 2. März 1757 war Damiens – (Robert Damiens, schuldig eines Mordversuches an Ludwig XV.) – verurteilt worden, vor dem Hauptttor der Kirche von Paris öffentliche Abbitte zu tun, wohin er in einem Stürzkarren gefahren werden sollte, nackt bis auf ein Hemd, und eine brennende zwei Pfund schwere Wachsfackel in der Hand; auf dem Grève-Platz sollte er dann im Stürzkarren auf einem dort errichteten Gerüst an den Brustwarzen, Armen, Oberschenkeln und Waden gezwickt werden; ... auf die mit Zangen gezwickten Stellen sollte geschmolzenes Blei, siedendes Öl, brennendes Pechharz und mit Schwefel geschmolzenes Wachs gegossen werden; dann sollte sein Körper von vier Pferden auseinandergezogen und zergliedert werden, seine Glieder und sein Körper sollten vom Feuer verzehrt und zu Asche gemacht und seine Asche in den Wind gestreut werden«.

Man erlasse mir die weiter von Foucault nach zeitgenössischen Dokumenten minutiös wiedergegebene Darstellung des komplizierten Marter- und Tötungsverfahrens, das erst endigte, als man sechs Pferde vorspannte, die dem armen Sünder unter Mitwirkung der Scharfrichter und mehrere Beichtväter erst die Arme, dann die Schenkel vom Rumpfe rissen.

Wüßte man nicht, daß Foucault, der eine ganze Anzahl ähnlicher Veranstaltungen mit der Kühle des Wissens-Archäologen schildert, zugleich auch der Mann ist, der sich auf hochachtbare Weise für die Insassen französischer Strafanstalten einsetzt, man wäre versucht, das Buch schon nach Lektüre der ersten Seiten ärgerlich wegzuschieben; schließlich sind ja die Modi offiziellen Mordens in der Vergangenheit für niemanden etwas Neues. Neu allerdings und nicht wenig bestürzend ist es, wenn Foucault die Abschaffung von Tortur und bestialischer Hinrichtungsweise nicht als einen Fortschritt anerkennen will – jenen Fortschritt eben, über den, wenn er ihn nennt, er stets verächtliche Gänsefüßchen verhängt – sondern als ein anderes *Tableau* von Überwachen und Strafen. Zunächst ist seine Explikation der Strafvorgänge in der Vergangenheit durchaus plausibel. In der ausgeklügelten grausamen Exekution nahm der Souverän ganz persönlich Rache am Übeltäter, wobei nicht nur der versuchte Regizid, wie im oben erwähnten Falle des Robert Damiens, sondern jegliche Gesetzesübertretung ein *crimen majestatis* war. Diese zu ahnden, wurde eine rituelle Dramaturgie entworfen, zu deren Handlungsträgern ebenso die Vertreter des Königs wie das gaffende, oftmals zur Verzückung sich steigernde Volk, wie schließlich auch der Delinquent selber wurden. Dieser spielte die ihm »struktural« zufallende Rolle, teils als trotziger Rebell, teils als reuiger Sünder. Tribunal und Richtstätte waren die große Szene, auf der das Drama einer bestimmten gesellschaft-

lichen und »epistemologischen« Ordnung seinen Kulminationspunkt fand.
Ich sehe zunächst ab von der Frage, inwieweit hier authentische Grauensästhetik sich kundtat und wo der Punkt liegt, an welchem der Autor zum autonomen Ästheten wird, der einen selbstgebastelten Raster des Schreckens-»Schönen« über das Ereignis legt. Durchaus bin ich geneigt, unter Vorbehalt, die Deutung Foucaults zu übernehmen – um freilich dann umso ausdrücklicher meine kritischen Fragen zu stellen. Und zwar dort, wo der Verfasser mit seinen Gedanken eintritt in das von ihm so benannte »Klassische Zeitalter«, das wir hier in Anlehnung an die deutsche Übersetzung seines Werkes über den Wahnsinn das *Zeitalter der Vernunft* nennen wollen. In diesem war der Souverän als Vollstrecker seines Willens verschwunden, die Revolution hatte stattgefunden, der *Tiers Etat* war ans Licht getreten. Die Produktionsbedingungen waren neu: endgültig hatte der Kapitalismus die feudalistische Gesellschaft abgelöst. »Wissen und Macht« – Macht als Wissen und Wissen, das zur Macht wird – hatten ihre, der neuen Epoche oder »Episteme« entsprechenden Gestalten angenommen. Und damit wurden auch Überwachen und Strafen von Grund auf verändert: Anonymität und Abstraktion traten an die Stelle von Grauens-Festlichkeit; Untersuchung und Strafe wurden vom Blutdunst erlöst, sowie von einer Dramaturgie, in der zwischen Folterern und Henkern schauspielerische Komplizität geherrscht hatte.
Was war eingetreten? Vermenschlichung? Weit gefehlt! Foucault setzt seine vernichtenden Ausführungszeichen nicht nur über das Wort Fortschritt, sondern allerwegen auch über die uns geläufigen Begriffe Humanisierung, Demokratisierung, auch über Menschlichkeit schlechthin. Mit diesem Manne ist nicht zu spaßen. Demystifikation

ist sein unerbittliches Geschäft, Zerstörung humanistischer, melioristischer Illusionen sein brennendes Desiderat. Für ihn verhält es sich so, daß ganz einfach die Grausamkeit eine andere, weniger bestialische, dafür um so raffiniertere wurde. Vor die Greuel-Szene fiel der Vorhang: dahinter wurden andere Kulissen aufgebaut, die Foucault als die *Disziplinen* bezeichnet. An charakteristischen Stellen seines Werkes schreibt der Verfasser:

»Das Prinzip der Macht liegt weniger in einer Person als vielmehr in einer konzertierten Anordnung von Körpern, Oberflächen, Lichtern und Blicken; in einer Apparatur, deren innere Mechanismen das Verhältnis herstellen, in welchem die Individuen gefangen sind. Die Zeremonien, Rituale und Stigmen, in denen die Übermacht des Souveräns zum Ausdruck kam, erweisen sich als ungeeignet und überflüssig, wenn es eine Maschinerie gibt, welche die Asymmetrie, das Gefälle, den Unterschied sicherstellt. Folglich hat es wenig Bedeutung, wer die Macht ausübt. Beinahe jedes beliebige Individuum kann die Maschine in Gang setzen ... Eine wirkliche Unterwerfung geht mechanisch aus einer fiktiven Beziehung hervor, so daß man auf Gewaltmittel verzichten kann, um den Verurteilten zum guten Verhalten, den Wahnsinnigen zur Ruhe, den Arbeiter zur Arbeit, den Schüler zum Eifer und den Kranken zur Befolgung der Anordnungen zu zwingen ... Die Macht wird tendenziell unkörperlich ... Während sich auf der einen Seite die Disziplinar-Institutionen vervielfältigen, tendieren ihre Mechanismen dazu, sich über die Institutionen hinaus auszuweiten ... Lange Zeit haben religiöse Gruppen und Mildtätigkeitsvereine diese Rolle der Disziplinierung der Bevölkerung gespielt ... ihre Aufgaben waren religiös (Bekehrung und Moralisierung), wirtschaftlich (Hilfeleistung oder

Anhaltung zur Arbeit), politisch (Kampf gegen Unzufriedenheit oder Aufruhr) ... Die Disziplin kann weder mit einer Institution noch mit einem Apparat identifiziert werden. Sie ist ein Typ von Macht; eine Modalität der Ausübung von Gewalt; ein Komplex von Instrumenten, Technikern, Prozeduren, Einsatzebenen ...«

Genug des Zitats! Man hat nun wohl eine gewisse Vorstellung von Foucaults Gedankengängen. Noch vor ein paar Jahren hätte man sie vielleicht durch den allgemeinen Begriff »Anti-Autoritarismus« kennzeichnen dürfen. Heute sind wir nicht nur weiter in der Zeit, sondern auch fortgeschrittener in der Differenzierung, zudem hat sich unser Kenntnisfeld ausgedehnt. Was Anti-Autoritarismus war, enthüllt sich nun als etwas viel Durchgreifenderes und weiter Gespanntes. Ich spreche darum von einer *anarchistischen Anthropologie,* wie sie in Frankreich ja auch andere Denker, etwa Deleuze und Guattari in ihrem Werk *Anti-Ödipus,* zu entwerfen sich aufmachten. Alsogleich ist aber auch die kritische Frage zu stellen, wohin eine solche Anthropologie, die alles umgreift, was wir an anti-psychiatrischen, anti-kulturellen bzw. sub-kulturellen Denkvorgängen kennen, uns schließlich führen soll. Foucault erteilt uns ebensowenig eine klare Antwort wie einstens Marx: dieser hat so gut wie nichts über die konkrete Verfassung der klassenlosen Gesellschaft ausgesagt, jener entzieht sich, wenn wir wissen wollen, was denn an die Stelle der von ihm gegeißelten »Disziplinen« treten solle. Seine Kritik nicht nur an der bestehenden Ordnung, sondern an jeder ausdenkbaren Ordnung überhaupt, ist eine Kritik ohne Alternative. Hierin (aber nicht nur hier allein) liegt das tief Fragwürdige aller vorliegenden Bücher Foucaults und namentlich des hier besprochenen. Äußerst ungern halte ich dem Autor Argumente entgegen, die gerade im Verhältnis zu seinen überaus geistreichen Analysen »banal« erscheinen müssen und alsdann von einer Ordnungsmeute widrigster Art übernommen werden könnten. Freilich ist Banalität kein Wahrheitsbzw. Unwahrheitskriterium; und niemand ist dagegen gefeit, allenfalls Beifall von der falschen Seite zu bekommen.

So sei denn gleich dort angesetzt, wo der Autor, kühl bis ans Herz hinan, erklärt, es sei im »Zeitalter der Vernunft« an den Platz des »Tableaus« von »Gewalt/Bestrafung« ein anderes getreten, das er in die Formel *»Milde/Produktion/Profit«* einfaßt. Dieser Autor kennt keine Milde, sofern eben diese auch mit Produktion und Profit zu tun hat. Nur ein Narr würde die Behauptung aufstellen wollen, es seien die Linderungen im Strafvollzug im 18. und 19. Jahrhundert nicht *auch* Ausdruck bürgerlich-kapitalistischen Profitstrebens gewesen, als habe die wissende »Macht« nicht *auch* die Überlegung angestellt, daß ein halbwegs human behandelter Sträfling ein besseres Arbeitspotential abgebe als ein verhungernder. Es ist aber eine Aberration, die Dinge so darzustellen, als sei die Humanisierung *nur* Resultat des Produktions- und Profitdenkens und einer neuen »Episteme« gewesen. So wie noch die am gleichgültigsten verwaltenden und den Menschen handhabenden Ärzte, Psychiater, Psychologen, Sozialfürsorger auf einer moralisch höheren Stufe stehen als die Aufseher der Spinnhäuser, so gewiß ist die Milderung im Strafvollzug *auch* ein moralisches Phänomen: *das Über-Ich der Spezies hat sich gefestigt und differenziert.* Fortschritt — ganz ohne abschätzige Anführungsstriche zu schreiben — hat sich vollzogen und vollzieht sich vor unser aller Augen weiter. Immer zu langsam, das ist wahr. Aber den Fortschritt gänzlich zu verleugnen und über alle Reformen kaum die Achseln zu zucken, ist ein abwegiges und – ich wäge meine Worte – in letzter Analyse reaktionäres Verhalten. Überflüssig, hinzuzusetzen, daß der an Brustwarzen, Armen und Schenkeln »Gezwickte« und schließlich von sechs Pferden gevierteilte Robert Damiens kaum etwas einzuwenden gehabt hätte gegen das durch die Formel »Milde/Produktion/Profit« ausgedrückte Verfahren des Klassischen Zeitalters und den Strafvollzug unserer Zeit.

Aber, wie schon gesagt: Michel Foucault, für den die *déraison* nur eine (ergänzende) *contre-raison*, eine Gegen-Vernunft ist, fragt als Anthropologe der Anarchie nicht nach dem Verbrechen und dessen Opfern; offenbar ist jenes für ihn unerläßliche Gegen-Ordnung und dieses überhaupt nicht vorhanden. Bezugnehmend auf ältere anarchosozialistische Literatur sagt er es deutlich genug: Das Verbrechen manifestiere »glücklicherweise« eine »Nicht-Unterdrückbarkeit der menschlichen Natur«. Wörtlich heißt es dann: »Es ist möglich, daß das Verbrechen ein politisches Instrument darstellt, das vielleicht für die Befreiung unserer Gesellschaft ebenso kostbar sein wird, wie es für die Befreiung der Negersklaven war: wäre es denn ohne Verbrechen zu dieser gekommen?«

Ich weiß das nicht. Es ist mir nicht verborgen geblieben, daß im Bezugsrahmen sozialer Kämpfe die Grenzen zwischen legitimem Protest und barer Untat fließend sind. Andererseits aber ist es offenbar, daß es sowohl Geisteskranke wie auch Schwerverbrecher nun einmal leider als solche gibt, und daß keine Gesellschaft vorstellbar ist, die auf das trübe und zweideutige »Überwachen und Strafen« zu verzichten sich erlauben dürfte. Es ist sehr schwer, mit Männern wie Michel Foucault auf der commonsense-Ebene zu diskutieren. Man zieht dabei allemal den Kürzeren, schon deshalb, weil seine strukturalen Visionen *ästhetisch* anziehender sind als der plane Verstand, der, logisch geläutert, immerhin zu Philosophemen führen kann wie zu dem nicht unbedingt verächtlichen Kritischen Rationalismus. Nur dort ließe unser Autor sich angreifen, wo er uns ganz ungeschützt die Flanke bietet, wie etwa in der skurrilen Behauptung, es sei die Strafuntersuchung der Anbeginn jeglicher empirischen Wissenschaft gewesen.

Auch ließe sich historisch noch die Feststellung treffen, daß Foucault zu jenen gehört, die einerseits durch ihr phantasievolles Philosophieren die revolutionäre Festivität des Pariser Mai 1968 vorbereiteten, andererseits auf etwas beunruhigende Weise an dieses Datum fixiert sind. Die zu Weltruhm gelangte Aufschrift an der Sorbonne »Prenez vos désirs pour des réalites« gilt in ihrer surrealistischen Explosivität auch für das Denken Foucaults, das mit dem gesamten Instrumentarium bürgerlichen Bildungsdenkens ebendiese bürgerliche Bildung aus den Angeln zu heben sich anschickt, wobei er und alle ihm nahestehenden Denker – Maurice Clavel, Roland Barthes, Gilles Deleuze – ihr Verlangen nach prinzipiell neuen Denkformen für die Realität eines authentischen Denkens nehmen, das schließlich niemals ganz den Boden verifizierbarer Faktizität und nachprüfbarer Logizität verlassen darf – gerade dann nicht, wenn es um die Utopie einer befreiten Gesellschaft geht. Foucaults *Archäologie des Wissens* enthält gewiß sehr viel kulturhistorische Kenntnis; die Schichtungen aber, die er zu entdecken meint, hat er selber nach eigenem Willen übereinander gelagert. Die Willkür oder »gratuité«, die schon manche seiner früheren Werke kennzeichnete, waltet auch in seinem Buch *Überwachen und Strafen*, da er uns zwar deren Grausamkeiten vor Augen führt, aber nicht einmal andeutungsweise eine Welt schildert, die auskommen könnte ohne Zwänge.

Aber warum überhaupt disputieren? Foucault spricht für die Außenseiter und konstituiert sich selber als einen von ihnen, was ihn freilich nicht davor bewahrt hat, zum repräsentativen Klassiker zu werden. In seiner zweideutigen Gestalt als Klassiker-Außenseiter redet er uns auch in seinem jüngsten Werk, der *Geschichte der Sexualität* an, einem auf sechs Bände angelegten Opus, dessen erster Teil soeben erschien. Wie in dem hier besprochenen *Überwachen und Strafen* wird es auch in seiner neuen Arbeit um die Aufdeckung der Zwänge gehen. So neugierig ich auf diese Schrift auch bin, ich weiß doch freilich schon vor ihrer Lektüre, daß sie mich ebenso unbefriedigt lassen wird wie die Abhandlung über Justiz und Strafvollzug. Das Grundproblem, dem Foucault sich bislang entzog, ist *die Kontradiktion von Freiheit und Ordnung.* Foucault, gleich Nietzsche, dessen Nachfahr er ist, will sich als Philosoph der Freiheit, beziehungsweise der Befreiung. Wo aber nicht zugleich die Relation zur Ordnung hergestellt wird, dort bleibt der Freiheitsbegriff leer. Die innere Widersprüchlichkeit dieses Denkers ist also nicht nur die unaufgelöste und vielleicht unauflösbare von Freiheit und Ordnung, sondern, weit darüber hinaus, auch die von gelebter Subjektivität und einsehbarer Intersubjektivität. So daß man am Ende sich fragen muß, *wer* denn überhaupt befreit werden soll, da es doch stets das *Subjekt* ist, das nach Freiheit von Ordnungsgefügen verlangt. Foucault als Kämpfer für die Freiheit steht gegen Foucault als Denker, der die Dialektik von Freiheit und Ordnung ebenso beiseite läßt wie die erkenntnistheoretische Frage nach dem Subjekt und seiner Beziehung zu einem – wirklichen oder konstruierten – System von Gedanken und Gewalten.

Gleichwohl stehe ich nicht an, die Bücher von Foucault zu empfehlen. Seine Kenntnisfülle, der Reichtum seiner immer originellen Gedanken, sein guter Wille verpflichten uns, ihn einzubeziehen in die Diskussion – auch dann, wenn wir angeregt werden zur Polemik. Widerspruch schließt Anerkennung nicht aus.

»TUCHO«
Zu Kurt Tucholsky: Briefe aus dem Schweigen, 1932–1935

Nach erster und, zugegeben, kursorischer Lektüre der Gedanke: War das nötig?
Hatte es irgend Sinn, die Briefe Tucholskys an die Gefährtin seiner letzten Jahre, eine schweizerische Ärztin, zu publizieren, und noch dazu auf eine editorisch nachgerade skandalöse Weise mit Auslassungen, die das nicht Auslaßbare unterschlagen? Was hat dem Kenner Kurt Tucholskys dieses Buch denn an Neuem gebracht? Mein Gott, man weiß das doch alles aus den Briefen an Hasenclever, an seinen Bruder, an Arnold Zweig, ich meine: den verzweifelten Widerwillen gegen Deutschland in der Nacht der NS-Herrschaft, die – ungerechte und unrechtfertigbare – Verachtung der Mühewaltungen von Tuchos literarischen Schicksalsgenossen; man kennt die müd abwinkende Handbewegung eines, der, wie ich meinen möchte, von langer Hand her entschlossen war, sich auf leisen Sohlen davonzumachen. Warum also die in jeglicher Hinsicht »zerrissenen« Briefe der Öffentlichkeit zugänglich machen, da sie doch nur noch Zeugnis sind der Eintrübung eines dem Freitod versprochenen Gemüts, einer Dislozierung der Persönlichkeit, eines schwarzen Humors, der gelegentlich in fadem Witzeln sich verliert; die Auflösung der sprachlichen Kraft in manisch-depressives Geplapper?

Revision nach zweiter, aufmerksamerer Lesung. Doch. Es war gut und richtig, uns diese Briefe lesen zu lassen, unachtlich der editorischen Defizienzen, denn intensiver als in anderen, polierteren Zeugnissen tritt in den Nachrichten an »Nuuna«, wie er die Freundin Dr. Hedwig Müller genannt hat, Tucho uns hier als der *leidende Mensch* entgegen, als einer, der sich des unveräußerlichen Rechtes auf Selbstmitleid nicht begibt, der klagt und klagend anklagt, der irrend sich verirrt, aber alle Irrungen und Wirrungen schließlich aufhebt im *acte final,* der dem von ihm wenig geschätzten Nietzsche gut angestanden haben würde.

Die Fehlurteile dieses scharfen Kopfes konsternieren. Ich meine nicht die allem, was Tucho vor der Welt darstellte, Hohn sprechende Begeisterung für Péguy: die Hinneigung zu dieses katholischen Sozialisten subjektiver Lebensphilosophie gehört einem Komplex an, den ich aus eigener Erfahrung nur allzu gut kenne: man hatte Frankreich und alles, was es bot, nötig, um innerlich mit dem Deutschland in der Nacht fertig zu werden. »Eine Heimat braucht der Mensch / Doch er wird nicht drin geboren«, heißt es bei Wilhelm von Scholz, von dem Tucho gewiß ebensowenig hielt wie von dem »eine Rüstung als Nachthemd tragenden« Rudolf Borchardt. Péguy hatte jedenfalls Rang. Gefährlicher war Tucholskys intensive Befassung mit Mouniers *Esprit* und gar erst mit *Ordre Nouveau,* einem Periodikum, das deutlich erkennbare faschistische Züge trug. Auch Drieu gefiel ihm und er zitierte ihn, Drieu la Rochelle, dessen collaborationistische Haltung damals schon hätte vorausgewittert werden können. Mais que voulez-vous? En français – ja, auf Französisch klingt das alles anders, ein wenig spielerisch, formal allerweilen vollendet, so will es diese gesegnete Sprache, die des späten Tucho eigentliche Heimat war. Die Fehlurteile waren am Ende weniger gravierend als die beharrlichen Versicherungen anderer Exil-Literaten, die sich selber und der Welt einredeten, es gebe eigentlich nur das wahre Deutschland und dieses sei nun eben ins Joch der Nazis gezwungen worden, Geduld: schon morgen werde es glänzend auferstehen! Keine Resurrektion, kein aus der Tiefe des Volkes geborener Aufstand. Nichts. Hier sah Tucholsky unvergleichlich schärfer als ein Leopold Schwarzschild, als ein Heinrich Mann sogar.

Was noch in diesen Briefen mit gesammelter Aufmerksamkeit nachgelesen und mit aller Kraft der Empathie nachgespürt werden muß: die Reflexionen über den Leib, den Lastleib zumal, als des Menschen eigentliches Geschick. Lassen wir die ganz unergiebige Debatte darüber, ob Tucholskys Nasenleiden psychogen war oder organisch, längst ist ja sogar die Wissenschaft hinaus über die Scheidung des Unscheidbaren. Tatsache ist: er litt. Er roch und schmeckte nichts, sein Kopf war schwer und saß ihm als *res extensa* auf den Schultern, er war krank. Und beobachtete sein Leiden mit einer Genauigkeit und obsessiven Konzentration, wie wir sie in der Literatur nur noch bei Proust finden. Arbeitsunlust und Arbeitsunfähigkeit verschmolzen, so wie der Widerwille gegen das subjektive Martyrium mit dem der Welt sich verschränkte.
Müßig, nach dem Primat zu suchen, wo rechtens nur von verschiedenen Aspekten eines und desselben Phänomens gesprochen werden kann. Was je an Glaube da gewesen sein mochte, es verschwand vor dem nebligen Horizont des ungeliebten schwedischen Exils. Linke Polemik sah der Leidende nur noch als »Linksquatsch« – man wäre aufgelegt, dies allen neulinken Tucholsky-Lesern in ihre Hirne zu gravieren, müßte man nicht den widerwärtigen

Beifall der Obskuranten befürchten. Marx hat, notiert der Schwermütige, mehr Unheil gestiftet als Wahrheiten erkannt; den Neo-Marxisten in ihre von Althusser verfertigten Stammbücher zu schreiben. Von sehr weit her ragte etwas, das nicht hat bewältigt werden können in solcher Lage, in Tucholskys Matratzengruft-Welt: Transzendenz. Er las Kierkegaard. Aber der schneidenden Frage »Entweder-Oder« wich er aus und richtete berlinisches Argot-Geplapper mit »Joethen« und sogar »Hugon« wie eine von keinem mehr zu durchdringende Mauer auf. Niemand wird je wissen können, was sich verbarg hinter den Wortspielereien, die offensichtlich freudlos getrieben wurden, nur um der Briefpartnerin außer Krankengeschichten und Rückzugsgefechten gegen alle Zukunftsplanungen auch etwas zum Lachen zu bieten. Aber man darf daran zweifeln, daß die kluge und eidgenössisch realistische Frau auf diese triste Lustigkeit in der vom Schreiber gewünschten Weise reagiert hat.

Erschütternd das Ereignis Hamsun. Tucho hatte ihn mehr geliebt als irgendeinen anderen zeitgenössischen Autor. Und dann kam der alte Mann daher und veröffentlichte die abscheulichsten naziphilen Artikel. »Nein«, schreibt er der Freundin, »das ist leider keine Greisenerscheinung. Er soll solch dumme Sachen schon immer gemacht haben, und es ist scheußlich...«. Daß aber die Abirrung angelegt war auch in den bedeutsamen Werken dieses Dichters, ja, sogar in seinem schönsten Buch, *Mysterien*, das ist dem Lauscher Tucho, der sich doch sogar von Nietzsche nichts vormachen ließ, entgangen, es ist schwer begreiflich. Man muß wissen, wie einer zur Aufklärung steht und zur Zivilisation, auch hier gibt's nur ein Entweder-Oder, und muß des weiteren verstehen, daß dichterische Zauberkraft gar nichts zu schaffen hat mit politischer Moral. Der schwerlastende Kopf wurde nicht leichter vor solchen Erfahrungen. »Wieder einer weniger«, schrieb Tucholsky und schwieg darüber, daß es ihm doch war, als wär's ein Stück von ihm. Er klagte ausgiebig, aber er war nicht larmoyant, und gerade dort, wo jählings das Mark der Dinge bloßlag, darin er sein eigenes Elend erkannte, flüchtet er sich in ein »Na ja«.

Fraglich auf schmerzende Weise auch die Hellsicht dieses politischen Schriftstellers im Erschauen der Weltlage. Kein Zweifel, München und das Appeasement hat er vorausgesehen. Kein miserables Versagen, wie das Karl Kraus' angesichts des österreichischen Kleriko-Faschismus, ist Tucho anzulasten. Daß aber Roosevelts Amerika mit dem *New Deal*, dieser absolut revolutionären Erscheinung, für ihn quasi nicht vorhanden war, ist denn doch kaum verzeihlich – sofern wir heute überhaupt ein Recht haben, über die Reaktionen von Menschen in diesen drei verhängnisvollen Jahren zu urteilen. Etwas von Weltfremdheit stak in diesem Mann von Welt; ein »Unpolitischer« verbarg sich hinter der agitatorischen Gestik des politischen Polemikers. Der echte Tucho, das war vielleicht wirklich der Péguy- und Kierkegaard-Leser, nicht der scharfe Pamphletist der *Weltbühne*.

Abzuwarten, was die *Qu* (für *Quatsch*)-Blätter, die noch herausgegeben werden sollen, uns hierüber erzählen. Ich wage zu prognostizieren: Auch sie werden den Melancholiker Tucho, den Schopenhauer-Verehrer, den unablässigen Beobachter des eigenen Rückzugs oder, wie es in der englischen Psychologensprache so treffend heißt, des »withdrawal« uns eher erkennen lassen als den politischen Kämpfer. Die Nacht über Deutschland hat ja im Grunde nur Tucholskys die Apokalypse schnoddrig-berlinisch formulierenden Prognosen bestätigt: er hat an den *Tag* niemals so recht geglaubt, darum starb er auch nicht

den großen Märtyrertod Ossietzkys, nur den bescheidenen, leisen eines, der sich schon vordem gesagt hat: Geh' an der Welt vorüber, sie ist nichts . . .
Mehr als alle anderen, präziseren, gründlicher durchdachten Briefzeugnisse lassen diese *Briefe aus dem Schweigen* (Rowohlt 1977), wie unzulänglich ihre Herausgabe auch sei, uns einen Tucholsky erkennen, zu dem letztlich der Erfolg, den er hatte, so wenig paßte wie die Wirkung, von der er wußte, sie war ihm versagt. Immer wieder mußte ich bei der Lektüre an einen Ausspruch Heinrich Manns denken, der meinte, wäre er nur ein französischer Autor und kein deutscher, es lägen jene weiten Horizonte vor ihm, die Niflheim-Deutschland verbarg. Heinrich Mann hat geirrt: in Frankreich, wo man heute Jünger liest, kräht kein Hahn nach ihm. Tucho hat es gar nicht erst versucht. Er griff, geborener Suizidär, der er meiner Überzeugung nach war, zum weltheilenden Barbituricum. Die deutsche Nacht war am Ende nur noch Symbol, Zeichen für tiefere, unergründlichere Dunkelheiten.

POLITIK DES GEWISSENS SO UND SO
Hermann Hesses politische Schriften und Thomas Manns Tagebücher

Wie ironisch und tiefsinnig ist doch das Zufallen des Zufalls, der einem kunterbunt zum Jahresende Rezensionsexemplare ins Haus spielt! In der Turbulenz geistiger Unordnung (um nicht eben zu sagen: spätbürgerlichen Leidens), im Wust von Linguistik, neuester Philosophie, die sich unter der Lupe recht altersfaltig ausnimmt, Belletristik, aus der die *belles lettres* längst ausgesperrt sind, erscheint jählings immer auch etwas, das *Zeitmelodie* erklingen läßt. Solch eine Seltenheit sei aufgefangen und vermittelt: sie spricht von schweren Tagen, die aber vielleicht doch bessere Tage waren; zumindest wußte man noch, was rechts und links ist, gut und böse, vertraut und fremdartig. Und schon bin ich an der Sache, um die es mir geht, und herzlich-schmerzlicher als vieles, was sich als hochaktuell gehabt.

Zwei Dichter, Thomas Mann, geboren 1875, gestorben 1955, und Hermann Hesse, ans Licht der Welt gekommen 1877, ins Dunkel eingegangen 1962, sprechen über Deutschland und Politik. Sie waren beide in der Zwischenkriegszeit *die* Dichter der Deutschen. Ihr Geschick, äußeres und inneres, war ähnlich und doch äußerst verschieden. Sie wurden je und je emphatisch aufgenommen, ärgerlich bis böse verworfen, wiedergefunden, neuerlich ihrer Kränze beraubt. Beide hatten sie übrigens den Nobelpreis.

Die Geschichte ihrer Wirkung und ihres Empfangs in Deutschland ist einigermaßen kompliziert. Hesse zuvor: Er war bisweilen so etwas wie ein Dichter »für's deutsche Haus«, jenes gemütlich-unheimliche Haus, in dem man schlecht zu unterscheiden wußte zwischen lauterem Gold (ich denke hier an die früheren, sauberen, kühlen Schwabennovellen und den sehr schönen Roman *Unterm Rad*) und flimmernden Talmi. Zu anderen Zeiten, während des Ersten und Zweiten Weltkriegs war er ein halber Landesverräter in den Augen seines bürgerlichen Publikums. Man hat seinen *Demian*, hat den *Steppenwolf* und namentlich *Narziß und Goldmund* überschätzt und danach ihn als Kitsch-Konfektionär abgefertigt, was er nun auch wieder nicht verdiente – ebensowenig wie die neueste Überschätzung, die via USA, Fernostphilosophie-Inflation, Zen-Buddhismus, Drogenfreude seit etwa 1968 Deutschland heimsuchte zur Freude seines Verlegers.

Thomas Mann, im Gegensatz zu ihm, war stets Sache einer edukativen, so nicht klassenmäßig situierbaren »Elite«. Selbst seine relativ anspruchslosen Bücher wie der *Tonio Kröger* und der *Tod in Venedig* waren dem deutschen Haus nicht ganz geheuer, ja sogar die *Buddenbrooks* mit ihrer Mischung aus Biederkeit, Kritik, Ironie, romatischer Musikalität und leicht morbider Verfalls-Ästhetik wurden mit Vorsicht genossen, unachtlich der weiten Verbreitung. Um es grob zu vereinfachen: Bei des heute vergessenen Rudolf Herzogs *Die Stoltenkamps und ihre Frauen* fühlt der Standardbürger sich geborgener als im Hause des Senators Buddenbrook, der sich auf geschäftsschädigende Weise einließ mit Schopenhauer.

Hesse und Thomas Mann waren entschiedene – nun ja, sagen wir für Hesse: *halb* entschiedene – Widersacher der Nazis, was sie eint; im Ersten Weltkrieg aber war der nachmals in den USA zu Zeiten als kommunistischer

»fellow traveller« drangsalierte Thomas Mann essayistischer Barde des nationalen Aufbruchs wider die westliche Demokratie, während Hesse, leidenschaftlicher Prazifist, den Frieden dichterisch herbeirief und ihn feierte in der Verszeile: »Milder Stern, wann endlich du erscheinst / Überm Feuerdampf der letzten Schlacht...« Womit wir angelangt wären bei unserem Thema: den uns vorliegenden Büchern, die einander teils auf wundersame Weise ergänzen, teils aber auch sich kontrapunktisch widersprechen. Es sind ungleiche Lebensäußerungen, vor allem wegen der Zeitspanne, die sie umfassen. Hesses *Politik des Gewissens* (Suhrkamp) ist eine von 1914 bis 1962 reichende, von Volker Michels editorisch besorgte Auswahl der wichtigsten Annäherungen Hesses an politische Fragen. Da gibt es Zeitungsartikel, Polemiken, Gedichte und vor allem Briefe, die sich auf die öffentliche Sache beziehen. Alles ist bis zu einem gewissen Grade »literarisch«; die *Tagebücher* Thomas Manns hingegen wurden vom Dichter selber ganz ausdrücklich als »ohne literarischen Wert« bezeichnet. Er hat während seines ganzen bewußten Lebens neben der Konzeption seines Riesenwerkes und der erschreckend ausgebreiteten Korrespondenz auch intime Tagebücher geführt. Zweimal, zuerst als junger, eben erst zu einigem Ansehen gelangter Autor, danach im kalifornischen Exil, hat er dicke Pakete dieser Papiere verbrannt – vielleicht, weil sie von Allzupersönlichem handelten, das zu seiner öffentlichen Maske nicht passen wollte; am Ende auch, weil er keinen Raum fand für die Mengen von beschriebenem Papier, die sich aufgesammelt hatten in seinem Leben. Wie immer: man ist im Besitze jener Tagebücher, die von 1933 an bis zu seinem Tode reichen. Sie werden der Öffentlichkeit zugänglich, nachdem die zwanzig Jahre abgelaufen sind, die der Verstorbene als Diskretionsfrist forderte. Die Siegel sind seit 1975 aufgebrochen.

Peter de Mendelssohn machte sich an die gewaltige Editoren-Arbeit. Was wir in Händen haben, ist der erste Band, er reicht vom März des historischen Schicksalsjahres 1933 bis zum 31. Dezember 1934.

Wenig? Ungeheuer viel — gerade dann, wenn wir den Vergleich anstellen mit den politischen Schriften Hermann Hesses, die fast ein halbes Jahrhundert umspannen. Wenn ich mich hier auch bei Beurteilung und kritischer Abwägung der Hesse'schen Schriften an jene kurze Zeitstrecke halte, auf der beide Dichter vor der verantwortlichen Entscheidung standen, wie man sich nicht nur zu Faschismus, Nationalsozialismus, Antisemitismus zu verhalten habe, sondern zu *Deutschland*, in dem ein Entsetzen Wirklichkeit wurde, das mir noch heute genauso unerklärlich ist wie am ersten Tage, dann möge man hierfür Verständnis haben. Denn schließlich ist Hermann Hesses pazifistische Position während des Ersten Weltkriegs, als er in der Schweiz für Kriegsgefangenen-Betreuung sorgte, ebenso bekannt wie Thomas Manns »nicht ohne Bravour geführtes Rückzugsgefecht« für deutschbürgerliches Nationalgefühl, das die *Betrachtungen eines Unpolitischen* konsternierend aufzeichnen.

Das ist alles Geschichte: die Verunglimpfung Hesses als eines »vaterlandslosen Gesellen« im Ersten Weltkrieg, seine verzweifelten Bemühungen, zugleich *ganz* deutsch und *ganz* pazifistisch-übernational zu verbleiben; Thomas Manns an der Gestalt des Bruders fast inzestuös sich konkretisierende »westliche Demokratie«, die er auf Deutschland zukommen sah und gegen die er sich erbittert schlug, »gellend herausgefordert, das Seine verteidigend«, wie er es wörtlich gesagt hat. So kann ich mich hier auf das beschränken, was noch nicht aufgearbeitet ist: Hermann Hesses als zwiespältiges und Thomas Manns während der Zeit von 1933 bis 1936 als problematisches

Zaudern eingeschätztes Verhalten angesichts des Ausbruchs des Dritten Reiches.
Im Jahre 1933/1934 waren unsere beiden Autoren, der bereits Weltansehen genießende Thomas Mann und der in seinem Wirken und, was nicht zu vergessen ist, in seinen Einkünften weitgehend auf Deutschland angewiesene Hesse, gut befreundet, sahen einander häufig, wechselten Briefe. Es war eine Dichterbeziehung, die auf gegenseitiger Wertschätzung beruhte, nicht auf wirklicher Affinität. Eine Tagebucheintragung Thomas Manns, in der von einem Besuch Hesses und dessen Gattin die Rede ist, wird durch das lakonische Adjektiv »langweilig« gekennzeichnet. Andererseits hat Thomas Mann in dem für die deutsche Geistesgeschichte crucialen Brief von 1936 an den Literaturpapst der Neuen Zürcher Zeitung, Eduard Korrodi, neben Franz Werfel den Freund Hermann Hesse genannt als einen der Prosaschriftsteller, die er besonders liebe. Hesse seinerseits hat den ihm im Grunde wesensfremden Thomas Mann in dessen überragender Bedeutung stets anerkannt. Freundschaft und – bis zu einem gewissen Grade – Schicksalsgenossenschaft war da. Von wechselseitiger Beeinflussung kann nicht gesprochen werden. Die Ähnlichkeit der Geschicke war markiert durch zweierlei Lebensfakten: Sowohl der aus Calw in Schwaben stammende Schweizer Hesse wie auch der lübische Kaufherrensohn hatten Jüdinnen zu Ehefrauen, welch letztgenannter entscheidender Lebenszufall übrigens auch auf Robert Musil zutraf, der gleichfalls in der Schweiz Asyl suchte. Aber Musil war ein Außenseiter, mit dem nur verfeinerte Kenner sich befaßten, jenseits des allgemeinen literarischen Horizonts in Deutschland. Gegen den Antisemitismus, der meiner festen Überzeugung nach kein Akzidens der NS-Ungeistigkeit war, vielmehr dessen tiefinnere Essenz, waren sie also beide gefeit:

Hesse ganz offensichtlich sogar besser als Thomas Mann. Bei Hesse kann man in einem Brief an eben jenen nazistisch infizierten Korrodi lesen, daß er sich unter gar keinen Umständen zum Antisemitismus werden bekehren lassen. Er könne, so schreibt er, recht wohl einen Judenwitz vertragen, wenn es dieser Volksgruppe gutgehe; gehe es ihr aber schlecht – und ausdrücklich fügt er bei, es gehe ihr in Hitlerdeutschland *höllisch* schlecht –, verweigere er sich jeder judenkritischen Anfechtung. Thomas Mann dagegen hatte bis zum Ende ein problematisches Verhältnis zu dem Geblüt, dem seine Frau und infolgedessen auch seine Kinder entstammten. In seinem Tagebuch spricht er recht unangenehm von Kerr, der sich an Nietzsche »herangemauschelt« habe. Er findet auch kein Wort des Mitleidens für den von den Nazis gemeuchelten Theodor Lessing, notiert sogar, daß die »Entjudung« der deutschen Justiz am Ende so schlimm nicht sei ...

Andererseits erkennen wir aus Hesses Schriften und Manns nicht für die Öffentlichkeit bestimmten Tagebüchern, daß der, welcher einst die *Betrachtungen eines Unpolitischen* geschrieben hatte, von Grund auf ein *politischer* Autor war, während, im Gegensatz zu ihm, Hermann Hesse die andrängenden Fragen der historischen Realität als solche kaum zu Kenntnis nimmt, vielmehr alles abdrängt in den Bereich des Ethischen und Religiösen. Während des Ersten Weltkriegs war Thomas Mann aus *politischen* Gründen – falschen, widerlegbaren, gewiß, doch dies tut nichts zur Sache – Nationalist gewesen. Hesse hatte aus *moralischen* Motiven heraus und ohne eigentliche politische Einsicht den Krieg verworfen. Beiden flößte der Nationalsozialismus Abscheu ein. Bei Hesse war dieser Widerwille stets zugleich auch die Abweisung jedes politischen Liedes als eines garstigen. Anders Thomas Mann. Es gibt eine bemerkenswerte Stelle in seinen Notizen, wo er davon spricht, daß er »träume«, an die damals Welteinfluß ausübende Londoner *Times* einen Offenen Brief zu schreiben mit der Aufforderung, man solle mit dem Nazi-Spuk Schluß machen. Was in direktere Sprache übersetzt nur heißen kann, man solle Krieg führen gegen Deutschland! Nein, Thomas Mann war, im Unterschied zu Hesse, kein Pazifist, kein ideologisch gebundener Gegner der Gewalt. Als es einmal darum ging, daß er im Schweizerischen Rundfunk eine Ansprache für Völkerverständigung halten solle, vermerkt er, daß solche Friedensschalmeien in diesem Augenblick nicht mehr seinen Anschauungen entsprächen. Was sollte denn in der Tat 1934 auch »Verständigung zwischen Frankreich und Deutschland« bedeutet haben? Doch offensichtlich, und wie wir es heute mit geschichtlicher Präzision wissen, nur das, was die Herren Abetz und Co. darunter verstanden, nämlich: das miserable »appeasement«, schließlich das, was dann unter der deutschen Besatzung Wirklichkeit wurde: die kriecherische Collaboration.

Hesse hat die *ganze* Politik als etwas, wie er es wörtlich schreibt, seiner »Introvertiertheit«, seiner »Träumerei«, seiner »Don-Quijoterie« Feindliches empfunden. Thomas Mann begriff, daß die Öffentliche Sache auch die persönliche des Dichters sei. Der petit bourgeois Hesse, Missionarssohn und religiöser Schwärmer, hat geglaubt, er könne seine Subjektivität heraushalten aus dem geschichtlichen Ereignen. Thomas Mann, Sohn und Enkel weltoffener Großbürger, kam sich ins Klare darüber, daß noch die abseitigste Persönlichkeitsverfassung bedingt ist durch gesellschaftlich-politische Umstände. Hesses Weg war vom Anbeginn ein »Weg nach innen«, darum fand er viel später auch so zahlreiche Anhänger unter den großen Verweigerern. Thomas Mann schritt von der deutschen

Innerlichkeit hinaus in die Welt, wo nicht mehr leicht beieinander die Gedanken wohnen, sondern hart, gewalttätig im Raume sich die Dinge stoßen. Dabei ist, was in gewissem Sinne recht paradox erscheint, der Kleinbürger Hesse der große Verweigerer, Feind der technisch-wissenschaftlichen Zivilisation, steppenwölfischer Bürgerschreck, zumindest zeitweise der Revolution nähergestanden als Thomas Mann, der Sprecher liberaler Mitte und souveräne Großbürger. In einem Brief an seinen, wie es scheint, revolutionär marxistischen Sohn Heiner schreibt Hesse, er habe seine besten Freunde bei der Linken und habe 1918 mit der deutschen Revolution gefühlt. Im gleichen geistigen Arbeitsgang aber gelangt er zur fragwürdigen Feststellung, daß es am Ende einerlei sei, welcher Gewalthaber herrsche, Hitler oder – Trotzki! Während Thomas Mann stets das große Weltpanorama im Auge hatte, sagte Hesse sein »laß o Welt, o laß mich sein« und blieb in seinem Tusculum in Montagnola dem in seinen Augen »Ewigen« verschworen: der Dichtung, der Religion, dem *Geist*.

Mit diesem Wort fällt ein Stichwort, an dem wir uns orientieren wollen. Für Hesse war dieser »Geist« etwas Transzendentes; Thomas Mann, bürgerlicher Aufklärer, »Zerstörer und Retter des Mythos durch das Licht«, wie es Ernst Bloch gesagt hätte, überschritt nie die Grenzen der Immanenz. Aus diesem Grunde – und damit kehren wir zurück zur damaligen Aktualität – war es für Hesse auch nicht eigentlich eine Gewissensfrage, ob er seine Bücher weiterhin in Deutschland erscheinen lassen solle, während Thomas Mann zwischen 1933 und 1936, dem Jahr des Bruchs, schwer litt unter dem, was er die »Schiefheit seiner Lage« genannt hat. Man würde es sich allzuleicht machen, wollte man diese Gegensätzlichkeit reduzieren auf die schiere Tatsache, daß der Schweizerbürger aus

Calw wesentlich doch nur eine deutsche Leserschaft hatte, während der mondäne Lübecker längst die Welt anredete. Es ging da um mehr als nur Hesses Chance, sich jederzeit hinter der schweizerischen Staatsangehörigkeit zu verschanzen, derweilen Thomas Mann um Paß und Staatsbürgerschaft zu bangen hatte. Entscheidend war, daß zwar beide aus einleuchtenden Gründen sich nicht trennen wollten von ihrer binnendeutschen Leserschaft, daß aber Thomas Mann sich keine Illusionen machte über irgendein stilles Wirken des Geistes in Nazideutschland, während Hesse in seiner Einschätzung der Kraft des leisen Wortes meinte, es würde dieses die Menschen auch in Hitlers Reich in ihren tiefsten Seelenschichten ansprechen. Bleibt das verwirrende Faktum, daß Thomas Mann, der nach dem Kriege in einem Brief an Friedrich Blunck gesagt hat, es sollten alle Bücher, die in der Nazi-Zeit in Deutschland erschienen, eingestampft werden, die beiden ersten Bände der Josephs-Tetralogie noch in diesem, wie es hieß, »nach Blut und Schande« riechendem Reich herausbrachte; daß Hesse bis zum Kriegsende in Deutschland zwar angegriffen und beschimpft wurde, aber gleichfalls seine Bücher in diesem Land verkaufen ließ. Er hatte eben das schweizerische Staatsgefühl mit der Vorstellung der »immerwährenden Neutralität« sehr weitgehend interiorisiert. Ich wage nach der Lektüre seiner politischen Schriften zu sagen, daß er sich – wäre er nicht mit einer westschweizerischen Großmutter von Grund auf auch Schweizer gewesen – für die Emigrantenliteratur würde entschieden haben, trotz seiner apolitischen Attitüde und seines Widerstandes gegen jene, die man damals als »Emigrantenliteraten« bezeichnet hat. Und spreche ich dies peinliche Wort aus, komme ich zu einer Überlegung, die auch für Thomas Mann gilt und dessen dreijähriges Zögern.

Unleugbar waren beide, Hesse, der Unpolitische, wie Thomas Mann, der Politische, nicht im gleichen Sinne engagiert gewesen wie Heinrich Mann oder Arnold Zweig, zu schweigen von Männern wie Feuchtwanger, Toller, Brecht. Sie hatten beide sich stets abgegrenzt gegen den Literaturbetrieb und, wie es Thomas Mann von sich gesagt hat, auf der »Einzigartigkeit« ihrer Position beharrt: Mann aus Gründen seines schriftstellerischen Selbstbewußtseins, Hesse eher im subjektiv erlebten Gefühl der Außenseiterschaft. Hochmut hier wie dort? Vielleicht. Aber es wäre Beckmesserei, wollte man hier moralisieren. Immerhin ist es irritierend genug, in Thomas Manns Tagebüchern zu lesen, er wolle nicht »in einen Topf geworfen werden« mit Autoren wie Kurt Tucholsky. Und kaum weniger penibel ist es, wenn Hesse einen kämpferischen Journalisten vom Schlage eines Leopold Schwarzschild, der in Paris das wichtigste Emigrationsorgan *Das Neue Tagebuch* herausgab, abtut wie einen lästigen, das Walten stiller Geistigkeit unziemlich störenden Querulanten. Beide Männer fühlten sich bedrängt, ja behelligt von den Emigrations-Publizisten, wobei Thomas Mann immerhin die »Schiefheit« seiner Lage erkannte, während Hesse leider den spät genug, nämlich 1936 gefaßten Entschluß Manns, sich zur Emigration zu bekennen, als *Kapitulation* ansah.

Gewiß, Hesse hat höchst Ehrenwertes in dieser Zeit ohne Ehre getan: er hat unter anderem als Berichterstatter über deutsche Literatur für eine schwedische Zeitschrift jüdische Autoren besprochen, hat namentlich hingewiesen auf Ernst Blochs wichtiges Buch *Erbschaft dieser Zeit,* was ihm wütende Angriffe vor allem jenes sinistren Will Vesper eintrug, der ihn als einen Mitverschworenen des imaginären jüdischen Weltkomplotts gegen den deutschen Geist denunzierte. Aber er hat niemals öffentlich klar gesagt, was er in seiner uns vorliegenden Korrespondenz wieder und wieder erklärt: daß nämlich Hitlerdeutschland der Widergeist schlechthin sei und daß es zwischen jenen, die drinnen im schlimmen Fall – Blunck, Carossa, leider auch Hauptmann – vibrierend sich zu diesem Totenreich bekannten und im günstigsten – Bergengruen, Frank Thiess, auch Benn – sich als »innere Emigranten« undeutlich konstituierten; daß es also zwischen diesen beiden Lagern keine Mittel- und Mittlerstellung gab. Das factum brutum ist, daß Thomas Mann, nicht zuletzt dank der bloßen Existenz seines rückhaltlos sich bekennenden Bruders, dank aber auch des Drängens seiner älteren Kinder Klaus und Erika sich 1936 mit Eklat von dieser Welt trennt, während Hesse, glaubensreich und ahnungslos, ein Glasperlenspieler und hoffnungslos verschworen dem »Geist«, der großen Entscheidung auswich. Er war kein Drückeberger, beileibe nicht; er hatte nur den Glauben an das *Gute im Menschen* behalten, den die Geschichte so fürchterlich außer Kraft gesetzt hat.

Zu verweisen ist hier abschließend noch auf einen recht äußerlichen Umstand, der aber schlimme, ins Innerlichste hineinreichende Konsequenzen hatte. Gottfried Bermann-Fischer, Schwiegersohn des alten Samuel Fischer und Leiter des S. Fischer Verlages, wollte unter allen Umständen und auch um den Preis ziemlich schäbiger Kompromisse sein Unternehmen retten. Die stärksten Trümpfe in seiner Hand waren die beiden Autoren Thomas Mann und Hermann Hesse, und so nahm er denn Einfluß auf sie, beschwor namentlich Thomas Mann, sich nicht zu deklarieren und dem ehrwürdigen Haus eine fürderhin sinnlose Treue zu bewahren. Das Geschick traf schließlich auch ihn. Gleichwohl war er nur eine Nebenfigur in dem kleinen Drama. Die Handlungsträger, Hesse und Thomas Mann, agierten im buchstäblichen Sinne nach dem »Gesetz, nach dem sie angetreten«. Thomas Mann hat am Ende in diesem bürgerlichen Trauerspiel besser abgeschnitten als Hesse – nicht nur, weil er der unvergleichlich bedeutendere Schriftsteller war, sondern weil er nach dem Bruch mit Hitlerdeutschland eine Position bezog, die es ihm erlaubte, zu sagen: »Wo ich bin, ist die deutsche Kultur«. So konnte sein Bruder Heinrich einmal halb ironisch Erika Mann anvertrauen: »Politisch verstehe ich mich mit deinem Vater jetzt recht gut. Etwas radikaler ist er als ich ...«

ATEMNOT
Zum dritten Teil der Thomas Bernhard'schen Autobiographie

Bestechlich bin ich sowieso, ich meine: Wann immer ich aus einem Buch österreichische Sprachmelodie herausklingen höre, eine Sprechweise, die das Hochdeutsche wundersam befruchtet – wie bei der Bachmann, wie einst bei Joseph Roth –, befällt mich zwar keineswegs ein Heimatdusel, aber jene Melancholie, die unser Teil ist beim Wiedervernehmen des früh Erlauschten und die gar nichts zu tun hat mit dem Modebegriff »Nostalgie«. Thomas Bernhard sagt »verkühlt«, nicht »erkältet«; Feber und Jänner, nicht Februar und Januar; er sagt sogar »naturgemäß«, was steif altösterreichisches Amtsdeutsch ist, und dies wahrscheinlich im vollen Bewußtsein, daß bei Karl Kraus dieses Wort nur noch parodistische Funktion hat. Sehr leicht lasse ich mich auch einnehmen, wenn in einem Buch urvertraute Land- und Stadtschaft im dämmrigen Hintergrund erscheint. Es ist nun eben so, daß ich selber nur vierzig oder fünfzig Kilometer weit von Bernhards Salzburgischem aufwuchs, droben in Ischl, und daß ich in seinem Deutsch den Dialekt meiner eigenen Kindheit, künstlerisch »verfremdet« wie auch immer, wiedererkenne.

Persönlichstes, Unwichtiges. Da ich aber nicht glaube an irgendeine normative Ästhetik, vielmehr unerschütterlich überzeugt bin, daß »Kritik« nicht nur Unterscheidung ist, sondern auch je und je Ausdruck einer bestimmten Gemütsverfassung, bin ich nicht aufdringlich, nur aufrichtig, wenn ich die meine als Prämisse andeutend voranstelle.

Man weiß ja längst, um was es da geht, Tages- und Wochenblätter haben sich hinlänglich und mit nicht unfeierlicher Zustimmung zu dem schmalen Band geäußert. Ein Achtzehnjähriger wird in einem Jahr der frühen Nachkriegszeit – noch sind die Spitäler Höllenkreise, denn es mangelt am Allernötigsten – mit einer schweren Rippenfellentzündung in ein Salzburger Krankenhaus eingeliefert. Wir kennen ihn: Es ist der Knabe, der in der *Ursache* aus dem katholischen Gymnasial-Internat davonlief, der Jüngling, der im *Keller* schwere physische Arbeit in einem Lebensmittelgeschäft verrichtete und gleichzeitig sich zum Sänger ausbilden wollte. Jetzt hat es ihn »derwischt« oder »derglengt«, wie er wohl bei sich gesagt haben dürfte, denn er hat die schleichende Krankheit nicht beachtet und sie ihren Weg, den *Todesweg* vorangehen lassen, so lange, bis der geliebte Großvater seinerseits ins Hospital muß. Der Enkel, hochfiebrig, am Rande des Verseufzens, folgt ihm nach und wird auch gleich ins Sterbezimmer eingeliefert. Denn dem Tode scheint er versprochen zu sein. Röcheln und Sterben sind um ihn. Die Schwestern tun ihren Dienst, getreu und ungerührt, wie denn auch anders, sie können ja nicht mit jedem Sterbenden das Leid teilen.

Den Ärzten ist der junge Mensch ein schon erledigter Fall: »Für den Arzt / Ist ein Faktum der Tod / Sonst nichts«, heißt es bei Karl Kraus. Irgendwann hört immer ein irgendwer auf zu atmen und vollzieht mit mehr oder weniger Anstand den »knappen Übertritt«, wie Thomas Manns Hofrat Behrens den Tod genannt hat. Ein rundlicher Pfarrer betreibt unermüdlich sein hochgradig widerwärtiges Geschäft. Er ist allgegenwärtig mit seinem heiligen Köfferchen, das dank eines Federmechanismus grotesk aufspringt und das *Sakrament* wie im Kaschperltheater dem Blick freigibt, auf daß der Moribundus oder auch der schon Hinübergetretene teilhaftig werde der Letzten Ölung. Auch der junge Thomas Bernhard wird also letztlich geölt. Jedennoch, er will nicht. Er will atmen. *Lächeln, atmen, schreiten*, wie es in einem der schönsten Gedichte des österreichischen Expressionismus heißt. Er weigert sich, dem Großvater zu folgen, der ihm im gleichen Krankenhaus davonstirbt. Er mag nicht in einem Zinksarg von kräftigen Flegeln aus dem Saal getragen werden. Er sagt nein zum Tode, wie tapfer! Wie unheimlich auch. Es ist eine existentielle Entscheidung, zu der freilich eine kräftige Konstitution und eine mir nicht geheure Vitalität beigetragen haben mögen, mehr sogar als der Entschluß; denn wir sind existentiell frei nur »en situation« und Bernhards Situation war seine widerstandskräftige Physis. Ich gönne ihm das Leben – und wie sehr! Denn ich liebe seine Prosa, freue mich an seiner Existenz, die mir viel wichtiger ist als die manches anderen, berühmteren Landsmannes. Aber es ist mir diese *rage de vivre* unheimlich, das gierige Atmenwollen, das letzten Endes nur unser kreatürliches Teil ist.

Röcheln, schwer atmen, leichter atmen, um wieder einzugehen in den Kreis des absurden Fressen-und-Gefressen-Werdens, den man Leben nennt. Nur noch ein wenig Oxygen, abgerungen unter verzweifelter Mühsal der hostilen Welt, die ihn uns dennoch eines Tages verweigern wird! Ist diese finstere Lebensfeier inmitten Atemloser, die aufgeben, wie der Gastwirt aus Gastein im Bette nebenan, nicht ein größeres Entsetzen als der Kehrreim jenes Pop-songs, der da sagt *let it be* . . . ?

An dieser Stelle hatte ich schon einmal Gelegenheit, über Thomas Bernhard zu schreiben. Ich wählte den Titel *Morbus Austriacus,* der mir angemessen schien, denn ich hatte das Geschick des Roithammer aus der *Korrektur* – Ludwig Wittgensteins Geschick! – sehr tief »eingeatmet«, um mit diesem Wort in Bernhards Sprach- und Seinskreis zu bleiben. Nach der Lektüre des neuen Buches, das für die wilde Entschlossenheit zu einem Leben zeugt (das am Ende auch nur ein langsames Sterben ist), fällt mir ein anderer lateinischer Ausdruck ein: Furor erst, und dann, ganz von selbst, ja auf zwanghafte Weise »furor teutonicus«. *Wie deutsch* sind wir eigentlich alle, wir Österreicher? Und wo ist das *missing link* zwischen der österreichischen Krankheit und dem deutschen Furor? Und wo die Nahtstelle von österreichisch-provinziellem Katholizismus mit Wanst-Pfarrer und Todes-Indifferenz und deutscher Selbst-Herrlichkeit, die im *Überleben* sich erhärtet, dort, wo die Toten in Zinksärgen abtransportiert werden von Muskelmännern, die gleichfalls leben und *nur* leben, weil sie atmen (aber nicht lächeln und nicht schreiten, sondern grinsen und trampeln)?
Existentielle Fragen, die tief hineinreichen in Ontologie. Aber es geht ja um »Literarisches«, lasse ich mir sagen, und also um etwas, für das ich nicht kritisch, geschweige denn richterlich zuständig wäre. Meine tief skeptische, pure Rezeptions-Ästhetik erlaubt mir kein Urteil, das hinausginge über subjektive Impressionen und da und dort vielleicht Einsicht in Stilformen. – Da frage ich mich zunächst, ob der Titel unerläßlich war. *Der Atem* (Residenz Verlag 1977) – so hieß auch Heinrich Manns vorletzter großer Roman mit seiner unvergeßlichen Sterbeszene, in der die Gräfin de Traun de la Maison Traun-Monteformoso Abschied nimmt von der Welt, die sie nicht mehr hat empfangen wollen. Die Schutzfrist ist abgelaufen, da

hat es seine gute Ordnung. Aber Diskretion wäre wohl am Platze gewesen, Gefühl für Rang-Unterschied, Takt. Ich sage das nur nebenhin, es soll Thomas Bernhard nicht aufgerechnet werden, am Ende ist es möglich, daß er den sehr großen alten Mann, mit dem er sich titelgebend auf eine Stufe stellte, gar nicht kennt.

Auffallend jenseits des Titels, an dem ich hänge im Andenken Heinrich Manns, war mir eine gegenüber den voraufgegangenen Bänden der autobiographischen Trilogie verwandelte Sprache. Der unverwechselbare Stil ist wohl derselbe, aber er scheint mir geläutert, was gewiß mit dem Thema zusammenhängt; denn wo einer vom eigenen physischen Leiden spricht und von der Todesdrohung, muß das Rhetorisch-Pamphletistische sich in Grenzen halten. Die für Bernhard charakteristischen, hypnotisierenden, den Leser vergewaltigenden Wortkaskaden sind gebändigter; die stilprinzipiell gebrauchten Wiederholungen weniger ostentativ; die Grammatik besser kontrolliert. Der *Atem* ist als Kunstwerk reifer, als die *Ursache* und der *Keller* es waren. Der Egoismus tut sich hier nicht so gereizt hervor, da doch das Ego, von dem berichtet wird, ein geschwächtes ist und alle seine Möglichkeiten aufgehen im Kampf gegen einen Tod, den man schwerlich so hochgradig stilisiert beschimpfen kann wie die Stadt Salzburg und das katholische Internat.

Das Furioso, von dem ich sprach, ist hier ein Inhaltliches: im Formalen läßt es nach, denn der Widersacher ist nicht greifbar. Anrührend und sprachlich sogar auf neuartige Weise geruhig ist jener Teil, wo der Lebensentschlossene von seiner *Genesung* spricht. Der wilde Lebenswille wird, da doch der Leib geschwächt ist, zu einer sich nicht ganz eingestehenden, dankbaren Sanftheit. Lächeln, atmen, schreiten werden vor dem Horizont wieder sichtbar, auch wenn man zunächst noch leicht taumelt, das Lächeln matt ist, der Atem immer noch zu kurz. Da das Leben herabgesetzt ist, kann auch das Schreiben nicht mehr ein rasendes sein. Wo die Dinge verweht und undeutlich dem Auge sich darstellen, erklingen auch die Wörter *con sordino*. Aggression weicht einer gewissen schwächlichen Milde. Der radikale Entschluß, zu leben, war noch Aufstand: das Leben selber, wo es sich zart und bleich wieder einstellt, wird zum Geschenk. Das muß sich umsetzen in Sprache; so erlahmt der verbale Exzeß und sprachlicher Raum wird frei für ein *taedium,* das *expectatio* birgt. *Great expectations* – sie richten sich kaum auf unmittelbare Lebensziele, denn der Genesende lebt in dem Sanatorium Großgmain, in das er überbracht wurde, noch neben der Welt hin.

Literatur hängt so als Schleier vor der Wirklichkeit: unser Patient liest. Shakespeare, Lenau, Stifter, Cervantes, Pascal, Péguy und – als Musiker – den Klavierauszug der »Zauberflöte«. Realität, Kunst und Geist verschränken sich – was sage ich: sie kommen in eins. Von mystischen Orgeltönen begleitet, erklingt das Hohelied des Autodidaktentums, darin der Autor, ein Genesender, besser behaust ist als in jeder formalen Bildung, die ihm die Drangsal der Examina abgefordert und ihn erstickt haben würde. Ein Thomas Bernhard steht vor uns, den wir in den voraufgegangenen Bänden der autobiographischen Trilogie vergebens gesucht hatten: einer, der sehr langsam sich erholend, atemschöpfend mit immer noch gefährdeten Lungen, beide überwindet: den *morbus austriacus* und *sound and fury* der Deutschen. Die Sprache, die von diesem Prozeß, der als ein solcher dem Autor wohl kaum bewußt gewesen sein dürfte – denn der Autodidaktismus stößt sich an den Grenzzäunen der Philosophie – wird im sachgetreuen Bericht sparsam und eigentümlich volkhaft-schlicht. Bewegender Sieg, am Ende, des unvermittelt

Gelebten über das Gesetz literarischer Transformation. Ein »Meisterwerk«, wie aufgeregt jene schreien, die dürftig »Literatur« verstehen und nichts vom Leben? Ich sage nicht ja, nicht nein. Ein ehrliches Buch, des bin ich gewiß. Und dies ist vielleicht das höchste Lob, das heute einem Autor erteilt werden kann.

HELMUT HEISSENBÜTTEL
NACHWORT

Dies ist nicht ein Nachlaßband im üblichen Sinne. Zusammengestellt sind hier veröffentlichte Arbeiten von Jean Améry aus einem Zeitraum von insgesamt dreizehn Jahren (1966–1978). Es sind Beiträge zu Gedenktagen, allgemeine Aufsätze und Kritiken von Büchern. Die Auswahl habe ich getroffen in dem Bestreben, eine bestimmte Perspektive des Interesses deutlich zu machen für den Leser Améry. Manches, was ihm sehr wichtig war, so etwa die Filmkritik, mußte ganz wegfallen. Die Kriterien der Auswahl sind subjektiv, weil ich nach Maßgabe meiner persönlichen Kenntnis der Person und des Autors Améry gehandelt habe. So fiel die Entscheidung für die Erinnerung an Romain Rolland (diesem Aufsatz entstammt der Titel) oder für die Rezension der Bücher von Herbert Plügge. Die Auswahl versucht, objektiv zu sein in der Einhaltung bestimmter Grenzlinien und im Weglassen von bloßer Polemik (Charles Tournier) oder Freundschaftsdienst (Horst Krüger). Natürlich ist das auch bloß eine Absichtserklärung von mir. Die Grenzen sind fließend, es gibt Übergänge. Dazu gehört etwa die Auseinandersetzung mit dem Werk Michel Foucaults. Obwohl die Kritik an dem Band *Die Ordnung der Dinge* bereits in der Auswahl *Weiterleben – aber wie*, die Gisela Lindemann besorgt hat, abgedruckt ist, schien es mir wichtig, den generellen Überblick wie die späte Rezension hier

aufzunehmen. Dasselbe gilt für den großen Heinrich-Mann-Beitrag, weil er klarer deutlich macht, wo die Faszination Amérys lag, als der Beitrag der Sendereihe *Bücher aus der Jugend unseres Jahrhunderts* (als Buch herausgegeben von Gisela Lindemann 1981). Zu den Aufsätzen über Romain Rolland oder Marcel Proust habe ich mich auch entschlossen, weil hier etwas gesagt wird und Formulierungen gefunden worden sind, die man im übrigen Werk nicht so eindeutig nachlesen kann. Die Rezensionen sollen die Breite des Leseinteresses stellvertretend entfalten, das von Simone de Beauvoir und Herbert Plügge bis zu Günther Anders, Alfred Andersch und Thomas Bernhard reichte.
Es ist müßig, so scheint mir, weiterhin darüber zu streiten, ob das Werk von Jean Améry dem Bereich der Philosophie zuzurechnen sei oder dem der schönen Literatur. Er selber wollte immer nur eins sein: ein Autor, der diese Abgrenzungen und Facheinteilungen überflüssig machte. Alle von ihm selber publizierten Bücher beweisen das, von ihrer Form wie von ihrer Argumentation her. Es ist aber wichtig, hinzuzufügen, daß er als Schreiber außerdem noch etwas war: ein Journalist. Lange Zeit hat er als Journalist seinen Lebensunterhalt verdient. Die frühen Bücher, die er nach dem Krieg veröffentlicht hat, sind aus der journalistischen Arbeit hervorgegangen. Journalist freilich von der höchsten Kategorie, die man sich vorstellen kann, einer, der nicht nur den Tagesbedarf bediente, sondern ihm einen Sinn zu geben versuchte, indem er den Anlaß, den er aufgriff, theoretisch durchdrang. Gerade dafür sind die hier versammelten Aufsätze und Rezensionen Zeugnis höchster Rangordnung. Was hier wiederabgedruckt steht, verdankt sich dem Tagesanlaß. Niemals aber beherrscht dieser als er selber das Geschriebene. Die Eingrenzung hier ist die der Beschränkung auf The-

men und Autoren der Philosophie und der schönen Literatur.

Das bedingt manchmal wechselnde Standpunkte, manchmal sogar Widersprüche oder Schwankungen der Schreibweise. Das ist nicht nur hinzunehmen, will man sich nachlesend in die Interessen- und Gedankenwelt des Lesers Jean Améry vertiefen, es ist ein Vorteil, der noch die nachträgliche Lebendigkeit dieses so ungemein lebendigen Debattierers bezeugt, der er zu Lebzeiten gewesen ist. Ich höre zwar, weil ich als Rundfunkredakteur soviele davon betreut habe, die Stimme, wenn ich nur eines der Kapitel der selbstpublizierten Bücher aufschlage, aber ich höre sie hier dringlicher. Das ist in den hier erneut vorgelegten Arbeiten zu entdecken. Die zentrale Stellung, die das Geschriebene und Gedruckte, die der Text in seinem Leben einnahm, wird nirgendwo so deutlich.

Ich zitiere dazu zwei entgegengesetzte Haltungen des Interesses am Text und des Lesens von Texten. In dem Aufsatz *Michel Foucault und sein ›Diskurs‹ der Gegen-Aufklärung* heißt es gegen Ende: »Man soll also Michel Foucault lesen. Aber unerläßlich bei der Lektüre ist, so meine ich, der innere Widerstand, die Entschlossenheit, sich weder einschüchtern noch bezaubern zu lassen. Offenheit angesichts des Nieerhörten, Niegeschauten ist geboten. Sie muß aber allemal korrigiert werden durch die Forderung nach intellektueller Stringenz.« Eine andere Seite kommt zum Vorschein, wenn man im Nachruf auf Ernst Bloch, den er in der Akademie der Künste in Berlin gehalten hat, von der letzten Begegnung Amérys mit dem Philosophen liest: »Ich fuhr, nachdem ich Ernst Bloch ins Hotel gebracht hatte, heim und sagte mir, während ich meinen Wagen durch die schon menschenleeren Straßen lenkte: ›Ich habe ein Genie gesehen!‹ Ich konnte derlei nicht oft sagen in meinem Leben und mein tiefes Bedürfnis

zu bewundern kam meist zu kurz. In dieser Nacht durfte ich ihm guten geistigen Gewissens freien Lauf lassen.«
Die »Forderung nach intellektueller Stringenz« durch Offenheit und Kritik erscheint so als der eine Pol, ein »tiefes Bedürfnis zu bewundern« als der andere Pol des Interesses, mit dem Améry die Aktualität des geistigen Lebens verfolgte. Zwischen diesen Polen nahm er niemals die Rolle des kühlen Beobachters ein, sondern war immer ein Eingelassener, ein Involvierter. Das Eingelassensein verführte ihn niemals dazu, blindlings zu streiten. Es gibt viele Zeugnisse dafür in diesem Buch. Es tritt aber noch etwas anderes hervor, das über der Thematik seiner Bücher (Restexistenz, Folter, Altern, Freitod) manchmal übersehn wird. Der Leser Améry bezeugt mit jedem Satz, den er zur Lektüre schreibt, daß Lesen für ihn eine Erfahrung gewesen ist, die tiefer reichte und wichtiger war als die des Lebens. Was in diesem Band in einen provisorischen Zusammenhang gestellt worden ist, bezeugt, daß Text für diesen Autor realer war als Realität. Freilich hat er schreibend, von *Lefeu* über *Charles Bovary Landarzt* bis zum Entwurf *Rendez-vous in Oudenaarde,* diesen Weg nicht zuende gehen können. Umso mehr Anlaß, ihn, in der Projektion über sich hinaus, einmal ins noch Unbekannte weiter zu verfolgen und zu diskutieren.
In welche Richtung das weisen könnte, ist vielleicht in dem Gedenkaufsatz für Marcel Proust am ehesten angedeutet. Es heißt da: »Die Menschen bei Proust werden nicht beschrieben. Da und dort wird ein Blick, ein Ausdruck, ein Kleid, die Art einer Haltung, eines Ganges uns angedeutet, aber eine umfängliche optische Abschilderung der Personen, wie wir sie in klassischen Romanen kennen, ist nicht vorhanden. Proust hat – als erster großer Epiker – erkannt, es sei unstatthaft, *sein* Anschauen (und innerhalb dessen einen bestimmten räumlichen Winkel

und einen zeitlichen Moment) für das Anschauen schlechthin zu halten. (...) Die Größe der *Recherche* sagte ich, sei nicht Verdichtung, sondern Zerlösung der Wirklichkeit. (...) Die Leistung dieses Autors besteht in der Sichtbarmachung der Unerkenntlichkeit.«
Dies wäre der Anfang einer Diskussion. Um deren Art und Umfang abschätzen zu können, muß man über das hinaus, was er zu Proust sagt, worin ja gewisse Hinweise auch zur eigenen Verfahrensweise in *Lefeu* oder *Charles Bovary* stecken, zum Beispiel die »Bergwanderung« berücksichtigen, die er ins Werk Thomas Manns unternimmt. Auf das, was die Metapher Gebirge gerade für das Werk Thomas Manns bedeuten könnte, möchte ich nur hinweisen. Wichtig ist, daß Améry das Textgebirge als Realität nimmt. Das geht über jede formal-ästhetische Beurteilung, die Améry sowieso nicht sehr lag, hinaus. Er versucht ohne Vorbehalt, welcher Art auch immer, zu reden. »Das ganze erzählerische Werk ist ja eine dissonante, erregende, aus Tohu und Bohu der Leiblichkeit und Geistigkeit, die eins sind, unter äußerster Kraftanstrengung zur Fülle des Wohllauts gewordene Weise von Liebe und Tod – ich sage das ganz ausdrücklich, um mich in innigem Vergnügen zu kompromittieren vor den Cleveren!« Und das heißt, vor den Rechthabern, Beckmessern und Ästhetikern, denen er dort, wo das Argument selber zu erwarten ist, den Titel eines populären Westerns entgegenhält.
Ich brauche das nicht zu betonen, aber ich sage es trotzdem, daß die Herausgabe dieses Bandes die Pflicht eines Freundes erfüllt gegenüber dem Autor und der Person Jean Améry, auf deren Urteil ich, so lange ich ihn kannte, immer gehört habe und der für mich, über den Tod hinaus, verpflichtend geblieben ist bis heute. Wohin er gegangen, werde ich, unbezweifelbar, nachfolgen.

Druck- und Quellennachweise:

Rückbesinnungen?
Schweizer Rundschau 7/78

Hegel – Befreier oder Oppressor?
Merkur 9/70
Schopenhauer: Gefährte, nicht ganz ohne Gefahr
WDR 9. 2. 78
Michel Foucault und sein »Diskurs« der Gegen-Aufklärung
Die Zeit 14/78
Nachruf auf Ernst Bloch
SR 22. 3. 78

Von der Verwundbarkeit des Humanismus
Merkur 2/81
Heinrich Mann – ein unbekannter Autor
NDR 3. 10. 76
Bergwanderung
Merkur 6/75
Zugang zu Marcel Proust
Merkur 7/71

Die Welt des leidenden Menschen
Merkur 3/69
Die Wörter Gustave Flauberts
Merkur 12/71

Chronistin ihrer Zeit
Merkur 8/66
Im Dickicht der Zeit: Simone de Beauvoir
Merkur 2/73
Begegnungen mit Elias Canetti
Merkur 3/73
Die Leute von Winterspelt
Merkur 12/74
Morbus Austriacus
Merkur 1/76
Michel Foucaults Vision des Kerker-Universums
Merkur 4/77
Tucho
Merkur 8/77
Politik des Gewissens so und so
Merkur 2/78
Atemnot
Merkur 7/78

Anmerkung

Die Aufsätze sind eingeteilt nach allgemeinen, philosophischen und literarischen Themen und geordnet nach der Chronologie ihrer Gegenstände, die Rezensionen nach dem Datum ihres Erscheinens.